Plutarch

Von Liebe, Freundschaft und Feindschaft

PLUTARCH

VON LIEBE, FREUNDSCHAFT UND FEINDSCHAFT

ÜBERSETZT VON
JOHANN CHRISTIAN FELIX BÄHR

NEU HERAUSGEGEBEN VON
LENELOTTE MÖLLER

marixverlag

Bibliografische Information der Deutschen Nationalbibliothek
Die Deutsche Nationalbibliothek verzeichnet diese Publikation in der
Deutschen Nationalbibliografie; detaillierte bibliografische Daten sind im
Internet über
http://dnb.d-nb.de abrufbar.

Copyright © by marixverlag GmbH, Wiesbaden 2010
Der Text wurde behutsam revidiert und neu bearbeitet nach der Übersetzung
von Johann Christian Felix Bähr, 1827 ff
Covergestaltung: Nicole Ehlers, marixverlag GmbH
Bildnachweis: Illustration nach der Fotografie „Hafentempel"
von Dieter Schütz, Oberhausen
Lektorat: Dietmar Urmes, Bottrop
Satz und Bearbeitung: Medienservice Feiß, Burgwitz
Der Titel wurde in der Stempel Garamond gesetzt.
Gesamtherstellung: CPI books GmbH, Ulm
Printed in Germany

ISBN: 978-3-86539-243-5

www.marixverlag.de

INHALT

Einleitung

Herkunft und Geburt

Plutarch wurde um 45 n. Chr. in Chaironeia in Boiotien geboren und stammte aus einer Familie der alteingesessenen örtlichen Oberschicht. Sein Großvater, den Plutarch sehr liebte, hieß Lamprias. Ein eher distanziertes Verhältnis hatte Plutarch zu seinem Vater, der vor allem den philosophischen Neigungen eher zurückhaltend gegenüberstand. Seine Mutter erwähnt Plutarch in keiner seiner Schriften. Vielleicht ist sie früh gestorben, vielleicht hängt es mit dem durchaus zeittypischen Frauenbild zusammen, das ihm zu eigen war. Zur Familie gehörten noch zwei Brüder, Lamprias und Timon.

Zu Plutarchs Lebzeiten erreichte das Imperium Romanum, zu dem auch seine griechische Heimat gehörte, die in Provinzen eingeteilt war, seine größte Ausdehnung.

Jugend und Ausbildung

Auf Bildung legte Plutarchs Familie großen Wert. Der Sohn studierte Rhetorik an der Akademie in Athen und Philosophie bei Ammonios, einem platonischen Philosophen, ebenfalls in Athen. Außer Plato interessierte ihn dabei am meisten die Stoa, aber auch für Elemente der Lehre des Pythagoras konnte sich Plutarch begeistern.

LEBEN

Nach dem Studium kehrte Plutarch in seine Heimat zurück und lebte auf dem Gut seiner Familie, das er auch erbte. Mit seiner Frau Timoxena führte er eine glückliche Ehe, aus der vier Kinder, drei Söhne und als jüngstes eine Tochter hervorgingen. Letztere hatte sich die Mutter besonders gewünscht, weswegen sie auch nach ihr benannt wurde. Das Mädchen starb allerdings schon im Alter von zwei Jahren. Der älteste Sohn Soklaros starb wohl kurz nach dem zwölften Lebensjahr, denn er wird in Plutarchs Schriften später nicht mehr erwähnt. Überlebt haben wahrscheinlich die beiden Söhne Autobulos, benannt nach dem Großvater, und Plutarchos.

Plutarch hatte zahlreiche politische Ämter, vornehmlich in seiner Heimatstadt Chaironeia und zeitweise auch in der Provinz Achaia inne. Dazu gehörten die Leitung der Baupolizei und des öffentlichen Bauwesens in Chaironeia. Bedeutend waren auch seine zahlreichen priesterlichen Ämter; vor allem war er seit um 95 Priester am Apollotempel in Delphi und dabei vielfach bemüht, Stadt und Orakel zu fördern. Mit dieser Funktion hängt auch sein ausgeprägtes religionsphilosophisches Interesse zusammen.

Im Lauf seines Lebens reiste Plutarch in andere Teile Griechenlands, nach Kleinasien und Alexandria. Die auf den Reisen gewonnenen Erkenntnisse schlagen sich in seinen Schriften nieder, wobei Alexandria besonders nachhaltig auf ihn wirkte. Mehrfach reiste Plutarch nach Rom. Dort hielt er auch philosophische Vorträge, in der Regel in Griechisch, denn erst in späteren Jahren lernte er die lateinische Sprache gründlicher. Mit mehreren Römern war er befreundet, so etwa mit M. Mestrius Florus, einem Vertrauten Vespasians, von dem er seinen römischen Namen Mestrius Plutarchos annahm, anlässlich der Verleihung des Bürgerrechts, und mit Q. Sosius Senecio, einem dreimaligen Konsul und Freund

Traians, dem er seine Biographien widmete. Weiteren Römern widmete er Schriften.

In Chaironeia gründete er eine eigene Philosophenschule, der er mehr als ein Gastgeber denn als Leiter vorstand. Diese Schule wurde zuerst von Angehörigen seiner Familie sowie Freunden und deren Verwandten besucht, später auch von Personen von außerhalb. Den Unterricht hielt er in Form von Vorträgen und Dialogen nach seinem Vorbild Plato. Wie in seinen Schriften dürften auch hier nahezu alle Themen behandelt worden sein: Ethik als zentrales Thema, außerdem Politik, Mathematik, Musik und Astronomie.

Plutarch starb zwischen 120 und 125 n. Chr. Nach seinem Tod wurde eine Büste mit seinem Porträt von den Einwohnern Delphis und Chaironeias errichtet.

WERKE

Als Grundlage für eine Übersicht über das umfangreiche Werk Plutarchs dient der sogenannte Lampriaskatalog aus dem 3./4. Jh. n. Chr., der 227 Schriften in 278 Büchern nennt. Erhalten sind davon zwar nur 83 (in 87) Büchern und einige Fragmente weiterer Werke, dafür aber auch 18 im Katalog nicht genannte Schriften, weitere 15 sind dem Titel nach bekannt. Während damit nur ca. ein Drittel des Gesamtwerkes erhalten ist, gehört Plutarch dennoch zu denjenigen antiken griechischen Schriftstellern, von denen sehr viele Werke auf uns gekommen sind.

Sein gesamtes Opus wird üblicherweise in zwei Teile geordnet: die Biographien und die sonstigen Schriften, für die sich allgemein der Name *Moralia* durchgesetzt hat.

Fragmentarisch erhalten sind von ihm verfasste Kaiserbiographien, in größerem Umfang die *Vitae parallelae*, in welchen er stets einen bedeutenden Römer einem bedeutenden Griechen gegenüberstellt. Dabei hat er weniger den

Anspruch, Geschichte zu schreiben, als den, die Charaktere gegenüberzustellen und Tugenden und Laster, also das moralische Handeln zu beleuchten, wie auch sonst in seinem Werk die historischen Beispiele und die literarischen Motive im Dienst der Philosophie stehen. Die Parallelbiographien sind Sosius Senecio gewidmet und wurden nicht vor 96 begonnen, 22 Paare liegen uns noch vor. Hier wie in den *Moralia* zitiert Plutarch meist aus dem Gedächtnis, d. h. nicht immer wörtlich, dennoch stellen die zahllosen Literaturzitate, die sein Gesamtwerk durchziehen, eine unschätzbare Quelle über verlorene Schriften der Antike dar, aus der ja nur etwa drei Prozent des einstigen Gesamtbestandes auf uns gekommen sind.

MORALIA

Dieser Teil des Werkes umfasst in seiner heutigen Form, wie sie um 1300 von Maximos Planudes zu einem Corpus zusammengestellt wurde, 78 Schriften (darunter auch einige unechte) in Essay-Form, die sich auf nahezu alle Bereiche antiker Kultur, Geschichte, Politik, Literatur, Religion und Pädagogik erstrecken, von denen sich weit mehr als die Hälfte auf philosophische Themen bezieht. In diesen wendet er sich nicht selten gegen die Epikureer.

WIRKUNG

Plutarch zeichnete sich durch große literarische und philosophische Bildung und umfassende Gelehrsamkeit aus, in seinem Denken war er ein echter Kosmopolit. Wegen seines hohen Ansehens wurden auch viele Schriften unter seinem Namen gefälscht. Da er sich in manchen Gedanken, besonders durch seine Humanität, auch christlichen Ideen annähert, schätzten ihn die Kirchenväter sehr, besonders Isidor von Pelusion und Theodoret von Cyrus, aber auch schon Clemens Alexandrinus, unter den Lateinern Arnobius und Hieronymus. Die Byzantiner dagegen lobten vor allem seine Bildung und seine gepflegte Sprache.

Die erste lateinische Übersetzung erschien 1471, später natürlich auch zahlreiche in andere Sprachen.

Übersetzung

Der vorliegende Text ist die behutsam modernisierte Fassung der Übersetzung von Johann Christian Felix Bähr (1798–1872), ordentlicher Professor für Klassische Philologie und Oberbibliothekar an der Universität Heidelberg, aus den Jahren 1827 ff.

Auswahl

Die Auswahl umfasst Texte zu Liebe, Freundschaft und Feindschaft, die ebenso theologische Erörterungen wie praktische Ratschläge für das Leben enthalten. Bemerkenswert sind vor allem die psychologischen Erkenntnisse über den Menschen sowie die Ideen zum Umgang mit Feinden, die der Autor darlegt.

WIE MAN DEN SCHMEICHLER VOM FREUND UNTERSCHEIDEN KANN

(1) Plato sagt, mein lieber Antiochos Philopappos:[1] Demjenigen, der seine große Selbstliebe eingesteht, gewährt jedermann Verzeihung. Er bemerkt aber auch, wie neben manch anderem auch der große Nachteil daraus entsteht, dass man so unmöglich ein gerechter und unbestechlicher Richter über sich selbst werden kann. Denn die Liebe macht blind für den geliebten Gegenstand,[2] wenn man nicht durch Belehrung gewöhnt ist, das Gute zu ehren und ihm eher nachzustreben, als dem, was uns angeboren und eigentümlich ist. Der Schein der Freundschaft bietet dem Schmeichler ein geräumiges Feld, indem er gleichsam zum Angriffspunkt gegen uns diese Selbstliebe benutzt, durch die jeder schon gegen sich selbst der erste und größte Schmeichler ist und umso leichter einen anderen zulässt, von dem er glaubt und wünscht, er werde ihm zugleich einen Zeugen für sich selbst gewinnen, der ihn in seinen Ansichten bestärke. Denn wer sich dem Vorwurf aussetzt, Schmeichler zu lieben, zeigt eine große Eigenliebe. Eingenommen für sich, wünscht er, alles zu besitzen, und glaubt auch, alles zu besitzen. Nun ist zwar ein solcher Wunsch nicht töricht, aber dieser Wahn ist gefährlich und erfordert große Behutsamkeit. Ist die Wahrheit etwas Göttliches und nach Plato der Anfang alles Guten bei Göttern wie bei Menschen,[3] so muss wohl der Schmeichler den Göttern verhasst sein,

---

1   C. Iulius Antiochos Epiphanes Philopappus, ein Prinz aus der Seleukidendynastie und Enkel des 72 n. Chr. entthronten Königs Antiochos IV. v. Kommagene, kommt auch in Plutarchs Tischgesprächen (1,10) vor und erhält dort den Beinamen βασιλεύς (König). Er ist auch der Adressat eines Werkes von Pompeius Capito.
2   Platon, Nomoi, 731e.
3   Platon, Nomoi, 730c.

insbesondere dem Pythischen Gott.[4] Denn er steht stets dem Spruch »Erkenne dich selbst!«[5] entgegen, er verleitet jeden zur Selbsttäuschung und zur Unkenntnis seiner selbst sowie seiner Vorzüge und Fehler, da er jene mangelhaft und unvollkommen lässt, diese aber ganz unverbesserlich macht.

(2) Wenn sich nun, wie meistens bei den anderen Übeln, der Schmeichler ausschließlich oder hauptsächlich an gewöhnliche oder schlechte Menschen hielte, so wäre dies nicht so gefährlich und nicht so schwer zu verhüten. Wie sich aber die Holzwürmer besonders in das leichte und süße Holz einnisten, so gewähren auch ehrliebende, redliche und sanftmütige Naturen eher dem Schmeichler, der sich anschmiegt, Eingang und Unterhalt. Die Pferdezucht folgt, wie Simonides[6] sagt, nicht der Insel Zakynthos,[7] sondern den weizentragenden Fluren; und so sehen wir auch die Schmeichelei nicht im Gefolge der Armen, Namenlosen oder Schwachen, sondern, wie sie mächtige Familien und Reichtum wanken lässt und deren Verderben herbeiführt und oft selbst Königsherrschaft und ganze Reiche untergräbt. Daher ist es eine wichtige Aufgabe, sie ins Auge zu fassen, wobei ungemeine Vorsicht nötig ist, damit sie nämlich richtig erkannt werde und sie dadurch weder der Freundschaft Schaden bringen noch sie verdächtig machen kann. Die Läuse weichen von den Sterbenden und verlassen die Körper, wenn das Blut, aus dem sie ihre Nahrung ziehen, stillsteht. Die Schmeichler aber sieht man gewiss nicht ausgetrockneten und ausgezehrten Gegenständen nachlaufen, sondern wo Ruhm und Macht sind, kommen sie heran und wollen sich nähren, eilen aber bei jeder Veränderung schnell davon. Indessen aber darf man es auf eine solche Probe nicht ankommen lassen, da diese nichts nützt, sondern nur

---

4   Apollo.
5   Der Satz Γνῶθι σεαυτόν stand der Überlieferung nach über dem Heiligtum
    Apollos in Delphi.
6   Simonides von Keos, griechischer Lyriker des 5. Jh. v. Chr.
7   Die griechischen Inseln galten als ungeeignet für die Pferdezucht.

Schaden bringt und ohne Gefahr nicht abgehalten werden kann. Denn das Gefühl, keine Freunde zu besitzen, ist dann hart, wenn man ihrer bedarf und es nicht mehr möglich ist, den unzuverlässigen, falschen Freund gegen einen redlichen und zuverlässigen einzutauschen. Vielmehr muss man einen Freund wie eine Münze schon geprüft haben, bevor man seiner bedarf und ihn nicht erst durch die Not prüfen lassen. Man soll ja nicht erst durch Schaden klug werden, sondern, um keinen Schaden zu erleiden, den Schmeichler erst kennen lernen und prüfen. Sonst mag es uns gehen wie denjenigen, die es erst dann merken, wenn sie das Gift gekostet haben, indem wir uns, während wir ein Urteil gewinnen wollen, selbst ins Verderben stürzen und zugrunde richten. Wir loben diese daher ebenso wenig wie jene, welche den Freund nur an Wohlstand und Nutzen messen und in jedem, der sie freundlich anspricht gleich einen Schmeichler frisch ertappt zu haben glauben. Denn ein Freund zeigt nichts Unangenehmes und Ungeselliges, und nicht durch ein herbes und grobes Wesen gewinnt die Freundschaft Ansehen, sondern gerade das Anständige und Würdevolle an ihr ist das, was sie uns angenehm und Wünschenswert macht.

Bei ihr wohnen auch die Chariten und Himeros.[8]

Und nicht bloß im Unglück lässt sich mit Euripides sagen:

Denn o wie süß [ist es], Wohlwollenden ins Auge zu schauen.[9]

Sondern ebenso sehr bringt die Freundschaft im Glück Lust und Wonne, wie sie in Unglück den Kummer und die Betrübnis stillt. Wie Euenos sagt, unter den Gewürzen sei das Feuer das beste,[10] so hat auch die Gottheit, indem sie dem Leben die

---

8   Hesiod, Theogonie, 64; Chariten: Grazien, Göttinnen der Anmut; Himeros (gr.) – Liebreiz.
9   Euripides, Ion, 732
10 Euenos von Paros, griechischer Sophist und Dichter des 5. Jh. v. Chr., Verfasser von Lehrgedichten.

Freundschaft zugesellt hat, durch ihre Verbindung und ihren Mitgenuss alles heiter, süß und angenehm gemacht. Denn es lässt sich nicht leicht denken, wie der Schmeichler sich hinter dem Vergnügen verstecken könnte, wenn er sähe, dass die Freundschaft für das Angenehme durchaus nicht empfänglich wäre. Gleichwie Gefäße von unechtem Gold und verfälschtem Metall nur den Glanz des Goldes und den Schimmer nachahmen, so ahmt wohl auch der Schmeichler nur im Angenehmen und Gefälligen den Freund nach, er stellt sich stets heiter und fröhlich, ohne ihm in irgendetwas zu widersprechen oder entgegen zu sein. Indessen darf man darum aber nicht jeden, der uns lobt, gleich im Verdacht haben, er wolle nur schmeicheln. Denn ein Lob zur rechten Zeit verträgt die Freundschaft ebenso gut wie einen Tadel. Vielmehr verträgt ein absolut finsteres und tadelsüchtiges Wesen Mangel an Wohlwollen und passt nicht zur Freundschaft. Wo aber ein wohlwollender Sinn unseren guten Handlungen willig und gerne das verdiente Lob spendet, erträgt man leicht und ohne Unbehagen auch einen Verweis und eine freiere Sprache, weil man von dem, der gerne lobt, auch die Überzeugung hat, dass er nur gezwungen tadelt, und man es daher gut aufnimmt.

(3) Nun könnte man wohl sagen, es sei schwer, den Schmeichler und den Freund voneinander zu unterscheiden, wenn hinsichtlich des Angenehmen und des Lobes kein Unterschied vorhanden ist. Auch kann man bei manchen Diensten und Gefälligkeiten oft sehen, dass die Schmeichelei gegenüber der Freundschaft gar erfolgreicher ist. Allerdings, so erwidere ich, [wird es schwer sein, den Schmeichler vom Freund zu unterscheiden,] nämlich dann, wenn man den wahren Schmeichler, der mit Geschicklichkeit und Kunst sein Geschäft betreibt, nachforscht und wenn man nicht nur die Masse der ganz gemeinen Bettler[11] und Schmarotzer, die,

---

11 Der griechische Ausdruck αὐτολήχυτος bezeichnet eigentlich einen Menschen, der selbst und nicht durch einen Sklaven sein Ölfläschchen auf den Ringplatz trägt, daher ein geiziger Mensch oder ein Bettler.

wie jemand bemerkte, sich gleich hören lassen, wenn ihnen
das Wasser auf die Hände gegossen wird,[12] für Bettler halten will, da ihre Gemeinheit, ihr schmutziges und niedriges
Wesen gleich bei der ersten Schüssel und dem ersten Becher
ins Auge fällt. So sollte man gewiss nicht den Melapthius,
den Schmarotzer Alexanders, des Tyrannen von Pherai,[13] für
einen Schmeichler erklären, da er denen, welche ihn fragten,
wie Alexander ermordet worden sei, antwortete: »Durch die
Seite in meinen Magen hinein.«[14] Ebenso wenig diejenigen,
die zum Tisch des Reichen stürzen und sich weder durch
Feuer, noch durch Eisen noch durch Erz abhalten lassen,
an die Tafel zu kommen.[15] Ebenso wenig die kyprischen
Schmeichlerinnen ($\kappa o\lambda\alpha\kappa i\delta\varepsilon\varsigma$ < $\kappa\acute{o}\lambda\alpha\xi$ – Schmeichler), die,
als sie nach Syrien hinübergezogen waren, dort Leiterchen
($\kappa\lambda\iota\mu\alpha\kappa i\delta\varepsilon\varsigma$ < $\kappa\lambda\bar{\iota}\mu\alpha\xi$ – Leiter) genannt wurden, weil sie sich
bückten und so die Gattinnen der Könige auf ihren Rücken
wie mit einer Leiter in den Wagen steigen ließen.

(4) Vor wem soll man sich denn in Acht nehmen? – Vor
dem, der nicht das Ansehen eines Schmeichlers hat noch sich
als solcher ausgibt, den man nicht in der Küche antreffen
kann, den man auch nicht den Schatten der Mahlzeit wegen
abmessen sieht,[16] der sich nicht in der Trunkenheit hinwirft,
wohin er kommt, sondern meistens nüchtern ist, der alles
wissen will und glaubt, sich in alles einmischen zu müssen,
der von allen Geheimnissen Kunde haben will und die ganz
tragische, ernste Rolle der Freundschaft, nicht die satirische

---

12 Reisenden wurde, bevor sie sich zu Tisch setzten, Wasser zum Reinigen der
    Hände gereicht.
13 Alexander, grausamer Tyrann von Perai, Thessalien 369-358. Er wurde auf
    Betreiben seiner Frau von seinen Schwägern ermordet und von Plutarch
    im Leben Pelopidas' als besonders grausam beschrieben. Melaphtius ist
    dagegen nicht näher bekannt.
14 Der dadurch der Nahrung beraubt war.
15 Eupolis, Der Schmeichler (5. Jh. v. Chr.).
16 Die alte Komödie führte öfter solche Schmarotzer auf die Bühne, die, in-
    dem sie herumgehen, auf den zunehmenden Schatten achten und dabei der
    ersehnten Stunde der Tafel entgegensehen.

oder komische spielt. Denn wie Plato behauptet,[17] es sei die höchste Ungerechtigkeit, gerecht zu scheinen, ohne es wirklich zu sein, so muss man eine Schmeichelei für gefährlich halten, die sich verbirgt und sich nicht offen darstellt, die nicht scherzt, sondern sich ernsthaft stellt. Sie macht auch die wahre Freundschaft verdächtig, indem diese mit ihr öfter zusammentrifft, wenn wir nicht aufmerksam sind. Als Gobryas zugleich mit dem vor ihm fliehenden Magier[18] in ein dunkles Gemach geraten war und so mit ihm rang, befahl er dem dabeistehenden unschlüssigen Dareios, das Schwert nur durch sie beide hindurchzustoßen. Wir hingegen, die wir keineswegs den Satz billigen: »Der Freund soll untergehen mit dem Feinde.«,[19] und die wir deshalb den Schmeichler, der durch so viel Ähnlichkeit mit dem Freund verschlungen ist, von diesem zu unterscheiden versuchen, müssen uns darum aufs Sorgfältigste hüten, dass wir nicht mit dem Schlechten zugleich das Gute ausrotten, oder aus Schonung für das Nützliche uns Schaden zufügen. Denn ich glaube, dass wie der Samen des Unkrauts vom Weizen, mit dem er, ähnlich an Gestalt und Größe, vermischt ist, schwer sich ausscheiden lässt – denn er fällt entweder nicht durch die zu engen Löcher des Siebs, oder er fällt zugleich mit dem Weizen durch die weiten Löcher – so gesellt sich die Schmeichelei bei jedem Affekt, bei jeder Bewegung, bei jedem Bedürfnis und jeder Gewohnheit auf eine solche Weise zur Freundschaft, dass sie sich kaum von ihr trennen lässt.

(5) Weil nun die Freundschaft unter allem das Süßeste ist und mehr als alles andere erfreut, sucht uns der Schmeichler

---

17 Politeia 2,361a, übrigens auch Cicero in De officiis, 1,13 Ende.
18 Der in der persischen Geschichte unter dem Namen Pseudomerdis bekannte Magier, der sich nach Kambyses' Tod selbst auf den Thron setzte, von welchem er durch die Verschwörung Dareios' mit sechs anderen Großen Persiens gestürzt wurde. Die ausführliche Erzählung davon gibt Herodot, 3,78. Dareios folgte dem Gebot Gobryas', durchbohrte aber mit seinem Schwert durch einen glücklichen Zufall nur den Magier.
19 Die Quelle des Verses ist nicht näher bekannt.

durch Vergnügen zu gewinnen und ist darauf vor allem bedacht. Da nun der Freundschaft Gefälligkeit und Nutzen
folgen, weshalb man auch sagt, der Freund sei notwendi-
ger als Feuer und Wasser, drängt sich der Schmeichler zu
Dienstleistungen auf und gibt sich alle Mühe, stets eifrig,
unverdrossen und bereitwillig zu erscheinen. Weil aber das,
was die Freundschaft am meisten zusammenhält und verbindet, die Ähnlichkeit der Lebensweise und des Charakters
ist und überhaupt die Freude an demselben Gegenstand,
so wie die Abneigung gegen dieselben Dinge durch die
Übereinstimmung der Neigung uns erst zusammenführt
und verknüpft, so bildet und formt sich der Schmeichler,
der dies bemerkt, wie ein Stück Holz, indem er sich ganz
an den anzupassen und sich dem nachzubilden versucht,
auf den seine Nachahmung gerichtet ist. Er ist weich und
bildsam, um jede ähnliche Gestalt anzunehmen, sodass man
sagen kann:

Nicht Achills Sohn bist du, du bist er selbst.[20]

Die größte Schlauheit des Schmeichlers besteht allerdings
darin, dass er - sobald er merkt, dass die Freimütigkeit als
Kennzeichen der Freundschaft angesehen und betrachtet
wird, gleich der einem lebenden Wesen eigenen Stimme,
Schüchternheit hingegen für Mangel an Freundschaft und
edler Gesinnung - nicht unterlässt, auch dies nachzuahmen,
sondern, wie die geschickten Köche bittere Säfte und herbe
Gewürze gebrauchen, um dem Süßen das Übersättigende
zu nehmen, wendet auch er keine wahre, Nutzen bringende
Freimütigkeit an, sondern eine solche, die den Augen gefällt
und die Sinne kitzelt. Deshalb ist ein solcher Mensch sehr
schwer zu erkennen, wie überhaupt Tiere, welche von Natur
aus die Farbe verändern und sich den Gegenständen und

---

20 Ein zum Sprichwort gewordener Vers eines alten Tragikers, vielleicht des
    Sophokles, wohl an Neoptolemos gerichtet.

Orten, an denen sie sich befinden, ähnlich machen. Weil er aber täuscht und sich hinter der Ähnlichkeit versteckt, so ist es unsere Aufgabe, ihn durch den Unterschied zu entlarven und ihn als den aufzudecken, der sich nach Platos Ausspruch[21] mit fremden Farben und Zügen schmückt, aus Mangel an eigenen.

(6) Wir wollen daher die Freundschaft von ihrem Beginn an betrachten. Ich habe oben schon bemerkt, dass die Freundschaft bei den meisten aus der Gleichheit ihrer Natur und ihres Charakters hervorgehe, vermöge welcher sich dieselben gerne denselben Gewohnheiten und Neigungen hingeben, an denselben Beschäftigungen, Handlungen und Unterhaltungen Gefallen finden, worauf auch der Dichter Bezug nimmt, wenn er sagt:

Dem Greis ist Zustimmung des Greises der Willkommenste;
zum Jüngling passt der Jüngling und zur Frau die Frau,
der kranke Mann zum Kranken, dem Unglücklichen wird
zum Tröster der, der dasselbe erlebte.[22]

Der Schmeichler nun weiß wohl, dass es uns angeboren ist, am Gleichen Gefallen zu finden und gerne mit ihm Umgang zu pflegen; er sucht daher zuerst, sich von dieser Seite einem jeden zu nähern und an ihn heranzukommen wie dem Wild auf der Weide, indem er durch gleiche Neigungen und Beschäftigungen, durch gleiche Bestrebungen und gleiche Lebensweise sich allmählich an ihn zu schmiegen weiß, bis ihm dieser Gelegenheit gibt, ihm gegenüber zutraulich wird und sich an ihn gewöhnt. Er tadelt Handlungen, Lebensweisen und Menschen, von denen er weiß, dass sie jenem missfallen, und lobt dagegen das, was gefallen kann, und zwar nicht mit Maß, sondern indem er mit Entzückung und Bewunderung übertreibt, er bestärkt ihn in Abneigung und

---

21   Phaidros, 239c, zitiert von Synesius in seiner Rede über das Königtum.
22   Vielleicht Euripides in einer verloren gegangenen Komödie.

Zuneigung und versichert, dass sie vielmehr in vernünftigem Urteil als in Leidenschaft begründet sei.

(7) Wie lässt sich nun ein solcher Schmeichler entdecken und an welchem Unterschied ist zu erkennen, dass er uns nicht gleich ist und es nie sein wird, sondern dass er die Gleichheit nur nachahmt? Zuerst muss man darauf sehen, ob er sich selbst gleich bleibt und in seinen Grundsätzen beständig ist, ob er stets an demselben Gefallen hat und dasselbe lobt, ob ein festes Prinzip sein Leben leitet und lenkt, wie es dem wahren Liebhaber einer gleich gesinnten Freundschaft und Geselligkeit ziemt. Denn so ist der Freund. Der Schmeichler hingegen, dessen Charakter keine feste Basis hat und nicht daran denkt, sich eine bestimmte Lebensweise anzueignen, sondern sich stets nach einem anderen und für einen anderen bildet und fügt, ist weder einfach noch ein und derselbe, sondern verändert sich auf mannigfache Weise aus einer Gestalt in eine andere, und wie das Wasser, das von einem Gefäß in das andere geschüttet wird, beeilt er sich, die Gestalt desjenigen anzunehmen, von welchem er aufgenommen wird. Der Affe,[23] so sagt man, wird dadurch, dass er den Menschen im Tanzen und in der Bewegung nachahmen will, gefangen. Der Schmeichler hingegen lockt selbst andere an sich und fängt sie, nicht indem er auf die gleiche Weise jeden nachahmt, sondern indem er mit dem einen tanzt und singt, mit dem anderen ringt und kämpft. Hat er einen Freund des Wildes und der Jagd gefunden, so folgt er ihm, indem er fast in Phaedras Worte ausbricht:[24]

Die bunten Hirsche jagend
möchte ich gerne, bei den Göttern, den Doggen zurufen!

An dem Tier liegt ihm dabei gar nichts, den Jäger selbst möchte er fangen und in sein Netz ziehen. Will er dagegen

---

23 Eigentlich die Waldohreule.
24 Euripides, Hippolytos, 218f. Es spricht Phaidra, Gemahlin des Theseus und Hippolytos' Schwiegermutter zu ihrer Amme.

einen lernbegierigen Jüngling, der die Wissenschaften liebt, gewinnen, so lebt er in den Büchern, lässt sich den Bart bis auf die Füße wachsen, trägt einen abgeschabten Mantel,[25] zeigt überall Gleichgültigkeit und spricht von nichts als den Zahlen, den geraden Winkeln und den Dreiecken Platos.

Trifft er auf einen leichtsinnigen Menschen, einen Säufer und einen Reichen, so

entblößt aus den Lumpen sich rasch der flinke Odysseus.[26]

Da wird der Mantel weggeworfen, der Bart glatt geschoren wie ein blankes Saatfeld, nun kommen die Becher und Schalen, Lachen erregende Einfälle und Spottreden über die Philosophen. Als Plato in Syrakus angekommen war, wo Dionysos[27] von einem wahnsinnigen Eifer für die Philosophie ergriffen war, fand er, wie man erzählt, den Königspalast angefüllt mit Staub wegen der Menge derjenigen, die sich mit Geometrie beschäftigten.[28] Als aber Plato in Ungnade gefallen war und sich Dionysos von der Philosophie abwandte und sich wieder in Trinkerei, Maßlosigkeit, Wollust und kindische Vergnügungen stürzte, versanken alle auf einmal, wie von der Kirke verwandelt, in Rohheit, Vergessenheit und Albernheit. Dies bestätigt auch das Betragen angesehener Schmeichler und Volksverführer, unter welchen Alkibiades der größte war, der sich zu Athen durch seine Witze, sein Gestüt sowie sein angenehmes und heiteres Leben auszeichnete,[29] sich in Sparta aber kahl schor, einen

---

25 Langer Bart und abgetragener Mantel waren äußere Merkmale der Philosophen, besonders der Stoiker und Kyniker. Die Vernachlässigung des Äußeren soll dabei die Hochschätzung der inneren Werte ausdrücken.

26 Homer, Odyssee, 22,1

27 Dionysos II., Tyrann von Syrakus seit 367 v. Chr. Dessen Onkel Dion hatte Platon an den Hof des Neffen eingeladen, wo der Philosoph aber bereits 388 zu Besuch gewesen war. Nachdem sich Dionysos und Dion zerstritten hatten, reiste Platon ab, ein Versöhnungsversuch durch ihn scheiterte. Mit Dion befasst sich eine von Plutarchs Lebensbeschreibungen.

28 Man pflegte die Figuren nämlich in Sand oder Staub zu zeichnen.

29 Vgl. hierzu die Schilderung Alkibiades' durch Cornelius Nepos.

abgetragenen Mantel anlegte und sich im Kalten badete. In Thrakien führte er Kriege und soff. Als er aber zum Tissaphernes[30] gekommen war, ergab er sich der Schwelgerei, der Weichlichkeit und dem groß Tun. So machte er sich bei allen dadurch beliebt und angenehm, dass er sich allen ähnlich zu machen und anzuschließen verstand. Ein Epameinondas[31] oder ein Agesilaos[32] betrugen sich freilich nicht so. Sie kamen mit so vielen Menschen und Städten von so verschiedener Lebensweise in Berührung und bewahrten doch stets die Würde ihres Charakters, sowohl in Kleidung und Speise als auch in ihren Reden und in ihrer ganzen Lebensweise. So zeigt sich auch Plato in Syrakus nicht anders als in der Akademie und gegen Dionysos ebenso wie gegen Dion.

(8) Am leichtesten wird man den Wechsel eines Schmeichlers, der dem des Polypen gleicht, dann entdecken, wenn man sich selbst zum Schein vielfach verändert, bald die Lebensweise tadelt, die man früher lobte, bald an Handlungen, an einer Lebensweise oder an Reden, an denen man einst Missfallen hatte, plötzlich Gefallen findet und sie lobt. Man wird so seine Unbeständigkeit und Charakterlosigkeit bald bemerken, wie Liebe und Hass, Freude und Betrübnis nicht aus eigener Betroffenheit bei ihm hervorgehen, sondern wie er, gleich einem Spiegel, nur Bilder von fremden Affekten, Lebensweisen und Bewegungen in sich aufnimmt. Tadelst du etwa in seiner Gegenwart einen der Freunde, so pflegt er zu sagen: »Erst spät hast du den Menschen kennengelernt, denn

---

30 Tissaphernes war ab 413 v. Chr. Satrap von Sardeis und Karanos, der sich zeitweise von Alkibiades beraten ließ.
31 Thebanischer Feldherr, geb. 18 v. Chr., von umfassender Bildung, kämpfte mit Sparta gegen die Arkadier und besiegte die Spartaner trotz Unterzahl in der Schlacht von Leuktra; Gründer von Messene, Gegenspieler des Attischen Seebundes, gest. 362 v. Chr. Die Lebensbeschreibung, die Plutarch von ihm verfasste, ist verloren.
32 442-360 v. Chr., Feldherr und König, Begründer der zwanzigjährigen Hegemonie Spartas, Gegenspieler des Epameinondas, sein Leben beschrieb Plutarch.

mir gefiel er schon früher nicht.« Änderst du deine Ansicht und lobst ihn wieder, so wird er sprechen: »Wahrhaftig, ich selbst freue mich mit, und ich selbst danke dir im Namen jenes Menschen, ich habe nun alles Zutrauen.« Sprachst du davon, eine andere Lebensweise einzuschlagen und z. B. aus dem Staatsdienst in ein beschauliches, ruhiges Leben überzugehen, so erwidert er dir: »Ja schon längst hätten wir uns von der Unruhe und dem Neid losmachen sollen.« Stellst du dich aber, als wolltest du wieder zu diesen Geschäften und zur Beredsamkeit zurückkehren, so ruft er dir gleich zu: »Das ist eine deiner würdige Gesinnung. Das beschauliche Leben ist zwar angenehm, aber ruhmlos und verächtlich.« Einem solchen Menschen muss man mit dem Dichter zurufen:

Anders, o Fremdling, erscheinst du mir jetzt als damals.[33]

Ich bedarf keines Freundes, der sich mit mir verändert und meinem Wink folgt – denn das tut mein Schatten besser –, sondern eines solchen, der mit mir die Wahrheit sucht und mit mir prüft. Dies ist also eine Art, den Schmeichler zu entdecken.

(9) Indessen bei der vielfachen Ähnlichkeit [des Schmeichlers mit dem Freund] muss man doch einen anderen Unterschied folgender Art beachten: Der wahre Freund ahmt nicht alles nach und lobt es auch nicht gleich, sondern nur das Beste.

Nicht mitzuhassen, mitzulieben bin ich da,[34]

wie es bei Sophokles heißt. Er steht uns bei in der Erfüllung unserer Pflichten und im Guten, nicht aber in einem schlechten leichtfertigen Lebenswandel, wenn ihn nicht gegen seinen Willen, durch den Umgang und die Bekanntschaft, wie

---

33 Homer, Odyssee, 16,181.
34 Sophokles, Antigone, 523. Es spricht Antigone.

durch Eiter unseres kranken Auges und eine Ansteckung mit Schlechtigkeit und Lasterhaftigkeit erfüllt hat; wie man wohl auch erzählt, dass Platos Freunde seinen Höcker nachahmten, die des Aristoteles sein Anstoßen mit der Zunge, die König Alexanders seine Beugung des Nackens und seiner raue Stimme beim Sprechen. Denn manche nehmen oft, ohne es zu merken, von der Sitte und der Lebensweise [ihrer Freunde] etwas an. Dem Schmeichler aber geht es gerade so wie dem Chamäleon. Denn dieses nimmt alle Farben an, nur nicht die weiße. Und der Schmeichler, der sich in würdigen Bestrebungen durchaus nicht ähnlich machen kann, lässt dagegen nichts Schändliches unnachgeahmt, sondern ahmt gleich den schlechten Malern, welche, weil sie aus Mangel an Kraft die Schönheit nicht zu erreichen vermögen, nur in Runzeln, Warzen und Narben die Ähnlichkeit darstellen, auch der Schmeichler nur Unmäßigkeit, Aberglaube und Jähzorn, Härte gegen Sklaven und Treulosigkeit gegen Verwandte nach. Denn er ist selbst von Natur aus zum Bösen geneigt, und weil er das Schändliche nachahmt, scheint er dadurch gänzlich fern von jedem Tadel dagegen zu sein. Diejenigen nämlich, welche das Bessere suchen, kommen leicht in Verdacht, weil man denkt, dass sie die Vergehen der Freunde missbilligen und mit Unwillen aufnehmen, was z. B. auch Dion bei Dionysos, Samios bei Philipp[35] und Kleomenes bei Ptolemaios[36] in Verdacht brachte und ins Verderben stürzte. Der Schmeichler aber will gleichzeitig angenehm und zuverlässig sein und auch so scheinen. Er stellt sich, als nähme er aus allzu großer Liebe am Schlechten keinen Anstoß und habe gleiche Gesinnungen und Neigungen angenommen. Daher will er selbst Anteil nehmen an Dingen, die nicht von unserem Willen abhängen, sondern vom Zufall. Er stellt sich

---

35 Dichter und Höfling Philipps V., des vorletzten makedonischen Königs, des Vaters des unglücklichen Perseus. Samos' Tod erzählt Polybios, 5,9.
36 König von Sparta im 3. Jh. v. Chr., dem Plutarch eine eigene Lebensbeschreibung widmet.

sogar, als wenn er an derselben Krankheit leide, um dem Kranken damit zu schmeicheln, er tut so, als sehe er nicht gut und höre schlecht, wenn er mit einem halb Blinden oder halb Tauben zusammen ist, wie z. B. die Schmeichler des halb blinden Dionysos aneinanderstießen und an der Tafel die Schüsseln [aus Kurzsichtigkeit] umstießen. Andere auch halten sich mehr an die Leidenschaften und versuchen, tiefer einzudringen, indem sie ihre gleiche Stimmung selbst bis auf die geheimsten Dinge ausdehnen. Merken sie z. B., dass der Freund unglücklich verheiratet oder mit seinen Söhnen unzufrieden ist, so verschonen sie sich selbst nicht, sondern klagen über ihre eigenen Kinder, über ihre Frau, über ihre Verwandten und Angehörigen und verschweigen selbst geheime Ursachen nicht. Denn diese Ähnlichkeit erweckt größere Zuneigung. Der [geschmeichelte] Freund nämlich glaubt, darin ein Unterpfand erhalten zu haben, und lässt nun auch manches Geheimnis dem Schmeichler, schenkt ihm sein Zutrauen und scheut sich, ihm dasselbe wieder zu entziehen. Ja ich kenne einen, der sogar seine Frau zugleich verstieß, als der Freund die seinige entlassen hatte. Er wurde aber von der Frau des Freundes ertappt, die bemerkte, wie er sie heimlich besuchte und sie bei sich liegen ließ. Unkenntnis vom Schmeichler zeigt daher derjenige, der die folgenden Verse lieber auf einen Krebs als auf einen Schmeichler anwenden zu können glaubte:

Sein ganzer Leib ist Bauch, nach allen Seiten blickt
sein Aug', er ist ein Tier, das mit den Zähnen kriecht.[37]

Denn dies ist vielmehr das Bild eines Schmarotzers, eines von denen, die, wie Eupolis[38] sagt:

Beim Tiegel nur und bei der Mahlzeit Freunde sind.

---

37 Die Verse stammen vermutlich entweder aus einer nicht mehr bekannten Komödie oder es handelt sich um ein Rätsel.
38 Zeitgenosse und Nebenbuhler des Aristophanes. Das nachfolgende Zitat könnte aus dessen Komödie Der Schmeichler stammen.

(10) Doch davon wollen wir an einem passenderen Ort reden. Aber den Kunstgriff des Schmeichlers bei seinen Nachahmungen dürfen wir nicht übergehen, dass er nämlich, selbst wenn er etwas Gutes an dem, dem er schmeichelt nachahmt, jenem den Vorzug darin überlässt. Wahre Freunde haben gegeneinander weder Eifersucht noch Neid, sondern bleiben ruhig und gelassen, mögen sie auch im Tun des Rechten einander gleich sein oder nicht. Der Schmeichler aber vergisst nie, dass er die zweite Rolle spielt, und vermeidet bei aller Ähnlichkeit doch die Gleichheit mit dem anderen und lässt sich in allen Dingen gerne besiegen und übertreffen ausgenommen in den schlechten. In diesen lässt er sich den Vorrang nicht nehmen, sondern gibt sich, wenn z. B. jener schlechter Laune ist, selbst als melancholisch aus; ist jener abergläubisch, so spielt er den Propheten; hat jener eine Liebschaft, so ist er rasend vor Liebe. Kommt man in großes Lachen, so sagt er, er sterbe fast vor Lachen. Im Guten dagegen macht er es gerade umgekehrt. »Ich laufe schnell«, sagt er, »jener aber fliegt.« – »Ich reite ganz ordentlich, im Vergleich aber zu jenem Kentauren – was bin ich da?« – »Ich bin nicht ohne Talent für die Poesie und mache nicht gerade die schlechtesten Verse, aber das Donnern kommt nicht mir zu, sondern dem Zeus.«[39] Denn durch die Nachahmung erklärt er die Rühmlichkeit des Bemühens, und dadurch, dass er sich besiegen lässt, die ihm unerreichbare Kraft. Darin nun besteht bei aller Ähnlichkeit der Unterschied des Schmeichlers vom Freund.

(11) Da aber, wie oben bemerkt, auch das Vergnügen dem Freund und dem Schmeichler gemein sind, weil der Redliche am Freund nicht weniger Gefallen findet als der Schlechte an den Schmeichlern, so wollen wir auch diesen Punkt näher bestimmen. Bei dieser Bestimmung kommt es zunächst darauf an, das Vergnügen auf seinen Zweck zu beziehen. Wir

---

39 Kallimachos, Aitia, 1. Buch.

wollen dies folgendermaßen betrachten. Die Myrrhe enthält etwas Wohlriechendes. Dasselbe liegt auch im Gegengift, aber beides unterscheidet sich darin, dass jenes nur zum Vergnügen und zu nichts anderem da ist, hier aber der Wohlgeruch auch die Kraft hat, den Körper zu reinigen oder zu erwärmen oder zu stärken. Desgleichen mischen die Maler bunte Farben und Stoffe, und ebenso gibt es auch manche Heilmittel, welche ein buntes Aussehen und keine unangenehme Farbe zeigen. Worin liegt nun der Unterschied? Offenbar müssen wir ihn nach dem Verwendungszweck definieren. Daher haben die Vergnügungen der Freunde auf die gleiche Weise das Angenehme, gleichsam die bunte Außenseite, nur zum Zweck des Guten und Nützlichen. Sie bedienen sich bisweilen des Scherzes, der Tafel und des Weins, ja selbst des Lachens und der Possen gegeneinander als einer Würze des Guten und Ernsthaften.

Darauf bezogen heißt es auch: Sie

freuten sich des Gesprächs und redeten viel miteinander.[40]

Und:

... nimmer auch hätt' uns
anderes wieder getrennt, in wechselnder Lieb' und
    Ergötzung.[41]

Das Geschäft des Schmeichlers hingegen und sein Zweck bestehen darin, dass er stets einen Scherz, eine Handlung oder eine Rede gleich einem Koch zubereitet und zurecht hält, bloß um dem anderen ein Vergnügen zu schaffen. Kurz: Der eine glaubt, alles darum tun zu müssen, damit er gefalle, der andere tut immer nur das, was er tun soll und ist daher oftmals angenehm, öfters auch nicht, ohne es gerade zu wollen, oder, gerade wenn es so besser ist, es zu vermeiden. Denn wie der Arzt, wenn es nützlich ist, Safran und Narde

---

40 Homer, Ilias, 11,634 f.
41 Homer, Odyssee, 178 f.

auflegt, ja manchmal sogar angenehme Bäder verordnet und
liebliche Kost, in anderen Fällen aber davon abgeht, und
Bibergeil[42] eingibt,

oder des Poleys widrigen Duft, der uns hart belästigt,[43]

oder geriebene Nieswurz uns zu trinken verordnet, in beiden Fällen aber weder hier das Unangenehme noch dort
das Angenehme beabsichtigt, sondern den Kranken durch
beide Mittel zu dem einen, nämlich zur Besserung, führt,
so heitert auch der Freund uns bisweilen durch Lob und
freundliches Zureden auf und führt uns zum Guten wie
jener:

Teukros, edler Freund, Telamonier, Völkergebieter,

triff so fort, …[44]

Und:

Wie vergäße ich doch des göttergleichen Odysseus.[45]

Wo hingegen Zurechtweisung nötig ist, führt er auch eine
scharfe Sprache und zeigt eine bedächtige Freimütigkeit:

Nimm doch Bedacht, Menelaos, du göttlicher,
nicht geziemt dir so unbesonnene Wut.[46]

Manchmal verbindet er auch mit der Rede die Tat, wie Me-
nedemos[47] den ausschweifenden und unordentlichen Sohn
seines Freundes Asklepiades dadurch, dass er ihm sein Haus
verbot und ihn nicht einer Anrede würdigte, wieder zur Be-

---

42 Übel riechende Absonderung aus einer Drüse des Bibers, die als Medizin
    verwendet wurde.
43 Nikander, Theriaca, 64.
44 Homer, Ilias, 8,281.
45 Homer, Odyssee, 1,65.
46 Homer, Ilias, 7,109 f.
47 Philosoph und Stifter der sog. Eretrischen Sekte, Lebensbeschreibung bei
    Diogenes Laertios, 2,18. Er lebte um 400 v. Chr.

sinnung brachte. So schloss Arkesilaos[48] Battos[49] vom Besuch seiner Vorlesungen aus, weil er gegen Kleanthes[50] in einer Komödie einen Vers gedichtet hatte, söhnte sich aber mit diesem wieder aus, als er Kleanthes besänftigt hatte und Reue bewies. Denn ein Freund darf beleidigen, wenn er dadurch nützt, nur darf er durch seine Beleidigungen nicht die Freundschaft zerstören, sondern muss die Beleidigung wie eine angreifende Arznei betrachten, um den Kranken zu retten und zu bewahren. Wie der Tonkünstler die Seiten bald lockert, bald anzieht, so wechselt auch der Freund in Absicht auf das Gute und Nützliche, er ist oft angenehm, aber immer nützlich.

Der Schmeichler hingegen, der wie aus einem Anschlag nur einen Ton des Angenehmen und Gefälligen zu geben pflegt, wagt nicht, sich durch die Tat zu widersetzen oder ein empfindliches Wort zu reden, sondern folgt bloß dem Willen [des Freundes] und stimmt immer mit ihm ein in dieselbe Leier und ein und denselben Ton an. Wie Xenophon von Agesilaos erzählt,[51] der sich nur von denen gerne gelobt sah, die ihn auch tadeln wollten, muss man das Angenehme und Erfreuende für ein Zeichen der Freundschaft halten, wenn auch bisweilen ein Tadel und ein Angriff auf uns damit verbunden sind, den Umgang aber, der in einem fort nach Vergnügungen greift und nach dem, was angenehm sein kann, ohne etwas Beißendes zu enthalten, für verdächtig ansehen und stets an das Wort jenes Spartaners denken, der, als man König Charillus lobte,[52] ausrief: »Wie kann der tüchtig sein, der nicht einmal gegen die Schlechten bitter ist!«

---

48 Agesilaos von Pitane, Schriftsteller der mittleren Akademie um 300 v. Chr., von ihm schreibt Diogenes Laertios, 4,6.
49 Ein Komödiendichter jener Zeit.
50 Kleanthes von Assos, Stoischer Philosoph, vgl. Diogenes Laertios, 7,5.
51 Xenophon, Agesilaos, 11,5.
52 In der Lebensbeschreibung Lykurgs, Kap. 5, wird diese Geschichte erwähnt.

(12) Dem Stier, sagt man, setzt sich die Hornisse ans Ohr, dem Hund die Laus. An des Ehrfürchtigen Ohr aber hängt sich der Schmeichler mit seinem Lob, und sitzt er einmal daran fest, so ist er nicht leicht wegzubringen. Man muss daher mit Vorsicht und Behutsamkeit zu beurteilen suchen, ob das Lob der Sache oder dem Menschen gilt. Es gilt der Sache, wenn andere uns eher in unserer Abwesenheit loben als in unserer Gegenwart, wenn sie selbst die gleichen Wünsche haben und nicht bloß uns loben, sondern jeden bei gleicher Veranlassung, wenn sie nicht bald dieses, bald das Entgegengesetzte tun und reden, hauptsächlich aber, wenn wir selbst einsehen, dass wir das, was wir getan haben, nicht zu bereuen oder uns dessen zu schämen brauchen, auch nicht das dem Entgegengesetzte getan oder geredet zu haben wünschen. Denn das eigene Gewissen, das dagegen zeugt und kein Lob zulässt, ist frei von Leidenschaften, unberührt und dem Schmeichler unzugänglich. Allein, ich weiß nicht, wie es kommt, die meisten vertragen bei Unglücksfällen keinen Trost, sondern schließen sich lieber an die an, die mit ihnen klagen und weinen. Wenn sie sich aber ein Vergehen oder einen Fehler zuschulden kommen lassen, so gilt der, welcher in eine Zurechtweisung oder einen Tadel etwas Beißendes einfließen lässt, um dadurch Reue zu bewirken, als ein Feind und Ankläger. Dem aber, der ihre Handlungen lobt und rühmt, hängen sie an, ihn halten sie für wohlgesinnt und ihren Freund. Wer jede Handlung und jedes Wort, das wir im Ernst oder im Scherz gesprochen haben, gleich lobt und mit seinem Beifall begleitet, ist nur schädlich im Augenblick und hinsichtlich des vorliegenden Falles. Diejenigen aber, welche mit ihrem Lob den Charakter treffen, und sogar unsere Neigungen mit ihrer Schmeichelei berühren, machen es ebenso wie die Sklaven, die nicht vom Haufen stehlen, sondern vom Samenkorn. Denn sie verkehren die natürliche Anlage, die gleichsam der Same unserer Hand-

lungen ist, dadurch, dass sie das Laster mit dem Namen
der Tugend benennen. Bei Aufruhr und Krieg hat man
wohl, wie Thukydides sagt,[53] die gewöhnliche Bedeutung
der Worte über die Unternehmungen mit Willkür geändert.
Unbesonnene Verwegenheit pflegt als treue Tapferkeit zu
gelten, vorsichtiges Zögern als anständig verhüllte Feigheit, Mäßigung als Vorwand, die Zaghaftigkeit zu beschö-
nigen. Handelte man in allen Dingen besonnen, hieße es,
man sei in allem zu schwerfällig. Darauf muss man auch
bei der Schmeichelei sehen und achten: Hier heißen die
Ausschweifung freie Lebensweise, Feigheit Vorsicht, Heftigkeit Schnelligkeit, Geiz Mäßigkeit, ein Verliebter heißt
ein umgänglicher, liebevoller Mensch, ein Jähzorniger und
Übermütiger heißt ein Tapferer, der Gemeine und Niederträchtige ein Menschenfreund. Auch Plato sagt,[54] der
Liebhaber sei ein Schmeichler des geliebten Gegenstandes,
der nenne den mit eingedrückter Nase lieblich, den mit
einer Habichtsnase königlich, die Schwärzlichen männlich,
die Weißen Göttersöhne. Die Honigfarbe gar sei erfunden
vom Liebhaber, der sich die bleiche Farbe unter diesem
Namen erträglicher mache. Der Hässliche freilich, der sich
überreden lässt, er sei schön, der Kleine, er sei groß, bleibt
nicht lange in diesem Irrtum, er erleidet nur einen geringen,
unscheinbaren Schaden. Aber das Lob, das uns an Laster
gewöhnt, als wären es Tugenden, und uns sie nicht mit
Unwillen, sondern mit Vergnügen ausleben lässt, das uns
die Scheu vor der Sünde nimmt, ein solches Lob verdarb
die Sizilianer und ließ sie eines Dionysios[55] und Phalaris[56]
Grausamkeit als Hass gegen das Böse und Gerechtigkeit
bezeichnen. Ein solches richtete Ägypten zugrunde, indem

53 Peloponnesischer Krieg, 3,82.
54 Platon, Politeia, 5,474 ff.
55 Wohl Dionysios I., Tyrann von Syrakus am Anfang des 4. Jh. v. Chr.
56 Phalaris, Tyrann von Agrigent, 1. Hälfte 6. Jh. v. Chr.

es die Weichlichkeit eines Ptolemäus,[57] seine Schwärmerei, sein lautes Beten, sein Eingraben von Lilien und Pauken Frömmigkeit und Gottesverehrung nannte. Ein solches Lob hätte Rom schon damals beinahe verdorben und vernichtet, als es der Schwelgerei eines Antonius, seinen Ausschweifungen und Festen den beschönigenden Namen fröhlicher Lustbarkeiten gab, wobei er sich freigiebig seiner Macht und Herrlichkeit zeige. Was anderes gab dem Ptolemäus[58] Maulleder an und Föten,[59] was errichtete Nero eine tragische Schaubühne, was legte ihm Masken und Kothurnen an?[60] War es nicht das Lob der Schmeichler? Und die vielen Könige, die sich Apollos nennen lassen, wenn sie nur trillern, Bacchus, wenn sie trunken sind, Herkules, wenn sie ringen, und daran ihre Freude haben – lassen sie sich nicht durch Schmeichelei zu jener Schandtat verleiten?

(13) Deshalb muss man sich am meisten vor dem Schmeichler hüten, wenn er uns lobt. Er selbst weiß dies auch wohl und versucht darum schlau den Verdacht zu vermeiden. Trifft er einen wohlgekleideten Man oder einen Bauer, der einen dicken Kittel trägt, so legt er allen Zwang ab, gleichwie Struthias,[61] der über Bias herfällt und über dessen Dummheit mit Lob spottet: »Noch mehr hast du getrunken als König

---

57 Wohl Ptolemäus IV. Philopator, der auch den Beinamen Tryphon trug und am Ende des 3. Jh. v. Chr. regierte. Plutarch beschreibt ihn auch im Leben des Kleomenes, Kap. 33. Dieser Ptolemäus war bekannt für Verweichlichung und Schwelgerei. Er soll religiösen Kulten nahegestanden haben, deren Zeremonien mit Raserei und Selbstverstümmelung verbunden waren.

58 Hier kann sowohl P. Philopator als auch P. Auletes gemeint sein, Letzterer lebte in der Mitte des 1. Jh. v. Chr.

59 Φορβεά – ein Leder, welches die Flötenspieler um den Mund legten, um dadurch die Töne angenehmer zu machen.

60 Sueton, Nero, 21.

61 Struthias und Bias waren Figuren einer verlorenen Komödie Menanders: Die Schmeichler. Struthias spielt die Rolle des Schmeichlers bei dem – wie es scheint – reichen Bias, der sich vor ihm in seiner Geschicklichkeit im Trinken rühmt, worauf ihm Struthias zugleich lobend und spottend die folgenden Worte zuruft.

Alexander.« Und: »Ich verging vor Lachen über deinen Witz mit dem Zyprer.«

Er bemerkt wohl, dass die Gebildeten hier am meisten darauf achten, sich vor diesem Punkt und dieser Stelle zu hüten, daher bringt er sein Lob nicht geradewegs an, sondern von Weitem ausholend geht er wie im Kreis herum und tritt dann herzu, gerade als wolle er leise ein Tier berühren oder fangen. Er erzählt ihm das Lob mancher anderer über ihn und führt, wie es die Redner machen, dabei andere redend ein. Er erzählt, wie er sich auf dem Markt mit fremden oder älteren Männern angenehm unterhalten habe, die viel Gutes von ihm erzählt und ihn bewundert hätten. Ein andermal erdichtet er geringfügige unwahre Beschuldigungen gegen ihn, kommt dann, als wenn er dies von anderen gehört hätte, eifrig herzugelaufen und fragt ihn, wo er dieses gesagt oder wo er etwas Bestimmtes getan habe. Leugnet es jener, was ja natürlich ist, so hat er nun die beste Gelegenheit, dessen Lob anzubringen. Ich wundere mich, spricht er, dass du einen deiner Freunde geschmäht hast, da du dies nicht einmal gegen deine Feinde zu tun pflegst, dass du dich an Fremdem vergriffen hast, da du doch so viel des Eigenen verschenkst.

(14) Andere nun machen es wie die Maler, die nur das Helle und Glänzende hervorheben, indem sie das Schattige und Dunkle daneben setzen. Sie tadeln und schmähen das Entgegengesetzte oder verspotten es und machen es lächerlich, loben aber damit nur im Stillen die Fehler dessen, dem sie schmeicheln, und geben ihnen Nahrung. Sie tadeln Nüchternheit als ungebildetes Wesen bei Ausschweifenden oder bei habsüchtigen und nichtswürdigen Menschen und solchen, die sich durch schlechte und schändliche Handlungen Reichtümer erworben haben. Genügsamkeit und Gerechtigkeit verschmähen sie als Verzagtheit und Schwäche im Handeln. Im Umgang mit trägen Menschen, mit Müßiggängern und solchen, die alle Staatsgeschäfte meiden, schä-

men sie sich nicht, die Verwaltung des Staates für eine lästige Beschäftigung mit fremden Dingen oder das Streben nach Ehre für eitle nutzlose Ruhmsucht auszugeben. Oder sie treiben auch dadurch Schmeichelei gegenüber einem Redner, den Philosophen zu verspotten. Bei unzüchtigen Frauen versuchen sie, sich dadurch in Gunst zu setzen, dass sie andere Frauen, die an einem einzigen Ehemann hängen und diesen lieben, kalt in der Liebe und einfältig schelten. Der Gipfel ihrer Schlechtigkeit aber besteht darin, dass sie nicht einmal sich selbst verschonen. Wie die Ringer ihren eigenen Körper klein machen, um den Gegner niederzuwerfen, schmälern sie sich selbst, um damit ihrer Bewunderung gegen den Nächsten unbemerkt Eingang zu verschaffen.

»Ich bin«, sagen sie, »ein elender Kerl auf dem Meer, es fehlt mir an Kraft zu Anstrengungen, ich rase vor Zorn, wenn man mich schmäht«. Aber für den ist nichts zu arg, nichts fällt ihm schwer, er ist einzig Mensch, er erträgt alles ruhig und ohne Kummer. Wenn einer viel Verstand zu besitzen glaubt, ernsthaft und selbstständig sein will und, um seine Geradlinigkeit zu zeigen, den Vers im Munde führt:

Tydeus' Sohn, nicht darfst du so sehr mich rühmen noch tadeln,[62]

so greift ihn der geschickte Schmeichler nicht von dieser Seite an, sondern kennt dann noch ein anderes Mittel, ihm beizukommen. Er wendet sich z. B. an ihn als einen in Einsicht weit Überlegenen, um sich über seine eigenen Angelegenheiten Rat einzuholen, er entschuldigt sich, dass er wohl noch andere Freunde habe, dass er sich aber genötigt fühle, ihn zu belästigen. »Denn wohin«, spricht er, »sollen wir, die wir eines Rates bedürfen, unsere Zuflucht nehmen? Wem sollen wir Zutrauen schenken?« Und wenn er dann dessen Antwort vernommen hat, so versichert er beim Weggehen, ein

---

62 Homer, Ilias, 10,249.

Orakel, keine Antwort erhalten zu haben. Bemerkt er, dass der andere den Anspruch hat, Kenntnisse in der Beredsamkeit zu besitzen, teilt er ihm etwas von seinen Aufsätzen mit und fordert ihn auf, dasselbe durchzulesen und zu verbessern. Von König Mithridates,[63] der die Medizin liebte, ließen sich manche seiner Freunde brennen und schneiden,[64] um ihm so durch die Tat und nicht bloß mit Worten zu schmeicheln. Denn dadurch, dass sie ihm ihr Zutrauen schenkten, schienen sie ein Zeugnis seiner Kenntnisse abzulegen.

Traun! Vielgestaltig ist das Los des Schicksals.[65]

Eine solche Art, in versteckter Weise zu loben, bedarf einer größeren Vorsicht und lässt sich nur auf die Weise entdecken, indem man geflissentlich einen abgeschmackten Rat erteilt und unvernünftige Verbesserungen macht. Denn da der Schmeichler bei nichts widerspricht, sondern allem seinen Beifall gibt, alles annimmt und bei jeder Gelegenheit sein »Schön!« und »Trefflich!« anbringt, wird er bald dabei entdeckt,

dass er nach dem einen fragt und das andere begehrt,[66]

nur in der Absicht, um uns zu loben und uns stolz zu machen.

(15) Wie manche die Malerei eine stumme Poesie nennen, gibt es auch ein Lob der stummen Schmeichelei. Wie nämlich die Jäger dem Wild besser verborgen bleiben, wenn sie gar nicht die Absicht auf es haben, sondern nur ihres Weges gehen wollen, um Vieh zu weiden oder auf dem Feld zu arbeiten, so ergreifen die Schmeichler dann am meisten durch ihr

---

63 Mithridates VI. Eupator, König von Pontos, 120-63 v. Chr., jener berühmte
    Widersacher Roms in der Bürgerkriegszeit.
64 Damals Tätigkeiten im Rahmen der Chirurgie.
65 Ein mehrfach bei Euripides vorkommender Schlussvers, z. B. in Alkestes
    und Andromeda.
66 Sonst nicht belegter Vers unbekannter Herkunft.

Lob, wenn sie nicht zu loben, sondern etwas anderes zu tun scheinen. Denn derjenige, der seinen Sitz und sein Lager einem anderen, der herankommt, überlässt, oder mitten in seiner Rede an das Volk oder den Senat innehält, sobald er merkt, dass einer von den Reichen reden will, um diesem die Rednerbühne sowie das Wort zu lassen, zeigt durch sein Schweigen besser als jeder Schreier, dass er jenen für tüchtiger und an Einsicht überlegen hält. Daher sieht man sie auch bei Vorlesungen und im Theater die ersten Sitze einnehmen, nicht als ob sie sich derselben für würdig hielten, sondern nur, damit sie vor den Reichen aufstehen und diesen schmeicheln können. Daher fangen sie auch bei Gesellschaften und Zusammenkünften zuerst zu reden an, überlassen dann aber das Wort jenen, als den Einsichtsvolleren und wenden sich sehr leicht zur entgegengesetzten Ansicht, wenn der, welcher ihnen widerspricht, ein angesehener, reicher oder bedeutender Mann ist. Daher lassen sich eine solche Nachgiebigkeit der Schmeichler und ein solches Zurücktreten entdecken, weil dieses nicht vor der Erfahrung oder der Tugend oder dem Alter geschieht, sondern vor Reichtum und Ansehen. So sagte der Maler Apelles[67] zu Megabyzos,[68] der sich neben ihn gesetzt hatte und von Umriss und Schatten mit ihm reden wollte: »Siehst du, wie diese Kinder die Farben reiben, sie beachteten dich sehr, als du schwiegst, bewunderten den Purpur und das Gold (deines Gewandes); jetzt aber lachen sie dich aus, da du anfängst, über Dinge zu reden, von denen du nichts verstehst.« Als Kroisos[69] Solon[70] nach der Glückseligkeit fragte, nannte dieser Tellos, einen angesehenen Athener, dann Kleobis und Biton glücklicher als ihn.[71] Die

---

67 Apelles von Ephesos, Maler des 4. Jhs. v. Chr., malte den Megabyzos.
68 Titel des Oberpriesters der Diana von Ephesos.
69 Letzter König von Lydien, der durch Unterwerfung des westlichen Kleinasien und die daher fließenden Tribute sagenhaft reich war.
70 Athenischer Gesetzgeber, 640-558 v. Chr., der nach Inkrafttreten seiner Verfassung zehn Jahre das östliche Mittelmeer bereiste.
71 Herodot, Historien, 1,30.

Schmeichler hingegen nennen die Könige, die Reichen und die Machthaber nicht bloß glücklich und selig, sondern auch die Ersten an Einsicht, Geschicklichkeit und jeder Tugend.

(16) Manche können es gar nicht ertragen, wenn sie hören, dass die Stoiker den Weisen zugleich reich, schön, edelgeboren und König nennen. Aber die Schmeichler nennen den Reichen zugleich einen Redner und Dichter, und wenn er es haben will, auch einen Maler und Flötenspieler, einen Schnellläufer und kräftigen Mann, indem sie sich beim Ringen von ihm niederwerfen lassen oder im Laufen hinter ihm zurückbleiben, wie Krisson von Himera[72] beim Wettlauf hinter Alexander zurückblieb, was dieser jedoch bemerkte und übel aufnahm. Daher sagte Karneades,[73] dass die Söhne von Reichen und Königen nur das Reiten und sonst nichts anderes gut und tüchtig lernten, denn der Lehrer schmeichelt ihnen zwar in den Übungsstunden, indem er sie lobt, so wie die mit ihnen Übenden, indem sie sich hinter ihnen halten. Aber das Pferd, das weder weiß noch überlegt, ob sein Reiter ein gewöhnlicher Mensch ist oder ein Fürst, ob ein Reicher oder ein Armer, wirft jeden herab, der nicht reiten kann. Daher äußert sich Bion[74] einfältig und albern, wenn er durch Lob sein Feld fruchtbar und ertragreich machen wollte und keinen Fehler dadurch zu begehen glaubt, wenn er sich damit eher beschäftigt als mit Graben und mühevoller Arbeit. Weshalb auch der Mensch, wenn er lobe, nicht töricht handle, wenn er den anderen durch dieses Lob nütze und ihm förderlich sei. Denn das Feld wird nicht schlechter

---

72 Ein berühmter Wettläufer aus Himera auf Sizilien, der bei drei aufeinanderfolgenden Olympischen Spielen siegte, den 83., 84. und 85. (d. h. 448, 444 und 440 v. Chr.). Die Anekdote, die ihn zum Zeitgenossen Alexanders macht, muss später entstanden sein.

73 Karneades von Kyrene, Stifter der Neuen Akademie im 2. Jh. v. Chr., bei Diogenes Laertios am Ende des 5. Buches beschrieben, ebenso bei Gellius Noctes Atticae, 7,14 und 17,15. Ein wichtiges Anliegen war in Karneades' Erkenntnislehre, sich des Urteils zu enthalten.

74 Bion von Borysthenes, kynischer Philosoph des 3. Jhs. v. Chr.

durch Lob, den Menschen aber machen diejenigen hochmütig und verderben ihn, welche ihm falsches und unverdientes
Lob erteilen.

(17) Das mag über diesen Punkt genügen. Wir kommen
nun auf die Freimütigkeit zu sprechen. So wie Patroklos
zwar die Waffen des Achill anlegte und dessen Rosse in die
Schlacht trieb, jenen Speer aber vom Berg Pelion allein nicht
zu berühren wagte, sondern ihn zurückließ, so sollte auch
der Schmeichler, der sich mit des Freundes Rüstung umgürtet und dessen Schmuck und Zeichen anlegt, die Freimütigkeit allein als die ausgewählte Tracht der Freundschaft,

schwer und groß und gediegen,[75]

unberührt lassen und nicht nachahmen. Allein, da sich die
Schmeichler nicht leicht dem Tadel beim Lachen oder Trinken, beim Scherzen oder Spielen aussetzen, sondern jede
Sache ernst aufnehmen und mit finsterer Miene schmeicheln,
auch einige Tadel oder Zurechtweisungen beimischen, so
wollen wir auch diesen Punkt näher betrachten. Wie in einer
Komödie Menanders ein falscher Herkules auftritt[76] mit
einer Keule, die nicht stark und schwer ist, sondern hohl und
leer, so, meine ich, erscheint die Freimütigkeit des Schmeichlers dem, der sie auf die Probe stellt, weich und leicht,
ohne Spannung, ganz wie die Kopfkissen der Frauen, welche
dem Kopf zwar Widerstand und Gegengewicht zu leisten
scheinen, desto mehr aber nachgeben und nachlassen. Es ist
diese verfälschte Freimütigkeit wie von einem leeren, falschen und verdächtigen Schwulst aufgeschwollen und aufgetrieben, damit sie, wenn sie zusammenfällt, den aufnehmen
und mit sich fortziehen kann, der auf sie herabsinkt. Denn
die wahre Freimütigkeit des Freundes greift das Vergehen
an und verursacht einen heilenden, wohltätigen Schmerz.

---

75 Homer, Ilias, 16,140 ff.
76 Von dieser Komödie sind nur noch wenige Verse erhalten.

Sie beißt und reinigt das Geschwür gleich dem Honig, ist aber dabei nützlich und süß, worüber ich noch besonders reden werde.[77] Zuvörderst zeigt sich der Schmeichler im Umgang mit anderen herb, auffahrend und unerbittlich. Seine Sklaven behandelt er hart, die Fehler seiner Verwandten und Angehörigen rügt er mit Strenge, keinen Fremden lobt oder ehrt er, sondern blickt mit Verachtung weg. Während er selbst nicht leicht Fehler verzeiht, reizt er andere durch Verleumdung zum Zorn; er will den Ruf gewinnen, dass er das Böse hasse, damit man glaube, er gehe nie geflissentlich von seiner Freimütigkeit gegen sie ab und versuche auch nie, ihnen etwas zu Gefallen zu tun oder zu reden. Er stellt sich, als ob er wirkliche und bedeutende Verfehlungen weder sehe noch bemerke und fällt dagegen über kleine, äußere Verstöße gegen sie her, tadelt mit Nachdruck und großer Heftigkeit, wenn er etwas vom Hausrat am falschen Ort oder jemanden schlecht wohnen sieht, wenn er jemanden bemerkt, der beim Schneiden des Barts oder in seiner Kleidung nachlässig ist oder für seinen Hund oder sein Pferd nicht hinreichend sorgt. Geringschätzung der Eltern aber, Vernachlässigung der Kinder, Verachtung der Ehefrau, Übermut gegen die Sklaven, Vergeudung des Vermögens kümmern ihn nicht. Dabei bleibt er stumm und wagt nicht den Mund aufzutun. Wie etwa der Gesangslehrer, welcher den Athleten beim Trinken und sonst ausschweifen lässt, dann aber beim Ölfläschchen und beim Striegel streng ist, oder ein Grammatiklehrer, der das Kind züchtigt wegen einer Schreibtafel oder eines Griffels, Sprachfehler und Barbarismen dagegen nicht zu hören scheint. So etwa pflegt auch der Schmeichler dem schlechten und verachtungswürdigen Redner keine Vorwürfe über seine Rede zu machen, sondern er wirft ihm die Schuld auf die Stimme und tadelt es mit Härte, dass er durch Wassertrinken sein Organ verdorben habe. Soll er eine er-

---

77 Unten, Kap. 26.

bärmliche Schrift durchlesen, so gibt er dem groben Papyrus
die Schuld und nennt den Abschreiber einen schmutzigen
und nachlässigen Menschen. So stritten sich mit Ptolemäus,[78]
der als Freund der Wissenschaft gelten wollte, seine Schmeichler um eine Glosse, ein Verslein oder eine Geschichte bis
mitten in die Nacht, aber gegen seine Grausamkeit, seinen
Übermut, seine Foltern und Martern sowie gegen seine Ver-
schwendung erhob sich nicht einer von so vielen. Wie wenn
man mit dem chirurgischen Messer einem Menschen [statt
der Knoten und Fisteln] die Haare und Nägel abschneiden
wollte, so bringen die Schmeichler ihre freimütige Rede da
an, wo sie nicht verletzt und schmerzt.

(18) Andere aber sind noch schlauer als diese und bedienen sich ihrer Freimütigkeit und ihres Tadels sogar zum
Vergnügen anderer. Als einst Alexander einen Possenreißer
reich beschenkt hatte, schrie der Argiver Argis[79] vor Neid
und Eifer laut auf: »O welch eine große Dummheit!« Und
als sich der König voll Zorn gegen ihn wandte mit dem Worten: »Was sagst du?«, so antwortete er: »Ich gestehe offen
meinen Unwillen und meinen Ärger, wenn ich sehe, dass
ihr, die Zeusgeborenen, allesamt auf die gleiche Weise an
Schmeichlern und verächtlichen Menschen Gefallen findet,
denn so hatte Herkules seine Freude an den Kerkopen,[80]
Dionysos an den Silenen, und so sieht man auch bei dir
solche Leute in Ansehen stehen.« Als einst Kaiser Tiberius
in den Senat kam, erhob sich einer seiner Schmeichler und
sagte, freie Männer müssten eine freie Sprache führen, sich
nicht verstellen und nichts, was sie für nützlich halten, ver-

---

78 Ptolemäus Euergetes II., König von Ägypten in der zweiten Hälfte des 2.
    Jhs. V. Chr., war gleichermaßen für seine Wissenschaftsbegeisterung wie
    für seine Grausamkeit bekannt.
79 Ein sonst nicht näher bekannter Höfling Alexanders d. Gr. und mäßiger
    Dichter, genannt bei Curtius Rufus, 7,5.6.
80 Der Sage nach Bewohner der Insel Aenaria am Ufer von Kampanien; Leute
    von Lug und Trug, welche Herkules gefangen nahm, aber wieder entließ,
    nachdem er seinen Scherz mit ihnen getrieben hatte.

schweigen. Nachdem er so die Aufmerksamkeit aller erregt
hatte und es still geworden war, als auch Tiberius selbst
sich aufmerksam zeigte, fuhr er fort: »Höre, o Caesar, was
wir alle an dir tadeln, was aber keiner offen zu sagen wagt:
Du vernachlässigst dich selbst, nimmst keine Rücksicht auf
deinen Körper, zehrst dich ab mit Sorgen und Mühen um
uns und hast weder bei Tag noch bei Nacht Ruhe.« Noch
manches der Art führte er an, sodass der Redner Cassius
Severus[81] gesagt haben soll: »Diese freimütige Sprache wird
den Mann zugrunde richten.«

(19) Dies ist indessen noch das Geringere. Gefährlich hingegen und für die Unverständigen verderblich ist es, wenn
der Schmeichler gegen die entgegengesetzten Leidenschaften
und Laster spricht. So wie der Schmeichler Himerios[82] einen
reichen, aber sehr schmutzigen reichen Athener als einen
Verschwender und sorglosen Mann tadelte, der dereinst mit
seinen Kindern schwer darben werde. Oder wenn man Ver-
schwendern und Aufwand liebenden Menschen Kargheit
und Sparsamkeit vorwirft wie Titus Petronius[83] dem Nero,
oder wenn man Fürsten, die mit ihren Untertanen grausam
und hart umgehen, ermahnt, ihre große Milde und das unzeitige und nutzlose Mitleid abzulegen. Ebenso macht es der,
welcher sich so stellt, als ob er sich von einem einfältigen,
albernen und dummen Menschen wie vor einem sehr ge-
scheiten und schlauen in Acht nehme und fürchte. Oder der,
welcher einen neidischen Menschen, der seine Freude daran
hat, beständig zu schmähen und zu tadeln, wenn er einmal
dazu kommt, einen berühmten Mann zu loben, angreift, ihm
widerspricht, als ob eben dies sein Fehler sei. »Du lobst«,
spricht er, »Menschen, die nichts wert sind. Wer ist er denn
oder was hat er Glänzendes getan oder auch nur gesagt?«

---

81 Über ihn siehe Tacitus, Annalen, 4,21.
82 Sonst nicht näher bekannte Person.
83 Er wird von Tacitus, Annalen, 16,18 f., näher vorgestellt und von Forschern
    oft mit dem Romanschriftsteller gleichgesetzt.

Am meisten aber greifen die Schmeichler ihre Gönner von
Seiten der Liebe an und setzen sie noch mehr in Flammen.
Sehen sie, dass dieselben mit ihren Brüdern hadern oder ihre
Eltern verachten oder sich gegen ihre Frauen nicht nach Ge-
bühr betragen, so geben sie ihnen keine Ermahnungen oder
Verweise, sondern steigern noch vielmehr ihren Zorn: »Du
kennst dich selbst nicht, du bist die Ursache davon, weil
du dich immer gefällig und untertänig gegen sie bewiesen
hast.« Wenn aber durch Gezanke oder Eifersucht Verdruss
mit einer Dirne oder einem untreuen Geliebten entsteht,
erscheint die Schmeichelei mit glänzender Freimütigkeit, indem sie Öl ins Feuer gießt und mit triftigen Gründen gegen
den Liebhaber auftritt, als handle er in vielem lieblos, hart
und tadelnswert,

für viele Liebeszeichen Undankbarer, du![84]

So beredeten die Freunde der Ägypterin[85] den von Liebe glü-
henden Antonius, dass er von ihr geliebt werde, und warfen
ihm Gefühllosigkeit und Übermut vor. »Die Frau«, sagten
sie, »hat ein solches Königreich und ein so glückliches Leben
verlassen, sie geht zugrunde auf den Zügen mit dir und gilt
als ein Kebsweib,

du nur trägst in der Brust ein Herz von unreizbarem
   Starrsinn[86]

und lässt sie allein in ihrem Kummer.« Er aber ließ sich gerne
als den Schuldigen überführen und hatte Freude an seinen
Anklägern, wie er sie nicht leicht an seinen Lobrednern hatte, ohne zu merken, dass der, welcher ihn, wie er glaubte, zu-
rechtwies, ihn noch dazu verdarb. Eine solche Freimütigkeit
gleicht dem Angriff unzüchtiger Frauen, indem sie durch

---

84 Aus der nur in Fragmenten erhaltenen Tragödie Myrmidonen des Dichters
    Aischylos; Achill an den toten Patroklos.
85 Königin Kleopatra.
86 Kirke zu Odysseus; Homer, Odyssee, 10,329.

das, was zu kränken scheint, Lust erregt und kitzelt. Wie der Wein, der sonst gegen den Schierling hilft, gegen die Kraft des Giftes gar nichts mehr auszurichten vermag, sobald man ihn damit vermischt, indem dieses nur desto schneller wegen seiner Hitze zum Herzen dringt, so schmeicheln schlechte Menschen, wenn sie wissen, dass Freimütigkeit sehr zur Schmeichelei forthilft, selbst durch die Freimütigkeit. Daher die Antwort des Bias[87] auf die Frage, welches unter den Tieren das gefährlichste sei, nicht ganz richtig war. Er antwortete nämlich: »Unter den wilden Tieren der Tyrann, unter den zahmen der Schmeichler.« Richtiger hätte er sich so ausdrücken sollen: Unter den Schmeichlern sind diejenigen zahm, welche sich im Bad oder an der Tafel einfinden. Der aber, welcher bis in das Haus und bis in die Wohnung der Frauen seinen Vorwitz, seine Verleumdung und seine Bosheit, wie der Polyp seine Arme, ausstreckt, ist wild, grausam und schwer zu bändigen.

(20) Es gibt, wie es scheint, nur ein einziges Mittel, sich davor zu hüten. Wenn man nämlich weiß und dessen eingedenk ist, dass die Seele einerseits Liebe zur Wahrheit, zur Tugend und Vernunft besitzt, andererseits aber auch unvernünftig, von Liebe zur Unwahrheit und von Leidenschaften erfüllt ist; ferner dass der Freund stets ein Ratgeber und Beistand zum Besseren ist, gleich dem Arzt, welcher die Gesundheit zu wahren und zu fördern sucht, der Schmeichler hingegen auf die Seite der Leidenschaft und Unvernunft tritt, diese reizt, kitzelt und einnimmt, sie von der Vernunft entfernt, indem er schädliche Lust für sie aussinnt. Wie es Speisen gibt, die weder ins Blut gehen, noch der Lunge, den Nerven oder dem Mark einige Stärkung geben, aber auf die Geschlechtsteile wirken, den Bauch aufregen und das Fleisch faul und ungesund machen, so gesellt sich die Rede des Schmeichlers nicht zur Besonnenheit und Ver-

---

87 Bias von Priene, einer der Sieben Weisen, lebte im 6. Jh. v. Chr.

nunft, sondern sie nährt die Lust der Liebe, erregt unsinnige Leidenschaft, reizt den Neid oder flößt einen widerlichen, eitlen Stolz ein. Sie vermehrt den Kummer durch ihr Klagen, macht die Bosheit, die Gemeinheit und das Misstrauen durch stetige Vorurteile und Verleumdungen heftig, argwöhnisch und lässt Verdacht entstehen. Wer aber darauf achtet, wird dies wohl bemerken. Denn der Schmeichler hält sich immer hinter einer Leidenschaft, diese nährt er und hängt sich gleich einem Geschwür jedes Mal an die schadhaften und entzündeten Teile der Seele. »Du bist da im Zorn? Strafe ihn!« – »Hast du Verlangen danach? Kaufe es!« – »Bist du in Furcht? Lass uns fliehen!« – »Du hast einen Verdacht? Glaube ihn!« Sollte man aber den Schmeichler bei diesen Leidenschaften nicht entdecken können, weil sie durch Heftigkeit und Stärke die Vernunft verdrängen, so wird sich derselbe, da er sich stets gleich bleibt, schon leichter bei den übrigen eine Blöße geben. Glaubst du, berauscht gewesen zu sein oder zu viel gegessen zu haben und bist deshalb im Zweifel, ob du ein Bad oder etwas Speise zu dir nehmen sollst, so wird dich der Freund zurückhalten und zu Vorsicht und Aufmerksamkeit mahnen. Der Schmeichler aber schleppt dich ins Bad, lässt etwas Frisches aufsetzen und befiehlt dir, deinen Körper nicht durch Fasten zu schwächen. Sieht er, dass du aus Weichlichkeit eine Land- oder eine Seereise oder irgendeine Unternehmung scheust, so wird er dir erwidern, die Sache habe keine Eile, dasselbe lasse sich auch zu einer anderen Zeit tun oder durch Sendung eines anderen. Hat man versprochen, einem seiner Angehörigen Geld zu verleihen oder zu schenken, und bereut es nachher, schämt sich dessen aber, so wirft sich der Schmeichler auf die schlimme Seite und bestärkt die dem Beutel günstige Meinung. Er treibt einem alle Scham aus, indem er den Freund zur Sparsamkeit auffordert, da er viel auszugeben habe und noch manche zu unterstützen gedenke. Daher wird uns der Schmeichler nicht verborgen bleiben, wenn wir nur uns selbst, unsere

Begierden, unsere Schamlosigkeiten und Verzagtheiten nicht verhehlen. Denn jener redet stets diesen Leidenschaften das Wort und zeigt in der Übertreibung derselben seine Freimütigkeit. Dies nun mag darüber genügen.

(21) Wir kommen jetzt zu den Dienstleistungen und Gefälligkeiten. Hier verursacht der Schmeichler eine große Verwirrung und Dunkelheit, wenn er vom Freunde unterschieden werden soll. Er scheint unverdrossen, bereitwillig bei jeder Gelegenheit ohne irgendeine Ausflucht. Das Betragen des Freundes ist, wie die Rede der Wahrheit, einfach, nach Euripides, gerade und ohne Falschheit, das des Schmeichlers hingegen in der Tat

krank schon an sich, bedarf der Arznei der List,[88]

ja wahrhaftig vieler und außerordentlicher [Listen]. Der Freund geht, wenn er dem anderen begegnet, manchmal vorüber, ohne etwas zu sagen oder zu hören, er sieht uns bloß mit einem heiteren Lächeln an und gibt durch seine Blicke die innere Zuneigung und Freundschaft zu erkennen, die er im Gegenzug auch empfängt. Der Schmeichler aber läuft, eilt uns nach, streckt schon von ferne die Hand aus, und wenn er einmal zuerst erblickt und begrüßt worden ist, entschuldigt er sich mehr als einmal mit Zeugen und Schwüren. Auch lässt der Freund in solchen Dingen manches Unbedeutende außer Acht, er kümmert sich nicht so genau um alles, ist nicht vorwitzig und drängt sich auch nicht zu jedem Dienst auf. Jener aber ist darin anhaltend, unablässig und unermüdlich; er lässt keinem anderen die Gelegenheit, einen Dienst zu erweisen, er wartet nur auf Befehle und ist unwillig, ja ganz niedergeschlagen und betrübt, wenn ihm nichts befohlen wird.

(22) Für die Verständigen sind dies nun allerdings nicht die Kennzeichen einer wahren oder vernünftigen Freundschaft,

---

88 Euripides, Phönizierinnen, 472.

sondern einer buhlerischen, die sich durch eine übermäßige
Bereitschaft einschmeicheln will. Doch zuerst müssen wir
den Unterschied in den Besprechungen betrachten. Denn
schon unsere Vorfahren haben ganz richtig gesagt, dies sei
das Versprechen eines Freundes:

Kann ich es nur gewähren, und ist es selbst möglich.[89]
Sag, was du verlangst.

Der zweite Vers aber ist die Rede des Schmeichlers.
   Auch die Komödiendichter bringen solche Menschen auf
die Bühne:

Stellt mich, Nikomachos, gegen den Soldaten auf,
schlag ich den ganzen Kerl euch windelweich,
und mache sein Gesicht zarter als einen Schwamm.[90]

Ferner hilft uns kein Freund, wenn er nicht zuvor auch in
der Sache zurate gezogen worden ist, und dann hilft er nur,
wenn er die Sache geprüft und gebilligt hat, entweder hinsichtlich des Nutzens oder des Anstands. Der Schmeichler
dagegen gibt, auch wenn man ihn die Sache mitprüfen und
ihn sich dazu äußern lässt, nach und leistet der Leidenschaft
Vorschub, teils weil er sich nachgiebig und gefällig zeigen
will, teils weil er fürchtet, den Verdacht zu erregen, er zau-
dere und wollte sich der Sache entziehen. Denn nicht leicht
wird es einen König oder einen Reichen geben, der sagen
könnte:

Sei er ein Bettler, oder, wenn es ihm gefällt,
noch weniger, trägt er nur ehrlichen Sinn,
und redet furchtlos alles, was sein Herz denkt.[91]

Sondern gleich tragischen Dichtern bedürfen sie eines Chors
beistimmender Freunde oder eines Beifall klatschenden

---

89   Homer, Ilias, 14,195.
90   Vielleicht aus einer nicht erhaltenen Menanderkomödie.
91   Aus einer verlorenen Tragödie des Euripides.

Theaters. Weshalb auch Merope in der Tragödie den Rat gibt:

Zu Freunden wähle, die nicht im Reden gegenüber anderen
zaghaft erschlaffen; wer aber stets dir Beifall gibt, und dich
zur Lust verführt – dem verriegle die Tür.[92]

Aber sie tun gerade das Gegenteil. Wer ihnen nicht bloß nach dem Mund redet, sondern zu ihrem eigenen Nutzen auch einmal widerspricht, den stoßen sie von sich ab, andere hingegen, die ihnen zu Gefallen reden, schlechte, niederträchtige Menschen und Betrüger, nehmen sie nicht nur in ihre Türen und unter ihr Dach auf, sondern entdecken ihnen selbst ihre geheimen Neigungen und Angelegenheiten. Ein Schmeichler nun, der weniger Verstand hat, denkt gar nicht daran, an der Beratung über solche Gegenstände teilnehmen zu wollen. Er will nur den Helfer und Diener dabei abgeben. Der Verschmitztere aber setzt bei der Beratung eine ernste Miene auf und nickt mit dem Kopf dazu, sagt aber nichts, spricht jedoch jener seine Ansicht aus, so ruft er: »Beim Herkules, du bist mir zuvorgekommen, ebendies wollte ich gerade bemerken!« Wie die Mathematiker lehren, dass die Flächen und Linien an sich nur gedacht und körperlos sind, sich weder beugen noch ausdehnen noch bewegen lassen, sich aber mit dem Körper, dessen Begrenzung sie sind, zugleich beugen, ausdehnen und von ihrer Stelle rücken lassen, so wird man auch den Schmeichler entdecken, der immer nach dem anderen seine Reden, Urteile und Gefühle und selbst seinen Zorn richtet, sodass darin überhaupt der Unterschied leicht zu erkennen ist. Noch mehr aber ist dies der Fall in der Art und Weise der Dienstleistung. Die Gefälligkeit, die von einem Freund ausgeht, hat ihre Hauptkraft gleich dem lebendigen Geschöpf im Innern, aber sie hat nichts zum Schein, was in die Augen fällt und vor der

---

92 Euripides.

Menge glänzt. Wie der Arzt oftmals heilt, ohne dass man es merkt, so kann auch ein Freund beim Kommen oder beim Weggehen nützen und für den anderen sorgen, ohne dass dieser es merkt. So verfuhr Arkesilaos[93] unter anderem bei einer Krankheit des Apelles von Chios:[94] Er bemerkte dessen Armut und kehrte mit 20 Drachmen zurück, setzte sich nahe zu ihm und sagte: »Hier ist nichts als die bekannten Elemente des Empedokles:

Feuer, Wasser, Erde und des Äthers sanfte Erhöhung.[95]

Aber du liegst gar nicht bequem.« Und indem er sein Kopfkissen verrückte, legte er unbemerkt das Geld darunter. Als die alte Wärterin es gefunden hatte und dies voll Verwunderung dem Apelles erzählte, sprach er lachend: »Das ist ein Streich des Arkesilaos.« Ja selbst bei der Philosophie findet es sich, dass die Kinder den Eltern ähnlich werden.[96] Lakydes, ein anderer Schüler des Arkesilaos, erschien nebst den anderen Freunden vor Gericht, wo Kephisokrates eines Staatsverbrechens angeklagt war. Als dieser nun den Ring, welchen der Ankläger von ihm verlangte, in der Stille hatte hinunterfallen lassen, trat Lakydes, der dies sah, mit dem Fuß darauf und verbarg ihn so. Dieser Ring war nämlich das Hauptbeweismittel. Als aber Kephisokrates nach dem Freispruch den Richtern dankte, hieß ihn einer, der offenbar den Vorfall bemerkt hatte, dem Lakydes danken, und erzählte dann die Sache, welche Lakydes niemandem gesagt hatte. So glaube ich, dass auch die Götter uns, ohne dass wir es merken, manche Wohltaten erweisen, da sie ihrer Natur nach eben an Wohltaten und an Gefälligkeiten ihre Freude haben. Die Handlungsweise des Schmeichlers

---

93 Arkesilaos von Pitane, Leiter der Akademie in der Mitte des 3. Jh., vgl. Anm. 47.
94 Apelles war ein Schüler des Arkesilaos.
95 Empedokles von Agrigent, Über die Natur, 5. Jh. v. Chr.
96 Hesiod, Werke und Tage, 235.

aber zeigt nichts Gerechtes, Wahres, Offenes oder Edles. Er ist voll Schweiß, läuft hin und her, schreit, verzieht das Gesicht, um sich den Schein zu geben, wie mühevoll die Dienstleistung sei und wie viel ihm daran liege. Er ist wie ein aufgeputztes Gemälde, das durch die schreienden Farbe von den gebrochenen Falten, Runzeln und Winkeln eine deutliche Vorstellung zu geben strebt. Auch dann wird er uns zuwider, wenn er erzählt, wie er dieser Sache wegen herumgelaufen ist und Sorgen ausgestanden und sich darüber die Feindschaft mit anderen zugezogen hat, tausend Beschwerden und viel Ungemach dabei gehabt hat, sodass man sagen muss: »So viel war die Sache gar nicht wert.« Denn jede Gefälligkeit, die mit einem Vorwurf verbunden ist, wird lästig, unangenehm und unerträglich. Diesen Vorwurf und diese Beschämung aber bringt der Schmeichler nicht erst nachher an, sondern indem er etwas für uns tut. Der Freund hingegen spricht, selbst wenn er die Sache erzählen muss, davon ganz bescheiden und sagt von sich nichts. Die Spartaner hatten den Smyrnäern auf deren Bitten Lebensmittel geschickt; als sie sich über diese Gefälligkeit wunderten, sprachen jene: »Wir haben nichts Großes getan, wir beschlossen, für einen Tag uns und dem Vieh die Frühmahlzeit zu entziehen, und dies sammelten wir dann.« Eine solche Gefälligkeit ist nicht nur des freien Mannes würdig, sondern auch dem, welchem sie erwiesen wird, angenehmer, weil man dann glaubt, sie ohne großen Nachteil des Gebers zu erhalten.

(23) Indessen kann man nicht nur in dieser belästigenden Art der Dienstleistung oder im Leichtsinn bei Versprechungen die Natur des Schmeichlers erkennen, sondern noch mehr darin, dass der Dienst rühmlich oder schimpflich, dass er nur auf das Vergnügen oder auf den Nutzen berechnet war. Denn der Freund wird nicht wie Gorgias[97] behauptet,

---

den Beistand des Freundes in gerechten Angelegenheiten verlangen, selbst aber diesem in vielen, auch in ungerechten Anliegen beistehen, denn

mit gut zu sein, nicht mitzukranken ist er da.[98]

Er sucht ihn vielmehr von Unschicklichem abzuhalten, und wenn es ihm nicht gelingt, diesen zu überreden, so kann er, wie Phokion[99] zu Antipater[100] sagen: »Du kannst mich nicht zugleich zum Freund und zum Schmeichler haben.« D. h. zum Freund und Nichtfreund. Denn dem Freund muss man helfen, aber nicht zum Bösen, man muss ihn unterstützen mit Rat, aber nicht mit bösen Anschlägen, mit einem Zeugnis, aber nicht mit Betrügereien. Man muss sogar Unglück mit ihm teilen, aber nicht Unrecht mit ihm tun. Wenn schon dem Freund das bloße Mitwissen um eine unerlaubte Handlung untersagt ist, wie sollte er sich zur Teilnahme an der Ausführung und zur gleichen Schande entschließen können? Die Spartaner, von Antipater in einer Schlacht besiegt, unterbreiteten Vorschläge zum Frieden und baten ihn, ihnen jede beliebige Strafe aufzulegen, nur keine schimpfliche. Ebenso verhält es sich mit dem Freund. Tritt irgendein Fall ein, wo Aufwand an Geld, Gefahr oder Mühe nötig sind, so ist er der Erste, der sich rufen lässt, ohne Ausrede und Eifer Anteil nimmt. Ist aber Schande damit verbunden, so bittet er, ihn zu verschonen und in Ruhe zu lassen. Die Schmeichelei dagegen zieht sich bei mühsamen und gefährlichen Dienstleistungen zurück, und wenn man zur Probe aus irgendeiner Veranlassung anklopft, so kommt [wie aus einem zerbrochenen Topf] ein dumpfer Klang heraus. Gebrauche ihn aber bei schimpflichen, ruhmlosen und ruchlosen Diensten, tritt ihn mit

---

98 Nach Euripides, Iphigenie auf Aulis, 407.
99 Athener Stratege im 4. Jh., dem Plutarch eine Lebensbeschreibung widmete.
100 Regent von Makedonien, Sieger über die Spartaner.

Füßen – nichts hält er für zu arg noch für Misshandlung. Du siehst den Affen: Er kann das Haus nicht bewachen wie der Hund; er kann keine Lasten tragen wie das Pferd noch die Erde pflügen wie der Ochse. Daher lässt er sich Schimpf und Spott gefallen, erträgt den Scherz und macht sich selbst zum Gegenstand des Gelächters. So macht es auch der Schmeichler. Er ist weder imstande mitzuraten noch beizusteuern noch mitzukämpfen; in allen ernsten Dingen bleiben sein Eifer und seine Mühe aus. Wo aber heimlich etwas Unerlaubtes auszuführen ist, da weigert er sich unter keinem Vorwand. In Liebeshändeln macht er den treuen Diener, sorgt für eine Dirne, gibt sich alle Mühe, die Kosten für ein Gastmahl zu berechnen und zu bestimmen, und betreibt mit gleichem Eifer die Zurüstung zur Tafel. Er ist zuvorkommend gegenüber Kebsweibern, grob und unverschämt dagegen, wenn man ihm befiehlt, gegen die Verwandten trotzig zu sein oder zu helfen, die Frau aus dem Hause zu schaffen. Man kann daher auch daran leicht einen solchen Menschen erkennen. Zu jeder unverschämten und unrühmlichen Tat, die man ihm auflegt, ist er bereit, er schont sich selbst nicht, jenem Gebot zu gehorchen.

(24) Auch im Betragen des Schmeichlers gegen andere Freunde lässt sich wohl der große Unterschied desselben zum Freund erkennen. Für diesen ist es das größte Vergnügen, mit vielen zu lieben und geliebt zu werden, und darauf gehen alle seine Handlungen, dass der Freund hoch geehrt und geschätzt sei. Denn weil er unter Freunden alles für gemeinsam hält, so glaubt er, nichts dürfe so gemeinsam sein, wie der Freund. Der falsche hingegen, unechte und verstellte Freund ist, eben weil er am besten weiß, dass er sich an der Freundschaft vergeht, die er wie eine Münze verfälscht, ist zwar schon von Natur aus neidisch, zeigt diesen Neid aber auch gegen seinesgleichen und gibt sich alle Mühe, sie an Zoten und gemeinen Späßen zu übertreffen. Vor dem Besseren aber hat er Zittern und Furcht, wahrlich nicht wie einer, der

neben lydischen Wagen zu Fuß einherschreitet,[101] sondern, nach einem Ausdruck des Simonides, wie einer, der neben geläutertes, reines Gold gehalten, nicht einmal Blei enthält. Wenn nun ein solcher gleichsam leichter, verfälschter und trügerischer Freund in der Nähe mit der wahren, vollwertigen und gediegenen Freundschaft zusammengehalten wird, so hält er die Probe nicht aus. Er wird erkannt und macht es dann wie der Maler, der schlechte Hähne gemalt hatte und seinem Sklaven befahl, die echten Hähne von dem Gemälde zu verjagen: Er scheucht die echten Freunde weg und lässt sie nicht herankommen; ist ihm dies aber nicht möglich, so spielt er ins Gesicht zwar den Schmeichler, schließt sich an den Gönner an und bewundert ihn als den Vorzüglicheren, insgeheim aber streut er Verleumdungen und Verdächtigungen gegen ihn aus. Solche stillen Verleumdungen sollen Argwohn auslösen, und wenn es auch nicht ganz gelingt, so denkt er an der Spruch des Medios; dieser Medios war nämlich einer der Ersten im Haufen der Schmeichler Alexanders d. Gr. Und der raffinierte Sophist gegen die redlichsten Männer. Sein Grundsatz war, den Angriff mit Verleumdungen munter zu wagen und mit dem Zahn einzuhaken. Denn wenn auch, dachte er, die Wunde des Angegriffenen heilt, bleibt doch die Narbe der Verleumdung. Durch solche Narben allerdings oder vielleicht durch solche Krebsgeschwüre zerfressen, tötete Alexander Kallisthenes, Parmenio und Philotas; Menschen dagegen wie Agno, Bagoas, Agesias und Demetrios[102] gab er sich hin zum Zerreißen, da sie ihn wie ein fremdes Götterbild verehrten, bekleideten und ausputzten. Eine so gewaltige Kraft besitzt die Schmeichelei, ja die größte, wie es scheint, bei denjenigen, die sich die Größten dünken. Denn der Wahn wie der Wunsch, das Beste zu besitzen, verschafft dem Schmeichler Vertrauen und macht ihn

---

101 Worte aus einem verlorenen Gedicht Pindars, sprichwörtlich gebraucht für Personen, die bei ungleichem Wettkampf von anderen besiegt werden.
102 Alles Höflinge Alexanders.

dreist. Hohe Plätze sind nicht leicht zugänglich und erreichbar für die nachstellenden Feinde; aber Erhebung und Stolz aus Glück und vornehmer Geburt in einer unverständigen Seele sind dem gemeinen Menschen am meisten zugänglich.

(25) Daher haben wir schon am Anfang dieser Schrift bemerkt und bemerken es auch jetzt, dass man Eigenliebe und Dünkel von sich entfernen muss. Denn diese sind es, die uns zuerst schmeicheln und uns dann, wenn wir gleichsam dazu vorbereitet sind, gegen die Schmeichler von außen nachgiebiger macht. Wenn wir aber der Gottheit[103] folgen und die enorme Wichtigkeit des Gebots »Erkenne dich selbst!« für jeden wahrgenommen haben, wenn wir zugleich auf unsere eigene Natur, Erziehung und Bildung ein Augenmerk richten, wie viel uns zum Guten noch fehle, wie viele Mängel und Torheiten sich unseren Handlungen, Reden und Leidenschaften zugesellen, so werden wir uns nicht so leicht vom Schmeichler misshandeln lassen. Alexander sagte, er lerne hauptsächlich im Schlaf und im Liebesgenuss, denjenigen zu misstrauen, die ihn einen Gott nennen, weil er sich darin am unedelsten und der Leidenschaft am meisten ergeben zeige. Wenn wir aber nun bei so vielen Gelegenheiten so manches Schimpfliche, Missfällige, Unvollkommene und Fehlerhafte an uns selbst bemerken, so werden wir wohl einsehen, dass wir keinen Freund nötig haben, der uns lobt und bewundert, sondern einen, der uns zurechtweist, der uns mit Freimütigkeit tadelt, wenn wir selbst Unrecht tun. Denn unter vielen gibt es nur wenige, die es wagen, gegen ihre Freunde lieber freimütig zu sein, statt ihnen zu Gefallen zu reden; und unter diesen wenigen wiederum findet man nur selten solche, die dies zu tun verstehen, sondern meist solche, die dann, wenn sie schmähen und tadeln, dies für Freimütigkeit halten. Eine freimütige Rede wird, wie jedes andere Heilmittel, wenn man nicht den richtigen Zeitpunkt trifft, nur

---

103 Apollo, vgl. Anm. 5.

nutzlosen Schmerz und Unruhe verursachen und gewissermaßen durch Schmerz das bewirken, was die Schmeichelei durch Vergnügen bewirkt. Denn nicht nur Lob, sondern auch Tadel zur Unzeit bringt Schaden. Man gibt sich dann meistens dem Schmeichler hin, uns zu fangen und an die Seite zu nehmen, indem man wie von steilen und schroffen Höhen in sanfte Talgründe gleich einem Wasser hinabgleitet. Deshalb muss Freimütigkeit mit Milde des Charakters verbunden sein. Jedes Zuviel, jedes Übermaß desselben muss, wie ein allzu hell strahlendes Licht, auf eine vernünftige Weise entfernt werden, damit nicht der andere aus Unruhe und Ärger über diejenigen, die alles tadeln und verweisen, in den Schatten des Schmeichlers flüchtet und sich dahin wendet, wo ihm kein Schmerz verursacht wird. Denn jedes Laster, mein lieber Philopappos, kann man nur durch die Tugend, keineswegs durch das entgegengesetzte Laster vermeiden. So wie manche glauben, Unverschämtheit durch Schamlosigkeit, bäuerisches Wesen durch Spaßmacherei vermeiden zu können, und sich dann für völlig frei von aller Feigheit und Weichlichkeit halten, während sie offenbar dem Trotz und der Frechheit am nächsten stehen. So halten manche den Unglauben für eine Schutzwehr gegen den Aberglauben oder Schlauheit für einen Schutz gegen die Dummheit und verdrehen ihren Charakter wie ein Stück Holz aus einer Biegung in die entgegengesetzte, weil sie es nicht verstehen, denselben gerade zu machen. Die schlimmste Art aber, Schmeichelei zu vermeiden, ist es, wenn man ohne Not beleidigend ist. Es zeigt Mangel an Bildung im Umgang und Mangel an Geschick, sich Zuneigung zu gewinnen, wenn man durch ein raues und herbes Benehmen das Gemeine und Niedrige bei der Freundschaft vermeiden will, wie wenn man die gemeinen Lästerungen der Komödie[104] für eine Fol-

---

104 Plutarch meint die ältere Attische Komödie von Eupolis, Kratinos, Aristophanes u. dgl.

ge des Rechts der Gleichheit halten wolle. Weil es demnach ebenso schimpflich ist, in Schmeichelei zu geraten, um sich gefällig zu machen, wie, um ihr zu entgehen, durch eine unangemessene Freimütigkeit alle Freundschaft und Sorgfalt zu zerstören, so muss man sich keinem von beiden aussetzen, sondern bei der Freimütigkeit wie bei jedem anderen den Mittelweg einschlagen. Übrigens fordert die Ordnung des Vortrags selbst, dass ich am Schluss meiner Schrift noch einiges darüber bemerke.

(26) Wenn wir daher sehen, dass im Gefolge der Freimütigkeit kaum von ihr zu trennende Fehler liegen, so müssen wir zuerst die Selbstsucht von ihr entfernen und uns sehr wohl vor dem Schein hüten, wir tadelten gleichsam beleidigt oder unwillig wegen etwas, das uns persönlich betrifft. Denn sonst glaubt man, dass die Rede des anderen in seiner eigenen Sache nicht von Wohlwollen, sondern von Zorn ausgehe und keine Zurechtweisung, sondern Tadel sei. Die Freimütigkeit verletzt nie die Freundschaft und die Würde, der Tadel aber zeugt von Selbstgefälligkeit und kleinlichem Wesen. Daher hegt man vor dem, der frei spricht, Achtung und Bewunderung, während man den, der schimpft, wieder schimpft und ihn verachtet. Wie Agamemnon die freie Rede des Achilles, der noch bescheiden zu reden glaubte, nicht vertragen konnte, als aber Odysseus hart zusetzte mit den Worten

Schrecklicher,[105] *wenn du nur ein anderes, schlechteres Heer*
führtest!

gab er nach und ließ es sich gefallen, betroffen durch den weisen und verständigen Inhalt der Rede. Denn ohne eine besondere Veranlassung zum Unwillen sprach dieser zum Besten von Hellas so freimütig zu ihm, jener hingegen schien ihm hauptsächlich in der eigenen Sache zu zürnen.

---

105 Homer, Ilias, 14,84.

Ja Achilles selbst, der doch weder sanftmütig noch milde war, sondern

heftigen Sinnes, der leicht Unschuldige beschuldigt,[106]

ließ sich gar manches der Art von Patroklos vorwerfen:

Grausamer, dein Vater war nicht der riesige Peleus,
noch Thetis deine Mutter, dich schufen die finstere Meeresflut
und hochstarrende Felsen, denn du hast ein unfreundliches
*   Herz.*[107]

Denn wie der Redner Hyperides[108] von den Athenern verlangte, sie möchten nicht nur darauf sehen, ob er bitter im Reden sei, sondern ob er auch ohne Grund bitter sei, so ist auch die Ermahnung der Freunde, wenn sie frei von jeder persönlichen Leidenschaft ist, etwas Achtenswertes und Verehrungswürdiges, wogegen man nicht aufzusehen wagt. Zeigt man nämlich bei seiner Freimütigkeit, dass man das Vergehen des Freundes gegen sich selbst ganz übersieht und nicht achtet, sondern ihm nur andere Fehler vorwirft und ihn nur bei anderen Dingen schonungslos angreift, so ist ein solcher Ton der Freimütigkeit unwiderstehlich, indem hier das Herbe und Bittere der Zurechtweisung durch die Süßigkeit des Zurechtweisenden gemildert wird. Daher ist es ganz richtig zu sagen, dass man bei Zorn und Zwist mit seinen Freunden hauptsächlich auf das sehen muss, was ihnen nützt oder was für sie passt. Desgleichen wird es dem Freund zukommen, wenn er sich auch selbst vernachlässigt und hintangesetzt glaubt, sich für andere, die vernachlässigt werden, eine freimütige Erinnerung zu erlauben. So machte es z. B. Plato. Bereits Dionysos[109] verhasst und verfeindet,

---

106 Homer, Ilias, 20,467 und 11,654.
107 Homer, Ilias, 16,33.
108 Berühmter attischer Redner (4. Jh. v. Chr.), der vor allem gegen Makedonien wetterte.
109 Tyrann von Syrakus.

bat er diesen um eine gelegene Zeit, mit ihm zu sprechen. Dieser willigte ein in der Meinung, Plato werde sich über ihn beklagen und beschweren. Aber Plato redete ihn ungefähr so an: »Wenn du, Dionysos merkst, dass ein Feind von dir nach Sizilien gesegelt ist in der Absicht, dir etwas Böses zuzufügen, aber keinen günstigen Zeitpunkt dafür gefunden hätte – würdest du ihn ungestraft wegsegeln und seines Weges ziehen lassen?« – »Nichts weniger, Plato«, antwortete Dionysos, »denn man muss nicht nur die Handlungen der Feinde, sondern auch ihre Absichten hassen und strafen.« – »Wenn nun«, fuhr Plato fort, »einer hierher gekommen ist aus guten Absichten für dich, um dir irgendetwas Gutes zu bereiten, du ihm aber keine Gelegenheit dazu gibst – ist es dann billig, diesen ohne Dank und unbelohnt wegziehen zu lassen?« Als darauf Dionysos fragte, wer dieser sei, erwiderte er: »Aischines, ein Mann von so rechtschaffenem Charakter, wie nur einer bei den Freunden des Sokrates, dabei fähig, jeden, der sich ihm anschließt, durch seine Rede zu bessern. Er ist weit übers Meer hierher gereist, um mit dir durch die Philosophie in Verbindung zu treten, und nun wird er vernachlässigt.« Dieses machte auf den Dionysos einen so starken Eindruck, dass er Plato umarmte und küsste, voll Verwunderung über seine Güte und seine edle Gesinnung. Gleichzeitig sorgte er für Aischines auf eine edle und anständige Art und Weise.

(27) Zweitens müssen wir die Freimütigkeit gleichsam reinigen, indem wir allen Übermut, Spott und Hohn wie schädliche Gewürze von ihr trennen. Denn wie der Arzt, wenn er ins Fleisch schneidet, eine gewisse Ordnung und Sicherheit in der Bewegung zeigen, jede tänzelnde, unbesonnene, voreilige Bewegung, jedes Ausgleiten seiner Hand fernhalten muss, so erlaubt auch die Freimütigkeit den Witz und die Artigkeit, wenn das Angenehme die Würde bewahrt. Kommen aber Frechheit, mutwilliger Spott und Übermut hinzu, so verderben und zerstören sie alles.

Daher brachte ein Kitharaspieler König Philipp,[110] der sich
unterfing, mit ihm über die Saiten zu streiten, durch folgende passende und witzige Antwort zum Schweigen: »Möge
es doch, o König, nie so schlimm gehen, dass du dies besser
verstehen solltest als ich.« Dagegen gab Epicharmos[111] als
Hiero,[112] der einige seiner Freunde getötet hatte und ihn
wenige Tage darauf zur Tafel berief, keine ganz richtige
Antwort: »Neulich doch, als du opfertest, hast du deine
Freunde nicht eingeladen.« Eine ebenso verkehrte Antwort gab Antiphon,[113] als man bei Dionysos über die Frage
sprach, welches Erz das beste sei: »Dasjenige«, sprach er,
»woraus die Athener die Bildsäule des Hermodios und
des Aristogiton gemacht haben.«[114] Denn das Beleidigen-
de und Herbe in solchen Antworten nützt ebenso wenig
wie der Scherz und Spott ergötzen. Ein solches Benehmen
zeigt vielmehr nur eine ausgelassene Bosheit und einen mit
Feindschaft verbundenen Übermut, wodurch sich diejenigen, die sich so benehmen, selbst ins Verderben stürzen,
indem sie, wie das Sprichwort sagt, um den Brunnen he-
rumtanzen. So wurde Antiphon[115] von Dionysos getötet,
so fiel Timagenes[116] aus der Gunst des Kaisers Augustus,
nicht etwa, weil er eine zu freimütige Sprache geführt hätte,
sondern weil er bei allen Gastmählern und Spaziergängen,
nicht einmal um irgendeiner ernsten Sache willen, sondern
sich,

wo nur etwas erschien, das den Argeiern lächerlich war,[117]

---

110 König von Makedonien, Vater Alexanders.
111 Komödiendichter und Pythagoreer aus Sizilien vom Anfang des 5. Jhs. v.
   Chr.
112 Tyrann von Syrakus.
113 Athenischer Redner.
114 Befreier Athens von der Tyrannis der Peisistratiden.
115 Tragödiendichter, der zur Zeit Dionysos' I. in Syrakus lebte.
116 Geschichtsschreiber der augusteischen Zeit.
117 Homer, Ilias, 2,215, wo es über Thersites gesagt wird.

unter dem Vorwand der Freundschaft Schmähungen erlaubte. Und so haben auch die Komiker manches Herbe hinsichtlich der Staatsverhältnisse auf die Bühne gebracht. Aber der Lachen erregende Spott, der gleich einer schlechten Würze der Speise beigemischt ist, verlöscht die Freimütigkeit und macht sie nutzlos, sodass der Redner selbst nichts gewinnt als die Meinung [der anderen] von seiner Bosheit und Spottsucht, die Zuhörer aber daraus keinen Nutzen ziehen. Es lässt sich immerhin sonst bei Freunden auch Scherz und Lachen anwenden, nur muss die Freimütigkeit Ernst und Anstand behalten. Und wenn sie wichtige Gegenstände betrifft, so soll die Rede selbst durch den Affekt, durch die Haltung und den Ton der Stimmen Glauben und Überzeugung bewirken. Es schadet bei jeder Sache sehr, wenn man den gelegenen Zeitpunkt versäumt, am meisten aber bei der Freimütigkeit, wo der Nutzen ganz verloren geht. Dass man dies auch beim Wein und in Trunkenheit beachten muss, ist klar. Denn der überzieht gleichsam den Himmel mit Wolken, der bei Scherz und Spiel eine Rede vorbringt, welche die Stirn mit Runzeln bedeckt und das Gesicht zusammenzieht, anstreitend, wie Pindar sagt, gegen den lydischen Gott, der die Binde der Sorgen und des Kummers löst.[118] Außerdem ist eine solche Freimütigkeit zur Unzeit oft mit großer Gefahr verbunden; denn dann sind die Gemüter leicht zum Zorn reizbar durch den Wein, und oft hat Trunkenheit die Freimütigkeit, die ihr entgegentrat, in Feindschaft verwandelt. Überhaupt ist es nicht edel und mutig, sondern unmännlich, wenn man während der Nüchternheit nicht frei zu reden wagt, am Tisch aber gleich einem feigen Hund eine freimütige Sprache führen will. Ich brauche daher nicht weitläufig darüber zu reden.

(28) Viele wollen ihre Freunde, wenn sie in glücklichen Umständen sind, nicht zurechtweisen oder wagen es auch

---

118 Aus einem verlorenen Gedicht; gemeint ist Bacchus.

nicht, weil sie der Meinung sind, das Glück mache sie ganz unzugänglich und unerreichbar für eine Zurechtweisung. Daher greifen sie dieselben an, wenn diese in Unglück und Not sind, treten sie mit Füßen, wenn sie schon niedergedrückt sind, schütten nun ihre Freimütigkeit wie einen gewaltsam zurückgehaltenen Strom ganz über sie aus und benutzen mit Freuden diesen Wechsel des Glücks, ebenso sehr wegen des Übermutes, den jene früher an den Tag gelegt haben, wie wegen der eigenen Schwäche. Daher wird es zweckmäßig sein, auch darüber zu reden und Euripides zu antworten, wenn er sagt:

Wenn uns die Gottheit Glück verhängt, was soll da der Freund?[119]

Denn im Glück bedarf man am meisten eines freimütig redenden Freundes, der den übermäßigen Stolz zu bändigen weiß. Es gibt nämlich wenige, die im Glück Besonnenheit beweisen, die meisten bedürfen noch eines zugebrachten Verstandes und eindringlicher Vorstellungen von außen, welche sie in ihrer Aufgeblasenheit und in ihrem Glückstaumel zurückdrängen. Wenn aber die Gottheit den Stolz zu Boden geworfen und genommen hat, liegt schon in den Umständen selbst etwas, was sie zurechtweist und zur Reue bringt, dann ist weder eine freundschaftliche Ermahnung noch eine erste und beißende Rede nötig, sondern bei solchem Wechsel:

Süß ist es dann, Wohlwollenden ins Auge zu schauen,[120]

die uns Trost und Mut zusprechen. Wie Xenophon vom Gesicht des Klearchos[121] erzählt,[122] welches bei Schlachten und Gefahren heiter und freundlich erschien und dadurch

---

119 Euripides, Orest, 667.
120 Euripides, Ion, 730.
121 Spartanischer Heerführer des 5. Jh. v. Chr.
122 Im Feldzug des jüngeren Kyros, 2,6,7.

die Kämpfenden ermutigte. Wer bei einem Unglücklichen eine freimütige und beißende Sprache anwendet, hilft ebenso wenig wie ein gesichtsstärkendes Mittel gegen ein unruhiges, entzündetes Auge, er nimmt nichts vom Schmerz weg, sondern bringt zum Schmerz noch Zorn hinzu und erbittert den Bekümmerten. Ein Gesunder z. B. ist nicht unwillig und gar nicht aufgebracht gegen einen Freund, der etwa seine Ausschweifungen in der Liebe und im Trinken, seinen Müßiggang, seine Leibesübungen, den anhaltenden Gebrauch von Bädern oder die unzeitige Überfüllung des Leibes tadelt. Einem Kranken aber ist es unerträglich, ja noch härter als die Krankheit selbst, zu hören, dass dies die Folgen seiner Ausschweifungen und seiner mangelnden Enthaltsamkeit im Essen wie in der Liebe sei. »Ach«, spricht er, »wie kommst du zur Unzeit! Ich schreibe mein Testament, die Ärzte bereiteten mit Bibergeil und Purganzien, du aber willst mich zurechtweisen und den Philosophen machen.«

So erlaubt auch die Lage des Unglücklichen keine Verweise und moralischen Bemerkungen, sondern sie bedarf des Trostes und der Hilfe. Laufen doch die Ammen nach den Kindern, die gefallen sind, nicht um sie zu schmähen, sondern um sie aufzurichten, abzuwaschen und zu beruhigen; dann erst geben sie die verdiente Zurechtweisung und Züchtigung. Demetrios von Phaleron[123] lebte, aus seinem Vaterland vertrieben, zu Theben in aller Stille und in dürftigen Umständen. Damals sah er, wie man sagt, nur ungern Krates[124] zu sich kommen, weil er eine kynische Freimütigkeit und harte Reden von ihm erwartete. Da ihn aber Krates freundlich anging und mit ihm über sein Exil sprach wie über etwas, das man nicht als Übel ansehen dürfe, und das es nicht wert sei, sich darüber zu grämen, weil man dadurch ja auch

---

123 Athenischer Politiker und Philosoph (Peripatetiker) am Ende des 4. Jhs. v. Chr., makedonenfreundlich, floh nach seiner politischen Niederlage zunächst nach Theben, dann nach Ägypten, wo er starb.
124 Krates von Theben, ein Schüler des Diogenes (4. Jh. v. Chr.).

von gefährlichen unsicheren Geschäften befreit wird, und als
er ihn gleichzeitig einlud, ihm selbst und seinem Charakter
zu vertrauen, da wurde Demetrios freundlicher, fasste Mut
und sprach zu seinen Freunden: »Wehe den Geschäften, die
mich früher davon abgehalten haben, einen solchen Mann
kennen zu lernen!«

Im Unglück ist das Wort der Freunde echter Trost.
Für Toren dagegen sind die Ermahnungen eine echte Last.[125]

Dies ist das Verhalten echter Freunde. Gemeine und niederträchtige Schmeichler des Glücklichen aber hängen sich
gleich den Wunden und Verletzungen, welche, wie Demosthenes sagt,[126] sich dann erst regen, wenn dem Körper ein
Übel zugestoßen ist, fest an den Wechsel des Glücks, als ob
sie daran Freude und Genuss fänden. Ist Zuspruch nötig in
Fällen, da der Freund sich durch schlechte Ratschläge selbst
geschadet hat, so genügt es ihm zu sagen:

Nicht nach meinem Sinne allerdings,
denn ich habe dich in großem Ernst ermahnt.[127]

(29) In welchen Fällen nun darf der Freund deutlich werden,
und wann soll er freimütig reden? Wenn die Umstände ihn
auffordern, einer Neigung zur Wollust, zum Zorn oder zum
Übermut Einhalt zu gebieten, Habsucht zu unterdrücken
oder einer törichten Gewohnheit entgegenzutreten. Eine
solche freimütige Sprache führte Solon gegen Kroisos,[128] der
durch das unbeständige Glück verdorben und verweichlicht
war, und den er ermahnte, auf das Ende zu sehen. So drückte
Sokrates Alkibiades nieder,[129] er entlockte ihm durch seine
Darstellung wahrhaftig Tränen und kehrte sein Herz um. So

---

125 Aus einer verlorenen Tragödie des Euripides.
126 Rede für die Krone, 58.
127 Homer, Ilias, 9,108 f.
128 Vgl. Anm. 68-70.
129 Plato, Symposion, 222c.

machte es Kyros bei Kyaxares,[130] Plato bei Dio,[131] als dieser in seinem höchsten Glanz stand und durch den Ruhm und die Größe seiner Taten die Aufmerksamkeit aller Menschen auf sich zog. Er ermahnte ihn, sich vor Selbstgefälligkeit zu hüten und zu fürchten, weil diese stets mit Einsamkeit zusammenwohne. Auch Speusippos[132] schrieb ihm, er solle nicht etwa darauf stolz sein, dass unter Frauen und Kindern viel über ihn geredet werde, sondern darauf sehen, dass er durch Frömmigkeit, Gerechtigkeit und durch die besten Gesetze Sizilien schmücke und der Akademie[133] Ehre mache. Euktos und Eulaios hingegen, die Gefährten des Perseus,[134] lebten diesem, solange er im Glück war, ganz zu Gefallen und schmeichelten ihm wie sein übriges Gefolge. Nachdem er aber gegen die Römer bei Pydna[135] unglücklich gekämpft und die Flucht ergriffen hatte, fielen sie mit bitteren Vorwürfen über ihn her, erinnerten ihn, jede einzelne Sache ihm vorwerfend, an alle Fehler und Nachlässigkeiten, bis der Mann am Ende unwillig vor Ärger und Zorn beide mit dem Schwert durchstieß.

(30) Soweit nun lässt sich im Allgemeinen die rechte Zeit für die Freimütigkeit bestimmen. Aber die Gelegenheit, die der andere oftmals selbst an die Hand gibt, darf der sorgsame Freund nicht ungenutzt vorübergehen lassen, sondern er muss sie ergreifen. Manchem kann eine Frage, eine Erzählung, ein Tadel oder ein Lob ähnlicher Sachverhalte bei anderen Anlass zur freimütigen Rede geben. So soll z. B. Demaratos von Korinth nach Makedonien gerade in einer Zeit gekommen sein, in welcher Philipp in Uneinigkeit mit seiner Frau und seinem Sohn lebte. Als ihn Philipp freund-

---

130 Xenophon, Kyrupaideia, 5,5,8 ff. Kyaxares war der von Xenophon erfundene letzte König der Meder.
131 Am Ende des vierten Briefes.
132 Neffe Platos
133 Platos Philosophenschule in Athen.
134 Letzter König von Makedonien.
135 168 v. Chr. gegen Aemilius Paullus.

lich begrüßte und sich erkundigte, wie es mit der Eintracht
der Griechen untereinander stehe, erwiderte Demaratos,
der ihm ergeben und sein Freund war: »Mein Philipp, es
steht dir wohl an, nach der Eintracht der Athener und der
Peloponnesier zu fragen, aber an dein eigenes Haus, das voll
Zwist der Art und Uneinigkeit ist, nicht zu denken!« Auch
Diogenes machte es gut, als er in das Lager Philipps, der
damals gegen die Hellenen zu Felde zog, gekommen war
und zu diesen geführt wurde, fragte ihn dieser, weil er ihn
nicht kannte, ob er ein Spion sei. »Allerdings«, erwiderte
jener, »o Philipp, ich bin ein Spion deiner Unbesonnenheit
und deiner Torheit, die dich ohne Not zwingt, Reich und
Leben in einer Stunde aufs Spiel zu setzen.« Das war nun
vielleicht etwas hart.

(31) Eine andere Gelegenheit zur Zurechtweisung gibt
es, wenn der Freund durch die Vorwürfe anderer wegen
seiner Verirrungen niedergedrückt und niedergeschlagen
ist. Der kluge Freund kann dies auf eine schlichte Weise
nutzen, wenn er die Ankläger widerlegt und abweist, sich
dann aber den Freund alleine vornimmt und ihn ermahnt,
wenn auch aus keinem anderen Grund, sich doch deswegen
in Acht zu nehmen, damit die Feinde nicht unverschämt
werden könnten: »Denn wie können sie den Mund öffnen,
was können sie vorbringen, wenn du das unterlässt und
ablegst, weswegen sie dich schmähen?« So nämlich kommt
der Schmerz von den Anklägern, der Nutzen aber vom
zurechtweisenden [Freund]. Manche bewirken auch auf
eine noch feinere Weise, nämlich dadurch, dass sie andere
tadeln, eine Gesinnungsänderung bei ihren Freunden. Sie
tadeln nämlich bei anderen das, wovon sie wissen, dass
jene es tun. Mein Lehrer Ammonios[136] bemerkte in der
Abendschule, dass einige Schüler kein einfaches Mahl eingenommen hatten. Da ließ er seinem eigenen Sklaven von

---

136 Ein Platoniker.

einem Freigelassenen Schläge geben unter dem Vorwand, dass dieser keine Mahlzeit ohne Essig[137] einnehmen könne. Zugleich sah er aber auch uns an, sodass der Tadel die Schuldigen traf.

(32) Besonders muss man sich hüten, diese Freimütigkeit gegen den Freund im Beisein von vielen zu zeigen; vielmehr muss man an Platos Worte denken. Als Sokrates einen seiner Schüler bei einer Unterredung am Tisch mit etwas mehr Heftigkeit getadelt hatte, sprach er: »Wäre es nicht besser gewesen, ihm dies allein zu sagen?« – »Du aber«, erwiderte Sokrates, »hättest du nicht besser dran getan, mir dies allein zu sagen?« Als Pythagoras einen Schüler im Beisein vieler etwas hart angegangen hatte, soll der Jüngling sich erhängt haben. Von dieser Zeit an habe Pythagoras niemanden mehr in Gegenwart anderer zurechtgewiesen. Denn Zurechtweisung und Offenbarung eines Fehlers müssen, wie bei einer unanständigen Krankheit, insgeheim geschehen und nicht öffentlich, etwa in der Absicht, sich vor den Leuten selbst darzustellen, oder gar indem man Zeugen und Zuschauer versammelt. Denn nicht des Freundes, sondern des Sophisten Sache ist es, sich selbst durch die Fehler anderer groß zu machen und sich bei den Zuschauern von einer schönen Seite darzustellen, wie die Ärzte, die ihre Kunst an öffentlichen Plätzen zeigen, um sich Kunden zu verschaffen. Wir aber müssen auch ohne Übermut, der billigerweise von jeder Art der Heilung fern sein soll, noch das Hartnäckige und Eigensinnige bei der Unart in Betracht ziehen. Denn nicht nur die Liebe wird, wie Euripides sagt, durch Abmahnung immer heftiger,[138] sondern jeder Fehler, jede Leidenschaft artet, wenn die Zurechtweisung von vielen ohne Schonung geschieht, in Schamlosigkeit aus. Plato verlangt von den Greisen, die bei den jungen Menschen Schamgefühl er-

---

137 Dieser galt, eigens auf den Tisch gebracht, als Zukost.
138 Euripides, Stheneboia (eine verlorene Tragödie).

zeugen wollen, dass sie vor diesen zuerst selbst schamhaft
seien. So wird auch der Freund, der bei seiner Freimütigkeit
Schamhaftigkeit aufweist, am meisten an Schamgefühl erwecken. Er wird durch die Vorsicht, mit welcher er nach und
nach dem anderen seine Laster verweist, das Laster untergraben und den Sünder mit Scham vor dem, der sich vor
ihm schämt, erfüllen. Daher enthält der folgende Vers etwas
sehr Richtiges:

Nahe das Haupt dich neigend, damit die anderen nicht
    hören.[139]

Am wenigsten aber schickt es sich, einem Mann vor den
Ohren einer Frau, einem Vater im Angesicht seiner Kinder,
einem Liebhaber in Gegenwart seines Geliebten oder einem
Lehrer vor den Schülern seine Fehler aufzudecken. Denn sie
kommen vor Schmerz und Zorn ganz außer Fassung, wenn
sie vor denen getadelt werden, bei welchen sie in Ansehen
stehen sollten. Ich glaube auch, dass Klitos[140] Alexander den
Großen nicht so sehr wegen der Trunkenheit erbitterte, sondern weil er ihn vor der Menge tadelte. So gab Aristomenes,
der Lehrer Ptolemäus [Epiphanes] dadurch, dass er zum
König, der in Anwesenheit einer Gesandtschaft eingeschla-
fen war, trat und ihn aufweckte, dessen Schmeichlern Gelegenheit, ihn zu stürzen. Denn sie stellten sich nun, als ob
sie des Königs wegen unwillig wären und sprachen: »Wenn
dich über so viel Mühen und Wachen der Schlaf überfallen
hat, so mussten wir dich allein auf deinen Fehler hinweisen,
aber nicht vor so vielen Menschen Hand an dich legen.«
Darauf schickte ihm Ptolemäus einen Becher voll Gift und
befahl ihm denselben auszutrinken. Aristophanes warf dies
Kleon[141] vor:

---

139 Homer, Odyssee, 1,157 f.
140 Ein Verwandter Alexanders d. Gr., den dieser tötete. Plutarch erzählt davon
    in der Vita Alexanders, Kap. 50.
141 Athener Demagoge.

In Gegenwart von Fremden schmäht er die Stadt.[142]

Und dadurch erbitterte er die Athener gegen ihn. Deshalb muss man sich wie vor dem Übrigen auch davor hüten, dass man nicht zur Unzeit damit glänzen oder den Beifall des Volkes gewinnen will, sondern seine Freimütigkeit anwende in der Absicht zu helfen und zu heilen. Auch was Thukydides die Korinther von sich sagen lässt, dass sie berechtigt wären, andere zu tadeln,[143] ist gar nicht übel gesagt und sollte bei jedem stattfinden, der freimütig reden will. Man erzählt, dass Lysander[144] zu dem Megarer, der vor den Verbündeten freimütig für Hellas sprach, gesagt habe: »Seine Reden bedürften nur eines Staates.«[145] Indessen erfordert auch die Freimütigkeit eines jeden Mannes einen redlichen Charakter, und dies lässt sich mit vollkommener Wahrheit von demjenigen sagen, der andere zurechtweisen und ermahnen will. So sagte Plato, er mahne den Speusippos durch seine Lebensweise, gerade wie auch Xenokrates[146] den Polemo nur durch einen Blick, den er in der Schule auf ihn warf, änderte und besserte. Wenn aber ein leichtsinniger und leichtfertiger Mensch eine freimütige Sprache gegen einen anderen führen will, so muss er immer darauf gefasst sein zu hören:

Ein Arzt für andere, strotzt er doch vor Geschwüren selbst.[147]

(33) Indessen, da uns bisweilen auch die Umstände im Umgang mit anderen nötigen, diese wegen derselben Fehler, die wir selbst haben, zurechtzuweisen, so wird dabei die schick-

142 Aristophanes, Archaner, 503. Nach dem Kommentar von Alessandra Lukinovich und Madeleine Rousset zur Übersetzung des Textes durch J. F. S. Kaltwasser ging der Vorwurf von Kleon an Aristophanes.
143 Peloponnesischer Krieg, 1,70.
144 Spartanischer Politiker und Heerführer, der am Ende des Peloponnesischen Krieges die Athener besiegte.
145 ... der die Forderungen umsetzen kann.
146 Schüler Platos und späterer Leiter der Akademie.
147 Vermutlich aus einer verlorenen Tragödie des Euripides.

lichste Weise die sein, dass wir uns in unseren Tadel selbst miteinbeziehen und einschließen, worauf sich z. B. auch der folgende Satz bezieht:

Tydeus' Sohn, wie konnten wir so den Mut sinken lassen?[148]

Und:

Jetzt gelten wir nichts vor dem einen Hektor.[149]

So brachte auch Sokrates nach und nach junge Leute zur besseren Überzeugung, indem er sich auch selbst keineswegs als frei von allem Mangel an Wissen darstellte, sondern glaubte, sich mit ihnen der Tugend befleißigen und die Wahrheit suchen zu müssen. Denn die gewinnen Zuneigung und Vertrauen, welche dieselben Fehler an sich zu haben und ihre Freunde ebenso gut wie sich selbst besser zu machen scheinen. Wer sich aber selbst dadurch groß machen will, dass er den anderen schmälert, als ob er selbst ganz rein und leidenschaftslos wäre, zieht sich, wenn er nicht wenigstens alt an Jahren ist und nicht den anerkannten Ruf der Tugend und des Ansehens besitzt, Hass und Feindschaft zu, ohne etwas zu nützen. Daher tat Phönix gut daran, seine eigenen Vergehen nicht zu verschweigen, wie er sich aus Zorn entschloss, seinen Vater zu ermorden, sich bald aber eines anderen besann, aus Furcht,

dass ihn die Achaier Vatermörder nennen möchten,[150]

damit es nicht scheine, als wolle er jenen zurechtweisen, selbst aber frei von der Leidenschaft des Zorns und ohne Fehler sein. Denn eine solche Ermahnung dringt in die Seele ein, und man gibt denen eher nach, die von den gleichen Leidenschaften durchdrungen sind, uns aber nicht zu verachten scheinen. Man darf einem entzündeten Auge kein

---

148 Homer, Ilias, 11,313.
149 Homer, Ilias, 8,234.
150 Homer, Ilias, 9,461.

helles Licht nahe bringen. Ebenso wenig kann auch eine von Leidenschaften beherrschte Seele eine ungedämpfte Zurechtweisung und Freimütigkeit vertragen. Daher gehört es zu den wirksamsten Mitteln, einiges Lob damit zu verbinden, wie im folgenden Beispiel:

Zu eurer Ehre vergesst nicht die stürmende Abwehr,
denn ihr seid die Tapfersten des Heeres. Schwerlich würde ich
gegen einen schwachen Mann auftreten, der sich dem Kampf
*   entzöge.*
Euch aber nehm' ich es von Herzen übel.[151]

Und:

Pandaros, wo sind dein Bogen und deine gefiederten Pfeile,
wo dein Ruhm, den kein anderer hier mit dir teilt?[152]

Aber auch das folgende Wort bringt ganz offensichtlich die, welche gefehlt haben, wieder auf die rechte Bahn:

Wo ist Oidipos, der das berühmte Rätsel riet?[153]

Und:

Das spricht Herakles, der soviel erduldet.[154]

Denn es nimmt dem Tadel nicht allein die Rauheit und das Gebieterische, sondern veranlasst im anderen auch einen Wetteifer mit sich selbst, weil er sich bei der Erinnerung an das Lobenswerte des Schimpflichen schämt und sich im Guten selbst zum Muster nimmt. Wenn wir ihn aber mit anderen, z. B. mit Freunden oder Mitbürgern oder Verwandten vergleichen, wird er nur verbittert und im Laster verstockt, so pflegt er wohl öfter im Zorn zu antworten: »Warum gehst du nicht zu denen, die besser sind als ich, und lässt mich in

---

151 Homer, Ilias, 13,116-119.
152 Homer, Ilias, 5,171 f.
153 Euripides, Phönikerinnen, 1688.
154 Euripides, Herakles, 1250.

Ruhe?« Man muss sich daher hüten, andere zu loben, wenn man jemanden zurechtweisen will, nur dann nicht, wenn es dessen Eltern sind. So machte er Agamemnon:

Wenig gleicht dem Erzeuger der Sohn des mutigen Tydeus.[155]

Und Odysseus mit den Skyriern:[156]

O du, mir tilgest du der hellen Ahnen Glanz,
du sitzt beim Spinnen, Sohn des Besten der Hellenen?

(34) Am wenigsten aber schickt es sich, einem Verweis mit einem Verweis zu begegnen und einer freimütigen Rede eine ebensolche entgegenzusetzen. Denn das brennt und erregt bald den Zwist. Überhaupt wird man bei einem solchen Gezänke kaum annehmen, dass wir die Freimütigkeit erwidern, sondern eher, dass wir dieselbe nicht vertragen können. Besser ist es daher, den Freund, der einen Verweis gibt, ruhig anzuhören. Denn wenn er selbst später einmal Fehler macht und eine Zurechtweisung verdient, so gibt er uns dadurch gewissermaßen ein Recht zu gleicher Freimütigkeit. Denn wenn man ihn ohne Kränkung erinnert, dass er ja selbst die Fehler seiner Freunde nicht zu übersehen pflege, sondern sie zurechtweise und belehre, so wird er eher nachgeben und die Zurechtweisung annehmen, weil sie ein Zeichen von Wohlwollen und Zuneigung, nicht aber eine Vergeltung des Tadels und des Zorns ist.

(35) Thukydides sagt: Wer um das Höchste sich dem Neid aussetzt, der hat das Rechte gewählt.[157] Es ziemt sich daher für den Freund, das Gehässige einer Zurechtweisung bei wichtigen Dingen, die von großem Belang sind, auf sich zu nehmen. Ist er hingegen über alles und bei jeder Gelegenheit

---

155 Homer, Ilias, 5,800. Eigentlich sagt diesen Satz Athene.
156 Eine Tragödie dieses Namens hat sowohl Euripides als auch Sophokles geschrieben. Beide Stücke sind verloren. In dem Stück aber versteckt sich Odysseus unter den Frauen des Königs.
157 In der Periklesrede im Peloponnesischen Krieg, 2,64.

ärgerlich und behandelt seine Mitmenschen nicht wie ein Freund, sondern wie ein Zuchtmeister, so wird seine Ermahnung in den wichtigsten Dingen stumpf und unwirksam sein. Er missbraucht dann die Freimütigkeit gleich einem Arzt, der eine scharfe und bittere aber notwendige und kostbare Arznei in vielen unbedeutenden Fällen ohne Not anwendet. Er wird sich daher selbst vor unaufhörlichem Tadel sehr hüten, aber dann auch bei einem Freund, der alles ganz genau nimmt und alles übel auslegt, bei schweren Vergehen eher Gelegenheit haben. Als ein mit einem Lebergeschwür behafteter Mensch dem Arzt Philotimos seinen geschwollenen Finger zeigte, gab dieser ihm die Antwort: »Bei dir, mein Freund, kann nicht vom Nietnagel die Rede sein.« Und so wird auch der Freund oftmals Gelegenheit finden, demjenigen, der ihn wegen unbedeutender und nichtswürdiger Dinge tadelt, zu erwidern: »Wir treiben hier nur Scherz, Schmausereien und Possen, aber dieser, mein Bester, soll erst seine Dirne wegschicken, er soll aufhören zu spielen, er ist ja im Übrigen ein herrlicher Mensch.« Denn wer bei geringen Dingen Nachsicht findet, erlaubt dann gerne in den wichtigen dem Freund eine freimütige Rede. Wer aber stets tadelt, in allen Fällen bitter und herb ist, alles erfahren und in alles sich einmischen will, ist seinen Kindern und Brüdern unerträglich, ja selbst seinem Gesinde unausstehlich.

(36) Da aber mit dem Alter, wie Euripides sagt,[158] ebenso wenig wie mit der Torheit der Freunde alle Übel verschwunden sind, muss man die Freunde beobachten, nicht nur, wenn sie Fehler machen, sondern auch, wenn sie Gutes tun, und sie dann am Anfang mit Bereitwilligkeit loben, danach aber bei dem Freund, wie bei einem Eisen, das erst durch die Hitze gedehnt und weich gemacht, dann aber durch die Abkühlung gehärtet und zu Stahl verfestigt wird, wenn der Freund durch das Lob erweicht und warm geworden ist,

---

158 Euripides, Phönizierinnen, 528 f.

nach und nach die Freimütigkeit wie eine Abkühlung an-
bringen. Denn nun gibt sich die Gelegenheit zu sagen: »Lässt
sich jenes wohl mit diesem vergleichen? Siehst du, welche
Früchte deine Tugend bringt? Wir, deine Freunde bitten, tu
das von dir aus, das ist dir eigen, dazu bist du geboren. Jenes
aber musst du wegwerfen

in die Berge,
oder hinab in die Woge des aufbrausenden Meeres.«[159]

Denn wie ein wohlwollender Arzt lieber durch Schlaf und
Nahrung als durch Bibergeil und Purganzien das Übel des
Kranken beheben möchte, so wendet auch ein anständig
denkender Freund, ein guter Vater und Lehrer zur Besserung des Charakters lieber Lob als Tadel an. Denn es gibt
nichts, was die Freimütigkeit weniger beleidigend und zugleich wirksamer machen kann, als wenn man sich im Zorn
zurückhält und den, der Fehler gemacht hat, mit Milde
und Wohlwollen behandelt. Daher darf man auch nicht
den Freund, wenn er es leugnet, mit Bitterkeit überführen, noch ihm die Verteidigung verwehren, sondern man
muss sogar versuchen, ihm auf irgendeine Weise schein-
bare Entschuldigungsgründe mit an die Hand zu geben,
und wenn er die schlechtere Ursache von sich abzuweisen
sucht, selbst einen gelinden Grund anbieten wie Hektor
seinem Bruder:

Unglücklicher, es war nicht löblich, so voll Hass zu sein,[160]

dessen Zurücktreten aus dem Kampf er damit nicht als
schimpfliche Feigheit, sondern als Unwille auslegt. So sagt
auch Nestor zu Agamemnon:

Doch du, übermütigen Geistes.[161]

---

159 Homer, Ilias, 6,347.
160 Homer, Ilias, 6,326.
161 Homer, Ilias, 9,110.

Denn es wirkt mehr auf den Charakter, zu sagen: »Du hast es nicht beachtet, du hast es nicht gewusst« als »Du hast Unrecht getan, du hast schlecht gehandelt.« Es ist besser zu sagen: »Lass dich nicht mit einem Bruder in einen Wettstreit ein« als »Sei nicht neidisch gegen deinen Bruder.« Und: »Siehe die Frau, die dich verdirbt« als »Hör auf, die Frau zu verführen!« Auf diese Weise zeigt sich die heilende Freimütigkeit, die tätige[162] aber zeigt sich auf die entgegengesetzte Weise. Denn wenn man jemanden von einem Vergehen abhalten oder einer Neigung, die ihn mit Gewalt fortreißt, widerstehen oder ihn in seiner Schlaffheit und Trägheit zur Tugend aufmuntern und antreiben will, so muss man den Fehler auf eine einfältige und unanständige Ursache zurückführen. So spricht bei Sophokles Odysseus zu Achill, den er antreiben will, er sei nicht des Gastmahls wegen unwillig, sondern

nun, da sich Trojas Festung deinem Blick zeigt,
erschrickst du.[163]

Und als daraufhin Achill noch ungehaltener wird und abzusegeln droht, setzt Odysseus hinzu:

Ich weiß, wovor du zitterst: nicht vor der Lästerung,
Hektor naht, darum ist es besser, nicht zu bleiben.[164]

So kann man den Mutigen und Tapferen durch den Vorwurf der Feigheit, den Mäßigen und Ordentlichen durch den der Ausschweifung, den Freigiebigen und edel Gesinnten durch den der Kleinlichkeit und Habsucht in Furcht setzen, zum Guten antreiben und vom Schlechten abhalten. Hilft indessen kein Mittel mehr, so müssen wir bei der Freimütigkeit mit Mäßigung vorgehen und mehr Bedauern und Mitleid als Tadel zeigen. Wo aber Vergehen zu verhindern

---

162 Gemeint ist die vorbeugende Freimütigkeit.
163 Vielleicht aus Sophokles' Drama Tischgäste, das verloren ist.
164 S. Anm. 164.

sind, wo gegen Leidenschaften anzukämpfen ist, müssen wir heftig, unerbittlich und unverdrossen sein, denn dann gerade sind echtes Wohlwollen und wahre Freundschaft am meisten nötig. Wir sehen ja selbst Feinde einander wegen ihrer Handlungen tadeln. Wie Diogenes sagte, wer vor Unglück bewahrt werden wolle, müsse gute Freunde oder hitzige Feinde haben. Die einen belehren ihn, die anderen tadeln ihn. Besser aber ist es, sich vor Vergehen zu hüten und dem Rat zu folgen, als nach begangener Tat durch Schmähungen zur Reue gebracht zu werden. Deshalb muss man bei Freimütigkeit umso mehr mit der Kunst zu Werke gehen, als sie bei der Freundschaft das größte und beste Heilmittel ist, das jedoch immerhin ganz besonderer Beachtung des gelegenen Zeitpunktes ist und eine gehörige Mischung erfordert.

(37) Da nun, wie bemerkt, die Freimütigkeit dem, der geheilt werden soll, oftmals beschwerlich wird, so muss man es darin den Ärzten nachmachen. Diese lassen nämlich, wenn sie einen Schnitt vornehmen, nicht den angegriffenen Teil in Schmerz und Leid, sondern benetzen und bestreichen ihn mit lindernden Salben, so sollen auch die, welche auf eine höfliche Art zurechtweisen, nicht davonlaufen, wenn sie das Herbe und Bittere angebracht haben, sondern durch einen süßen, freundlichen Zuspruch mildern und besänftigen, gleichwie der Steinmetz die behauenen und ausgehauenen Teile einer Bildsäule glättet und poliert. Verlässt man den durch die Freimütigkeit Geschlagenen und Getroffenen so, wie er rau, aufgeschwollen und uneben vor Zorn geworden ist, wird er nachher kaum zu trösten und zu beruhigen sein. Deshalb muss man sich bei der Zurechtweisung auch davor am meisten hüten, nicht wegzulaufen und nicht das Ende der Unterredung mit dem Thema zu machen, was den Freund kränkt und reizt.

Wie man von seinen Feinden Nutzen ziehen kann

(1) Ich sehe, Cornelius Pulcher, dass du dich für eine sehr milde Staatsverwaltung entschieden hast, bei der du dem Staat sehr nützlich sein und dich allen, welche sich an dich wenden, freundlich erweisen kannst. Man findet nun zwar ein Land, das von wilden Tieren frei ist, aber eine Staatsverwaltung, die weder Neid noch Eifersucht noch Streit veranlasst hat, welche Eigenschaften doch wohl am ehesten Feindschaft erregen können, ist bis jetzt noch nicht gefunden worden, sondern man wird, wenn auch durch nichts anderes als durch die Freundschaft selbst veranlasst, in Feindschaft verwickelt. In diesem Sinn richtete der Weise Chilon[165] an einen, der keinen Feind zu haben versicherte, die Frage, ob er auch keinen Freund habe; darum sollte nach meinem Ermessen ein Staatsmann den Gesichtspunkt der Feindschaft wohl in Betracht ziehen, besonders aber auf Xenophons Wort[166] aufmerksam sein, dass ein verständiger Mann auch aus seinen Feinden Nutzen zu ziehen wisse. Was ich nun über diesen Gegenstand neulich vorgetragen habe, sende ich Dir schriftlich fast in denselben Formulierungen zu, und soweit es möglich war, unter Auslassung all dessen, was in den Vorschriften für den Staatsmann bemerkt wurde, weil ich sehe, dass du jene Schrift öfters in die Hand nimmst.

(2) In der Vorzeit war man zufrieden, von den Geschöpfen, die nicht unsere Gattung sind, den wilden Tieren, keinen Schaden zu erleiden, und dies bezweckten die Kämpfe mit diesen Tieren. Später lernte man dann dieselben zu gebrau-

---

165 Einer der Sieben Weisen Griechenlands.
166 Oikonomikos, 1,15.

chen und Nutzen aus ihnen zu ziehen, indem man sich von ihrem Fleisch nährt, mit ihren Haaren bekleidet, mit Galle und Molken heilt, und mit ihren Fellen bewaffnet, sodass man sogar zu befürchten hat, dass, wenn es dem Menschen einst an Tieren fehle, sein eigenes Leben tierisch, bedürftig und verwildert werden könnte. Weil nun die meisten Menschen zufrieden sind, wenn sie von ihren Feinden keinen Schaden erleiden, die Verständigen aber, wie Xenophon sagt, von ihren Feinden sogar Nutzen zu ziehen wissen, darf man dies nicht verwerfen, sondern muss Mittel und Wege suchen, durch die das Gute gewonnen wird, da es unmöglich ist, ohne Feinde zu leben. Nicht jeden Baum kann der Landmann zahm machen, ebenso wie auch der Jäger nicht jedes Wild bezähmen kann. Sie versuchen daher zu anderer Verwendung, der eine aus unfruchtbaren Bäumen, der andere aus wilden Tieren Nutzen zu gewinnen. Das Meerwasser ist schlecht und nicht zum Trinken. Aber es nährt Fische und geleitet Reisende, wie auf einem Wagen, überall hin. Als der Satyr beim Anblick des Feuers dasselbe küssen und umarmen wollte, sprach Prometheus:

Da würdest du wohl am Barte leiden, Bock, es brennt den, der es anrührt.[167]

Aber es gewährt Licht und Wärme und ist für die, welche es zu gebrauchen wissen, das Werkzeug zu jeglicher Kunst. Man muss daher achtgeben, ob man dem Feind, wenn er auch schädlich ist und sich schwer umgehen lässt, auf irgendeine Weise beikommen und ihn zum eigenen Vorteil gebrauchen kann. Es gibt viele Dinge, welche dem, den sie angehen, unangenehm, ärgerlich und zuwider sind. Indessen sieht man auch, wie manche Menschen Krankheiten ihres Körpers benutzt haben, um sich von den Geschäften zurückzuziehen, viele aber auch durch die ihnen zugefallenen Arbeiten

---

167 Aus der verlorenen Tragödie Prometheus von Aischylos.

gestärkt und geübt wurden, manche sogar den Verlust des
Vaterlandes oder die Einflüsse ihres Vermögens als ein Mittel
zu philosophischen Studien ansahen, wie Diogenes und Krates. Als Zeno erfuhr, dass sein Handelsschiff gescheitert war,
rief er aus: »Du tust wohl daran, o Schicksal, dass du mich
zum Philosophenmantel treibst.« Wie solche Tiere, die einen
starken Magen haben und völlig gesund sind, Schlangen und
Skorpione verzehren und verdauen, andere sich sogar von
Steinen und Schalen ernähren, die sich unter der Stärke und
Wärme ihres Atems zu Essbarem verwandeln, sieche und
kranke Menschen hingegen, selbst wenn sie Brot und Wein
nehmen, Ekel empfinden, so zerstören törichte Menschen
selbst die Freundschaft, während die Verständigen sogar die
Feindschaft gut zu nutzen wissen.

(3) Zuvörderst glaube ich, dass das, was bei der Feindschaft am schädlichsten ist, für den Aufmerksamen höchst
nützlich werden kann. Worin besteht dies nun? Der stets
wachsame Feind umlauert alle deine Handlungen, er sucht
überall eine Gelegenheit, umlauert deinen Lebenswandel. Er
sieht nicht nur wie ein Lynkeus durch die Eiche oder durch
Steine und Scherben,[168] sondern auch durch einen Freund,
durch einen Diener und durch jeden Bekannten. Er späht,
soweit es möglich ist, alles aus, was wir unternehmen. Er
durchgräbt und durchforscht unsere Vorhaben. Wir erfahren oft aus Zaudern und Nachlässigkeit nicht, wenn unser
Freund krank oder gestorben ist, während wir uns bei unseren Feinden uns beinahe um ihre Träume kümmern. Und
die Freunde selbst wissen oft weniger von unserer Krankheit, unseren Schulden, unserer Uneinigkeit mit der Frau, als
der Feind. Dieser hält sich hauptsächlich an unsere Fehler
und spürt ihnen nach, und wie die Geier dem Geruch des
Aases nachgehen, aber für reine und gesunde Körper kein

---

168 Diese Sagengestalt war wegen ihrer scharfen Augen berühmt, mit denen sie
  sogar durch feste Gegenstände wie Bäume hindurchsehen konnte.

Empfinden haben, so zieht auch das, was an unserem Leben krankhaft, schlecht und leidend ist, den Feind an. Er eilt voll Hass demselben zu, packt es an und zerfleischt es. Ist dies nun nützlich? Allerdings. Dazu nämlich, dass wir vorsichtig in unserem Leben sind, dass wir auf uns achten, nicht unüberlegt und unbesonnen in Handlungen wie in Worten sind, sondern unseren Lebenswandel wie bei einer strengen Diät stets untadelhaft erhalten. Denn eine solche Vorsicht, welche die Leidenschaften im Zaum hält und die Vernunft ihre Pflicht beachten lässt, erweckt ein eifriges Bestreben und einen festen Vorsatz, ein anständiges, tadelloses Leben zu führen. Wie diejenigen Städte, welche durch Kriege mit Nachbarn und durch anhaltende Feldzüge zur Besonnenheit gekommen sind, eine gute Gesetzgebung und eine vernünftige Staatsverwaltung lieben, so werden auch die, welche durch mancherlei Feindschaft genötigt worden sind, ein nüchternes Leben zu führen, sich vor Leichtsinn und Übermut zu hüten und in ihren Handlungen Nützlichkeit zu sehen, unvermerkt durch die Gewohnheit von Fehlern frei und kommen zu einem gesitteten Lebenswandel, wenn dies der Unterricht nur einigermaßen unterstützt. Denn Homers Wort:

Traun, wohl freuen wird sich Priamos dessen und Priamos Söhne.[169]

kann den, der sich stets daran erinnert, aufmerksam machen und von dem abhalten, worüber ein Feind sich freuen und ihn verlachen würde. Wir sehen auch die Schauspieler für sich alleine auf dem Theater oft nachlässig, ohne Eifer und Anstrengung spielen. Wenn sie sich aber mit anderen im Wettstreit befinden, geben sie sich samt ihren Instrumenten mehr Mühe, stimmen die Saiten und spielen mit größter Sorgfalt und Ordnung. Wer nun weiß, dass er in seinem

---

169 Ilias 1,255.

Feind einen Gegner seines Lebens und Ruhmes hat, achtet mehr auf sich, überlegt seine Handlungen und ordnet sein Leben. Denn auch dies ist ein eigenes Zeichen des Lasters, dass man sich vor seinen Feinden mehr als vor seinen Freunden seiner Vergehen schämt. Daher erwiderte Scipio Nasica einigen, welche durch die Zerstörung Karthagos und die Unterwerfung der Achaier den römischen Staat für gesichert hielten: »Gerade jetzt sind wir in einer gefährlichen Lage, da wir uns niemanden übrig gelassen, vor dem wir uns zu fürchten oder gar zu schämen haben.«

(4) Damit ist noch des Diogenes Ausspruch zu verbinden, der sehr philosophisch und politisch ist: »Wie soll ich mich am Feinde rächen? Dadurch, dass ich selbst ein guter und rechtschaffener Mann werde.«[170] Man ärgert sich, wenn man jemanden die Pferde eines Feindes rühmen oder dessen Hunde loben hört. Man seufzt sogar, wenn man dessen Feld gut bestellt oder dessen Garten blühen sieht. Und was wird dann erst geschehen, wenn du dich als gerechter Mann erweist, als ein offener, rechtschaffener, der in seinen Reden wohlberüchtigt und in seinen Handlungen rein ist, unsträflich in seinem Lebenswandel,

erntend Furche vom tiefen Saatfeld seiner Brust,
woraus hervorspießt weisen Rats Besonnenheit.[171]

Die Besiegten, sagt Pindar, sind in Sprachlosigkeit gefesselt, doch nicht immer und auch nicht alle, sondern nur die, welche sich von ihren Feinden an Sorgsamkeit, Rechtschaffenheit, edler Gesinnung, Menschenliebe und Wohltätigkeit besiegt sehen. Dies lähmt, wie Demosthenes sagt, die Zunge, verstopft den Mund, bringt zum Ersticken und zum Schweigen.

Sei du denn besser als die Schlimmen, da du kannst.[172]

170 Vgl. Plutarch, Wie soll ein Jüngling die Dichter lesen? Kap. 4.
171 Aischylos, Sieben gegen Theben, 594 f.
172 Euripides, Orestes, 251.

Wenn du aber deinen Feind ärgern willst, so schimpfe ihn
nicht einen Wollüstling, einen Weichling oder einen ausschweifenden, schmutzigen oder gemeinen Menschen, sondern sei selbst ein Mann, handle besonnen, rede die Wahrheit
und behandle die, welche mit dir umgehen, liebevoll und
gerecht. Wirst du aber zum Schimpfen verleitet, so halte
dich so fern wie möglich von dem, was du anderen vorwirfst,
gehe in dich selbst und blicke auf deine Fehler, damit nicht
irgendein Laster auch dir das Wort des tragischen Dichters
zurufe:

Ein Arzt für andere, strotzt er doch vor Geschwüren selbst.[173]

Nennt dich jemand ungebildet, so zeige umso mehr Lernbe-
gierde und Fleiß; nennt man dich feige, so wecke in dir umso
mehr männlichen Mut; oder geil und ausschweifend, so tilge
aus deiner Seele jede Spur von Wollust, die darin etwa noch
verborgen ist. Denn nichts ist schimpflicher, nichts kränken-
der als eine Schmach, die auf den Schmähenden zurückfällt.
So wie der Widerschein des Lichts schwache Augen mehr
angreift als das Licht selbst, so verhält es sich auch mit dem
Tadel, der von der Wahrheit auf den Tadelnden selbst zurückfällt. Denn wie der Nordostwind die Wolken, so zieht
auch ein schlechtes Leben die Schmähungen nach sich.

(5) Sooft Plato mit Leuten, die sich unanständig betrugen, beisammen war, pflegte er beim Weggehen zu sich zu
sagen: »Bin ich nicht etwa auch so einer?« Wer, indem er
eines andern Lebenswandel tadelt, sogleich seinen eigenen
betrachtet und bessert, dadurch dass er ihn auf die andere
Seite wendet und kehrt, der wird aus dem Tadel, der sonst
unnütz und eitel zu sein scheint und es auch ist, Nutzen gewinnen. Die meisten lachen, wenn einer, der kahlköpfig oder
ausgewachsen ist, die anderen darum schimpft und schmäht.
Indessen ist es überhaupt lächerlich zu schimpfen und zu

---

173 Vermutlich aus einer verlorenen Tragödie des Euripides.

spotten, wenn man auf Gegenvorwürfe gefasst sein muss. So sagte Leo von Byzanz, als ihn ein Verwachsener wegen der Schwäche seiner Augen verspottete: »Du hältst mir ein menschliches Leid vor, während du auf dem Rücken die Nemesis trägst.« Schimpfe deshalb niemanden einen Ehebrecher, wenn du selbst ein Knabenschänder bist, nenne keinen ausschweifend, wenn du selbst ein gemeiner Mensch bist. Alkmaion warf dem Adrast vor:

Du bist der Bruder einer Gattenmörderin.

Was aber gab ihm dieser zur Antwort? Nicht die Schandtat eines anderen, sondern die eigene warf er ihm vor:

Du aber mordetest die, die dir das Leben gab.[174]

Domitius sagte zu Crassus: »Hast du nicht über den Tod der Muräne, die du im Fischbehälter nährtest, geweint?« – »Du aber«, entgegnete dieser, »hast nicht geweint, als du deine drei Frauen begrubst?« Wer zurechtweisen will, bedarf dazu keiner besonderen Anlagen oder einer hellen Stimme oder etwas Dreistigkeit. Hingegen muss er unbescholten und tadellos sein. Denn keinem schärft die Gottheit so wie dem, der seinen Nächsten tadeln will, den Spruch ein: Erkenne dich selbst.[175] Damit man nicht, während man sagt, was man will, hören muss, was man nicht will. Von einem solchen sagt Sophokles:

Ausgeschüttet eitlen Zungenschwall,
willst du nicht hören, was du doch gerne selbst gesagt.[176]

(6) Insofern ist es nun nützlich und ersprießlich, den Feind zu schmähen. Nicht wenig nützt es aber, wenn man selbst von seinen Feinden Schimpf und Hohn erdulden muss.

---

174 Aus einer verlorenen Tragödie des Euripides.
175 Der Satz Γνῶθι σεαυτόν stand der Überlieferung nach über dem Heiligtum Apollos in Delphi.
176 Aus einer verlorenen Tragödie.

Richtig bemerkt daher Antisthenes: »Wer dem Verderben
entgehen will, muss entweder echte Freunde oder heftige
Feinde besitzen. Die einen halten durch Ermahnungen,
die anderen durch Schmähungen von Verfehlungen ab.«[177]
Weil aber in der gegenwärtigen Zeit die Freundschaft zum
freimütigen Tadel nur eine leise Stimme hat, hingegen für
die Schmeichelei geschwätzig und für eine Zurechtweisung
stumm ist, so muss man die Wahrheit von den Feinden hören. Wie Telephos, als er den eigenen Arzt nicht fand, durch
feindlichen Speer seine Wunde heilen ließ,[178] so müssen auch
die, welche der Zurechtweisung des Freundes entbehren, die
Rede eines Feindes, der sie hasst, ertragen, wenn er ihre Lasterhaftigkeit tadelt und straft, und auf die Sache sehen, nicht
aber auf die Absicht des Lästerers. Denn wie der, welcher
den Thessalier Prometheus töten wollte, mit dem Schwert
ein Geschwür traf und es so abhieb, dass der Mann gerettet
und von dem so aufgebrochenen Geschwür befreit wurde, so hat schon oft eine im Zorn oder in der Leidenschaft
ausgestoßene Beleidigung oder Schmähung ein bisher un-
bekanntes oder vernachlässigtes Übel der Seele geheilt. Indessen die meisten, wenn sie geschmäht werden, nicht darauf
sehen, ob sie das, was ihnen vorgeworfen wird, wirklich an
sich haben, sondern nur darauf, ob sie etwas Ähnliches am
Ankläger finden, und nicht die Lästerungen abwischen, wie
die Athleten den Staub, sondern einander in diesem Hand-
gemenge bewerfen, beflecken und verunreinigen. Wer von
seinem Feind geschmäht wird, soll den Fehler, der an ihm
ist, weit eher wegschaffen als den Flecken an seinem Kleid,
der ihm gezeigt worden ist. Ist der Tadel unbegründet, so
soll man dessen ungeachtet nach der Ursache forschen, von
welcher die Lästerung ausgegangen ist, man soll sich hüten
und in Acht nehmen, ohne eigenes Wissen etwas zu tun,

---

177 In der Schrift Wie man den Schmeichler vom Freunde unterscheiden kann,
    Kap. 36, lässt Plutarch dies den Diogenes sagen.
178 Den Speer des Achill, der ihn verwundet hatte.

was dem Vorwurf nahe kommt oder gleich ist. So brachten den argivischen König Lakydes die Beschaffenheit seines Haares und sein Gang in den Ruf einer üppigen Weichlichkeit, ebenso den Pompeius, der von allem femininen und ausschweifenden Wesen weit entfernt war, der Umstand, dass er sich mit einem Finger am Kopf kratzte. Crassus kam in den Verdacht eines unerlaubten Umgangs mit einer der heiligen Jungfrauen (Vestalinnen), weil er von ihr ein schönes Stück Land kaufen wollte und deshalb oft allein mit ihr freundlich redete. Dagegen kam Postumia durch ihr freieres Lachen und ihre frecheren Gespräche mit Männern in einen üblen Ruf, sodass sie der Unzucht wegen angeklagt wurde. Sie wurde nun zwar von dieser Schuld rein befunden, aber der Oberpriester fügte die Ermahnung bei, dass sie sich in ihrem Reden künftig nicht unanständiger betragen solle als in ihrem Wandel. So zog Pausanias den Themistokles, der nichts Unrechtes begangen hatte, mit in den Verdacht des Verrats, weil er sein Freund war und beständig Briefe und Boten an ihn schickte.

(7) Ist also ein ungerechtfertigter Vorwurf gemacht, so darf man ihn nicht verachten oder vernachlässigen, weil er falsch ist, sondern man muss untersuchen, was in unseren Reden und Handlungen oder in unseren Beschäftigungen und in unserem Umgang zu der betreffenden Verleumdung Anlass gegeben hat. Davor muss man sich dann hüten und es meiden. Wenn manche durch das Unglück, in welches sie geraten sind, über den Nutzen belehrt werden, so wie Merope es ausdrückt:

Das Schicksal nahm mein Teuerstes zum Lohn von mir
und gab mir Weisheit.[179] –

Warum wollen wir nicht den Feind zum Lehrer nehmen, von dem wir unentgeltlich Nutzen ziehen und etwas lernen

---

179 Vielleicht aus einer verlorenen Tragödie des Euripides.

können, was uns unbekannt ist? Der Feind bemerkt vieles besser als der Freund. Denn die Liebe ist nach Platos Ausspruch blind für den geliebten Gegenstand;[180] im Hass aber liegt Neugier zugleich und Geschwätzigkeit. Hiero[181] wurde von einem seiner Feinde wegen des üblen Geruchs aus seinem Mund getadelt. Als er nach Hause kam zu seiner Frau, sprach er: »Wie hast nicht einmal du mir dies gesagt?« Diese aber, eine tugendhafte Frau ohne Falschheit, antwortete: »Ich glaubte, dass alle Männer so riechen.« Auf diese Weise kann man sinnliche und körperliche Dinge und solche, die jedermann in die Augen fallen, eher von seinen Feinden als von seinen Freunden und Bekannten erfahren.

(8) Außerdem ist es nicht möglich, die Beherrschung der Zunge, die doch kein geringer Teil der Tugend ist, stets der Vernunft untertan und folgsam zu halten, wenn man nicht durch Üben, Nachdenken und Anstrengung die schlimmsten Leidenschaften, darunter den Zorn, überwältigt hat. Denn dass ein Laut gegen den eigenen Willen entschlüpft oder

welche Rede, mein Kind, ist dir aus den Lippen entflohen;[182]

oder auch einige Worte wie von selbst uns entgegen, dies findet sich meistens bei ungeübten Charakteren, die vor Schwäche ihres Charakters und aus Mangel an innerer Kraft bei einer freien Lebensweise wanken und unstet sind. Der Rede, der leichtesten Sache, folgt, nach dem göttlichen Plato, die härteste Strafe bei den Göttern und bei den Menschen. Das Schweigen aber bleibt in allen Fällen ungestraft und ist nicht nur, wie Hippokrates sagt, gegen den Durst gut, sondern es zeugt bei Schmähungen der Feinde von Würde und beweist einen sokratischen oder vielmehr einen herkulischen Charakter. Denn von Herkules heißt es:

---

180 Plato, Nomoi, 731 f.
181 Tyrann von Syrakus.
182 Homer, Odyssee, 1,64.

Nicht wie Mückengesumme rührt ihn die gehässige Rede.[183]

Ebenso anständig und rühmlich ist es, bei den Schmähungen eines Feindes ruhig zu bleiben und an den rauschenden Klippen der Schmähung gleichsam vorbeizuschwimmen. Doch ist die Übung darin noch wesentlicher. Hat man sich nämlich daran gewöhnt, bei den Schmähworten eines Feindes gelassen zu bleiben, so wird man sehr leicht den Angriff einer lästernden Frau ertragen und die etwas herbe Stimme eines Bruders ohne Unruhe aushalten. Man wird beim Schlagen oder Werfen des Vaters wie der Mutter keinen Groll zeigen. Sokrates suchte sich mit Xanthippe, einer leidenschaftlichen und bösen Frau, zu vertragen, weil er dann mit anderen leicht leben zu können glaubte, wenn er sich daran gewöhnt hätte, es mit ihr auszuhalten. Jedoch ist es weit besser, sich am Spott, an der Schmähung, am Zorn und der Unverschämtheit der Feinde und fremder Leute zu üben und sich dahin zu gewöhnen, dass man bei solchen Schmähungen ruhig und gelassen bleiben kann.

(9) Auf diese Weise nun kann man bei der Feindschaft Milde und Sanftmut zeigen, ja selbst Offenheit, Edelmut und Rechtschaffenheit noch mehr als bei der Freundschaft. Denn dem Freund Gutes zu tun, ist nicht so rühmlich, wie es schimpflich ist, dies im Notfall bei demselben zu unterlassen. Sich aber an seinem Feind nicht zu rächen, wenn er Gelegenheit dazu gibt, zeigt eine edle Seele. Wer aber einen Menschen, welcher mit seinem Feind im Unglück Mitleid hat, ihn in der Not unterstützt, sich seiner Kinder, seines Vermögens, wenn es gefährdet ist, eifrig und bereitwillig annimmt, nicht seiner Herzensgüte wegen liebt und seine Gerechtigkeit lobt,

jenem wurde das schwarze Herz aus Demant geschmiedet,
    meine ich, oder aus Eisen.[184]

---

183 Fragment eines unbekannten Dichters.
184 Fragment eines verlorenen Pindar-Gedichtes.

Als Caesar befohlen hatte, die umgeworfenen Bildsäulen des Pompeius wieder aufzurichten, sprach Cicero zu ihm: »Du hast die Bildsäulen des Pompeius wieder aufgerichtet und dadurch die deinen gefestigt.« Daher darf man bei einem Feind weder mit Lob noch mit Ehre sparen, der es mit Recht verdient. Denn dies bringt dem Lobenden ein noch größeres Lob und bewirkt, dass man ihm, wenn er ein andermal tadelt, glaubt, in der Überzeugung, dass er nicht den Mann hasse, sondern die Handlung missbillige. Das Beste und Nützlichste aber ist dabei, dass der, welcher sich daran gewöhnt hat, die Feinde zu loben, sich nicht über ihr Glück zu ärgern und sie nicht zu beneiden, dadurch auch von allem Neid über das Glück seiner Freunde und über das Wohlergehen seiner Angehörigen frei bleibt. Und in der Tat, welche andere Übung kann der Seele einen größeren Nutzen bringen oder sie mehr zum Guten bestimmen, als die, welche Eifersucht und Neid entfernt? Wie im Krieg manches zwar Notwendige, sonst aber Schlechte zur Gewohnheit wird und das Ansehen eines Gesetzes gewinnt und darum nicht leicht von denen, die dadurch leiden, abgeschafft werden kann, so bringt die Feindschaft mit dem Hass zugleich Neid, Eifersucht und Schadenfreude und lässt die Erinnerung daran im Gemüt zurück. Kommen dazu noch Schlauheit, Betrug und List, die gegenüber einem Feind weder für etwas Schlechtes noch Ungerechtes gehalten werden, so bleiben sie und sind nicht leicht zu entfernen. Aus Gewohnheit gebrauchen wir dasselbe auch gegen Freunde, wenn wir nicht bei den Feinden gelernt haben, uns davor zu hüten. Wenn daher Pythagoras darin Recht hatte, dass er uns bei den unvernünftigen Tieren an die Enthaltsamkeit von Grausamkeit und Habsucht gewöhnen wollte, wenn er die Vogelsteller um ihren Fang bat oder einen Wurf Fische kaufte und sie dann freiließ, auch die Tötung jedes zahmen Tieres verbot, so ist es doch gewiss viel rühmlicher, beim Streit und Zank mit Menschen als ein edelmütiger, rechtlicher und wahr-

heitsliebender Feind schädliche, unedle und boshafte Leidenschaften zu unterdrücken, damit man im Umgang mit
den Freunden durchaus gelassen bleibe und sich des Bösen
enthalte. Scaurus war des Domitius' Feind und Ankläger.[185]
Vor dem Gerichtstag kam ein Sklave des Domitius zu ihm,
um ihm ein Geheimnis zu entdecken. Aber Scaurus ließ
ihn nicht reden, sondern den Menschen ergreifen und zu
seinem Herrn zurückbringen. Als Cato gegen Murena eine
Anklage wegen Volksbestechung erhob[186] und die Beweise
dazu sammelte, folgten ihm der Sitte nach Leute, die auf
alles, was vorfiel, achthatten. Diese fragten ihn oftmals, ob er
heute Beweise sammeln oder etwas hinsichtlich der Anklage
vornehmen wolle. Verneinte er dies, so glaubten sie ihm und
gingen nach Hause. Dies gibt freilich den besten Beweis der
guten Meinung, die sie von Cato hatten. Aber noch besser
und am rühmlichsten ist es, wenn wir, gewöhnt auch unsere
Feinde gerecht zu behandeln, dann nie gegen unsere Freunde
und Bekannten ungerecht oder arglistig handeln.

(10) Weil nun jede Schopflerche nach Simonides einen
Schopf haben muss, und weil überhaupt die Natur des
Menschen Streit, Eifersucht und Neid, nach Pindars Ausspruch die Gefährten eitler Menschen, erregt, so wird es von
keinem geringen Nutzen sein, wenn man versucht, sich bei
dem Feind von diesen Leidenschaften zu reinigen und sie
wie Kanäle soweit wie möglich von seinen Gefährten und
Angehörigen wegleitet. Das sah auch, wie es scheint, der
Staatsmann Onomadesimos wohl ein. Er gehörte zu Chios
bei einem Aufruhr zur siegreichen Partei und gab seinen
Gefährten den Rat, nicht alle Gegner zu vertreiben, sondern
einige übrig zu lassen, damit, wie er sich ausdrückte, wir
nicht anfangen, mit unseren Freunden uneins zu werden,

---

185 Gnaeus Domitius Ahenobarbus, Volkstribun 104 v. Chr., klagte Marcus
   Aemilius Scaurus an; vgl. Cicero in der Rede für König Deiotauros, 11.
186 Dieser soll durch Geldzahlungen seine Konsulwahl bewerkstelligt haben.
   Die Anklage erfolgte 64 v. Chr.

wenn wir von allen Feinden ganz und gar befreit sind. Daher werden wir auch bei solchen Leidenschaften, wenn sie gleichsam vorher bei den Feinden ausgetobt sind, unseren Freunden weniger lästig fallen. Denn es soll nach Hesiod[187] weder der Töpfer auf den Töpfer, noch der Sänger auf den Sänger neidisch sein. Man soll weder auf den Nachbarn eifersüchtig sein, noch auf den Vetter oder Bruder, wenn er nach Reichtum strebt und in seinen Unternehmungen erfolgreich ist. Wenn es aber kein anderes Mittel gibt, sich von Streit, Neid und Zank frei zu machen, so gewöhne man sich daran, über des Feindes Glück unwillig zu werden, man sporne und reize die eigene Streitsucht und schärfe sie an jenem. Wenn ein geschickter Gärtner Rosen und Veilchen wohlriechender zu machen glaubt, wenn er Knoblauch und Zwiebeln daneben pflanzt, indem sich dann auf diese alle herben und übel riechenden Nahrungssäfte ziehen, so wird auch der Feind, der unseren Neid und unsere Bosheit aufnimmt und pflegt, uns gegen Freunde, die im Glück sind, wohlwollender und liebreicher machen. Deshalb muss man auch mit jenen im Ruhm, im Ansehen und im gerechten Erwerb wetteifern. Man soll nicht bloß unwillig werden, wenn sie uns etwas darin voraus haben, und sich Mühe geben, sie darin mit Sorgfalt, Anstrengung, Besonnenheit und Aufmerksamkeit auf sich selbst zu übertreffen, gleichwie Themistokles sagte, der Sieg des Miltiades zu Marathon lasse ihn nicht schlafen. Denn derjenige, der seinen Feind in Ämtern, in Prozessangelegenheiten, bei der Staatsverwaltung oder unter Freunden und Vornehmen für glücklicher hält als sich, verfällt, statt durch die Tat ihm nachzueifern, in Neid und Unwillen und bleibt in seinem Neid träge und untätig. Wer sich aber nicht durch Hass blenden lässt, sondern Lebensweise, Charakter, Reden und Handlungen [des Feindes] unparteiisch betrachtet, der wird gewahr werden, dass das meiste von dem, was

---

187 Werke und Tage, 24 f.

er beneidet, vom Besitzer durch Fleiß, Vorsicht und gute Handlungen erworben worden ist, und nach diesen Zielen hin wird er seine Ehrliebe und sein Verlangen nach Ruhm üben, Trägheit und Schlaffheit aber gänzlich entfernen.

(11) Wenn aber unsere Feinde durch Schmeichelei, Tücke, Bestechung und Verführung zu einem schimpflichen und entehrenden Ansehen an Höfen oder in Republiken gelangt sind, so wird uns dies keine Unruhe, sondern eher Freude verursachen, indem wir unsere Freiheit, unseren reinen und unbescholtenen Lebenswandel dagegenstellen. Denn alles Geld über und unter der Erde kommt nach Platos Ausdruck der Tugend nicht gleich. Auch soll man stets an Solons Worte denken:

Und doch werden wir nie trachten, ihren Besitz gegen unsere Tugend zu tauschen.[188]

Dann werden wir die anderen nicht um das mit dem Geschrei [des satten Volkes] erfüllte Theater oder um die Ehrenstellen und Ehrenplätze bei Eunuchen, Kebsweibern und königlichen Satrapen beneiden. Denn nichts kann bewundernswert und edel sein, was aus dem Schändlichen entsteht. Die Liebe zum geliebten Gegenstand ist, wie Plato sagt, blind, und die Feinde, wenn sie schlecht handeln, geben uns eher Gelegenheit, es zu bemerken. So darf denn weder die Freude über ihr Vergehen, noch der Schmerz über ihre Ruhmestaten unwirksam sein, sondern beides soll uns erinnern, dass wir vor dem einen uns hüten und dadurch besser werden als sie, das andere aber nachahmen und ihnen darin nicht nachstehen.

---

188 Solon in seinen verlorenen Elegien.

Von der Menge der Freunde

(1) Den Thessalier Meno, der es in den Wissenschaften weit gebracht zu haben und nach dem bekannten Ausspruch des Empedokles auf der Weisheit Gipfel zu sitzen glaubte, fragte Sokrates, was die Tugend sei. Dreist und ohne Bedenken gab er die Antwort, es gebe eine Tugend eines Kindes und eines Greises, eines Mannes und einer Frau, eines Herrschers und eines Privatmanns, eines Herrn und eines Dieners. – »Ganz gut«, entgegnete Sokrates, »du bist um die eine Tugend gefragt worden und hast einen Schwarm von Tugenden aufgebracht.« So sprach er, indem er ganz richtig dachte, der Mensch habe viele Tugenden genannt, weil er gar keine Tugend kenne. Sollte man nun nicht auch uns verlachen können, dass wir, die wir noch nicht eine feste Freundschaft besitzen, befürchten, gar zu viele Freunde unvermerkt zu bekommen? Wir sind dann fast wenig mehr verschieden von jenem verstümmelten und blinden Menschen, der ein hundertarmiger Briareos[189] oder ein alles sehender Argus[190] zu werden fürchtete. Und doch gefällt uns der Jüngling bei Menander außerordentlich, welcher behauptet, jeder halte es für das höchste Gut, wenn er eines Freundes Schatten besitze.

(2) Ein Haupthindernis dafür, Freunde zu gewinnen, liegt außer in manchem anderen im Verlangen nach vielen Freunden, wie unzüchtige Frauen dadurch, dass sie sich mit vielen und zum wiederholten Mal einlassen, sich ihren ersten Liebhaber nicht erhalten können, die dann, von ihnen vernachlässigt, davonlaufen oder vielmehr wie jener Jüngling der Hypsipyle

---

189 Sohn des Uranos und der Gaia, mit anderem Namen Aigaion.
190 Sohn des Agenor und der Mykene, berüchtigt für seine Sehkraft.

auf die Wiese
sich hinlagernd entpflückt er und häuft um sich her
jetzt und da den Blumenraub fröhlichen Herzens
und unersättlich nach Kindesart.[191]

So nimmt uns leicht durch die Liebe zum Neuen und den Ekel vor dem Alten ein frischer und blühender Mensch ein und verändert uns so, dass wir uns in manche unvollkommenen Freundschaften und Bekanntschaften einlassen, aus Liebe zu dem aber, welchem wir nacheilen, an dem vorübergehen, welchen wir schon gewonnen haben. Wir wollen nun, wie man sagt, mit dem Herd den Anfang machen[192] und von der ersten Sage reden, welche und von zuverlässigen Freunden erhalten ist, und die lange Vorzeit uns gleichzeitig zum Zeugen und Ratgeber unseres Vortrages nehmen, indem uns hier die Freundschaft paarweise vorgestellt wird, in einem Theseus und Pirithous, in Achill und Patroklos, einem Orestes und Pylades, Phintias und Damon, einem Epameinondas und einem Pelopidas. Denn die Freundschaft gleicht einem Tier, das die Gesellschaft liebt, aber nicht herdenweise oder nach Dohlenart; und seinen Freund sein anderes Ich zu nennen, heißt nichts anderes, als die Zweizahl zum Maß der Freundschaft zu nehmen. Für wenig Geld kann man sich weder viele Sklaven noch viele Freunde kaufen. Was ist nun die Münze der Freundschaft? Wohlwollen und Freundlichkeit verbunden mit Tugend, was freilich in der Natur das Seltenste ist. Daher ist große Liebe und Gegenliebe unter vielen nicht möglich, sondern wie die Flüsse, die sich oft spalten und zerteilen, schwach und leicht fließen, so wird auch die in der Seele wohnende starke Liebe durch eine Verteilung unter viele geschwächt. Daher haben auch die Tiere,

---

191 Aus einer verlorenen Tragödie des Euripides. Gemeint ist der Knabe Archemoros oder Opheltes, der auf einer Wiese sitzend und Blumen pflückend von einem Drachen verschlungen wird.
192 Redensart, d. h. am Anfang beginnen.

die nur ein einziges Junges zur Welt bringen, eine größere Liebe zu ihren Jungen, und Homer nennt einen geliebten Sohn den einzigen, den im Alter gezeugten, d. h. für Eltern, welche keinen anderen besitzen und bekommen werden.

(3) Wir verlangen nun zwar nicht, dass der Freund uns der einzige sei; er soll nach dem Sprichwort den Scheffel Salz seit langer Zeit mit uns gegessen haben, nicht so wie viele, die neuerdings Freunde genannt werden, die einmal zusammen getrunken, Ball oder Würfel miteinander gespielt haben, miteinander eingekehrt sind in eine Schenke, in eine Ringerschule oder sich auf dem Markt getroffen und miteinander Freundschaft geschlossen haben. Wenn man in den Häusern der Fürsten und der Reichen den großen Schwarm und das Getümmel derer sieht, die sie begrüßen, denen sie die Hand reichen und überall hin folgen, so preist man die glücklich, welche viele Freunde besitzen. Aber in ihren Küchen sieht man noch mehr Fliegen. Wie diese, wenn es nichts mehr zu naschen gibt, sich davonmachen, ebenso wenig bleiben jene, wenn sie keinen Nutzen mehr zu erwarten haben. Die wahre Freundschaft verlangt hauptsächlich drei Stücke: die Tugend als etwas Schönes, den Umgang als etwas Angenehmes und den Gebrauch als etwas Notwendiges. Man soll sich einen Freund durch Prüfung wählen, gerne mit ihm umgehen, sich im Notfall seiner bedienen. Dies alles aber verträgt sich nicht mit der Menge der Freunde, am wenigsten die Prüfung, die doch das Wichtigste ist. Man bedenke nur einmal, ob es möglich ist, in kurzer Zeit Tänzer zu prüfen, die im Chor zusammen auftreten, oder Ruderer, die miteinander rudern sollen, oder Sklaven, die zu Aufsehern über das Vermögen oder zu Erziehern der Kinder bestimmt sind, geschweige denn viele Freunde, die mit uns zugleich den Kampf mit dem Schicksal bestehen sollen, bei denen für jeden gelten soll:

Gern, wenn's ihm wohl ergeht, zeigt er sich dem Volk,
und wenn ihn Unglück überfällt, verzagt er nicht.

Weder die Stürme, welchen das ins Meer gelassene Schiff ausgesetzt ist, noch die Gefahren, gegen welche man Städte und Häfen mit Mauern, Schutzwehren und Dämmen schützt, sind so groß wie die, vor welchen die Freundschaft einen Zufluchtsort und Beistand verspricht, wenn sie denn echt und wohl geprüft ist. Bei solchen aber, die sich ungeprüft eingeschlichen haben, gleich einer Münze, die als unecht befunden wird, sind wir froh, wenn wir sie, wie Sophokles sagt, losgeworden sind, und wer noch mit ihnen verbunden ist, wünscht von ihnen loszukommen. Übrigens ist es schwer und keineswegs ein Leichtes, eine missfällige Freundschaft zu meiden oder abzuschütteln, sondern wie man eine schädliche und widerliche Speise nicht bei sich behalten kann ohne Missbehagen und Nachteil noch sie von sich geben kann, wie sie eingegangen ist, sondern stinkend, verunreinigt und ekelhaft, so fällt auch ein böser Freund uns und sich selbst im Umgang zur Last, oder er muss auf eine gewaltsame Weise mit Feindschaft und Widerwillen, wie Galle ausgeworfen werden.

Darum soll man nicht gleich jeden, mit dem man zusammentrifft, als Freund annehmen und sich selbst fest an ihn anschließen, auch nicht den lieben, der uns nachläuft, sondern denen nachgehen, die der Freundschaft würdig sind. Denn nicht immer ist das, was leicht zu erhalten ist, unserer Wahl würdig. Wir gehen über Erikastauden und Dornen, welche sich an uns hängen, hinweg und machen uns davon los, um zum Ölbaum und zur Rebe zu gelangen. Ebenso dürfen wir auch nicht immer den, der sich an uns anhängt, zum Freund machen, sondern wir müssen uns an die anschließen, welche bei der Prüfung unserer Aufmerksamkeit würdig und uns nützlich erschienen sind.

(5) Wie Zeuxis[193] einigen, die ihm den Vorwurf machten, er male zu langsam, erwiderte: »Ich gestehe, ich brauche

---

193 Maler aus Herakleia, 4./5. Jh. v. Chr.

lange Zeit zum Malen, denn ich male auch für lange Zeit.«
So soll man auch erst nach langer Zeit Freundschaft und
Umgang annehmen und dann erhalten. Sollte es nun, könnte
man sagen, nicht leicht sein, viele Freunde zu prüfen und
mit vielen zugleich Umgang zu haben, oder ist auch dies
unmöglich? Der freundschaftliche Umgang, antworte ich,
ist ein Genuss, und das Angenehmste dabei besteht im Zusammensein und im Zusammenleben.

*Ach nie werden wir lebend von unseren Freunden gesondert
sitzen und Rat aussinnen.*[194]

Und von Odysseus sagt Menelaos:

*Nimmer auch hätte uns etwas wieder getrennt in wechselnder
    Liebe,
als bis der Tod uns mit finsterer Wolke umhülle.*[195]

Davon nun bringt die Menge der Freunde gerade das
Gegenteil hervor. Die einfache Freundschaft verbindet und
vereinigt, sie hält durch Freundschaft und freundliche Gesinnung alle innig zusammen,

so wie das Lab die weißliche Milch verdichtet und bindet.[196]

So schreibt Empedokles. Denn eine solche Einheit und
Verbindung will die Freundschaft bewirken. Die Vielzahl
der Freunde trennt, reißt voneinander los und wendet ab,
indem sie uns bald zu dem einen, bald zu dem anderen hin-
ruft. Sie lässt keine Vermischung und Verschmelzung des
Wohlwollens im anhaltenden und festen Umgang zustande
kommen. Dies aber verursacht bald eine Ungleichheit in
den gegenseitigen Dienstleistungen und eine falsche Scham.
Denn das, was bei einer Freundschaft wohl zu gebrauchen
ist, wird durch die Vielzahl der Freunde unbrauchbar. Der

---

194 Homer, Ilias, 23,77.
195 Homer, Odyssee, 4,179 f.
196 In Anklang an den Vers Ilias, 5,902 f.

eine hat diese Denkungsart, der andere jene Sorgen; denn
wie von Natur aus unsere Neigungen nicht auf dieselben
Gegenstände gerichtet sind, so befinden wir uns auch nicht
immer in denselben Glücksumständen. Die Gelegenheiten
zu Unternehmungen sind, wie die Winde, dem einen günstig, dem anderen aber entgegen.

(6) Auch selbst, wenn alle Freunde zugleich von uns dasselbe verlangten, wäre es schwer, alle zufrieden zu stellen,
sei es, wenn sie sich beratschlagen oder Staatsangelegenhei-
ten besorgen oder sich um ein Amt bewerben oder Gäste
aufnehmen sollen. Wenn sie aber zu ein und derselben Zeit
in verschiedenen Lagen und Umständen uns zugleich auf-
forderten, der eine, dass wir ihn bei einer Seereise begleiten,
der andere, dass wir ihm bei seiner Anklage beistehen, der
andere, dass wir ihm bei einem Kauf oder Verkauf zur Hand
gehen, der andere, dass wir seine Hochzeit mitfeiern, der andere, dass wir an einem Leichenbegräbnis teilnehmen: Dann
heißt es von der Vielzahl der Freunde:

Auch ist der Umfang unserer Stadt von Räucherwerk
erfüllt und Notenwerk, und vom Klageton.[197]

Denn allen dienen ist unmöglich, keinem helfen, sonderbar,
einem aber dienen und dadurch bei vielen anderen anstoßen,
traurig.

Denn wer uns selbst liebt, den versäumen wir nicht gerne.[198] Indessen lässt man sich eher Nachlässigkeit und Un-
achtsamkeit seiner Freunde gefallen und nimmt ohne Groll
Entschuldigungen von ihnen an: »Ich habe es vergessen.«
– »Ich habe es nicht gewusst.« Wer aber spricht: »Ich konnte
dir bei deinem Prozess nicht helfen, denn ich hatte einem
Freunde beizustehen.« Oder: »Ich konnte dich während deines Fiebers nicht besuchen, denn ich musste jenem Freund

---

197 Sophokles, Oidipos, 4 f.
198 Aus einer Komödie Menanders.

bei der Zubereitung eines Gastmahls helfen.« Wer auf diese Weise Sorge für andere als Grund seiner Nachlässigkeit
angibt, wird nicht etwa den Tadel beheben, sondern wird
noch Eifersucht dazu erregen. Gar viele sehen freilich bei
der Freundschaft nur auf das, was sie gewinnen können, und
übersehen das, was man dagegen von ihnen verlangt. Sie denken nicht daran, dass der, welcher in der Not viele braucht,
auch den vielen, wenn sie in Not sind, wiederum dienen
muss. Wie demnach Briarios, der mit hundert Händen seinen
fünfzig Leibern Speise zuträgt, uns dadurch nichts voraus
hat, die wir mit zwei Händen einen Bauch versorgen, so liegt
auch im Nutzen, den man von vielen Freunden hat, dies,
dass man vielen dienen, dass man Kampf, Mühe und Not
mit ihnen teilen muss. Man darf daher dem Euripides nicht
glauben, wenn er sagt:

In gemäßigter Huld nur sei allseits
mit den Menschen der Mensch auf Erden vereint.
Nicht Liebe, die Mark und Leben verzehrt,
leicht lösbares Band der Gemüter ist nötig,
das erschlaffen du magst oder anziehen.[199]

Und man darf nicht die Freundschaft demnach wie ein
Schiffstau nach den Umständen nachlassen und anziehen.
Wir wollen dies, o Euripides vielmehr auf die Feindschaft
anwenden und bei allem Streit Mäßigung empfehlen und
nicht bis ins innerste Mark der Seele dringen. Auch Hass,
Zorn, Mäkelei und Verdacht lassen sich leicht wieder entfernen. Eher möchte man jene Vorschrift des Pythagoras
anraten: Reiche die rechte Hand nicht vielen. D. h. mache
dir nicht viele Freunde, und lass dich nicht in eine zu weit
ausgedehnte, ganz allgemeine Bekanntschaft ein, welche bei
den vielfachen Affekten leicht ins Gegenteil übergeht, wenn
es auch gleich edlen und würdigen Freunden nicht allzu

---

199 Euripides, Hippolytos, 253 ff.

scher fallen wird, mit vielen Mühe, Kummer, Anstrengung und Gefahren zu teilen. Indessen ist auch das wahr, was der Sophist Chilon einem, welcher keinen Feind zu haben versicherte, zur Antwort gab: »Dann hast du wohl auch keinen Freund.« Denn die Feindschaft folgt der Freundschaft auf dem Fuße nach und entwickelt sich mit ihr.

(7) Dem Freund ist es unmöglich, eine Beleidigung oder Beschimpfung oder den Hass seines Freundes nicht mitzuertragen. Die Feinde nämlich schöpfen sogleich daraus Verdacht gegen den Freund und hassen ihn. Die Freunde aber sind oftmals neidisch, eifersüchtig und suchen ihn zu verdrängen. Wie dem Timesias[200] das Orakel wegen Anlage einer Kolonie die Antwort gab:

Bienenschwarm wird leicht dir fürwahr sich in Wespen
    verwandeln.

So kommen auch die, welche einen Schwarm von Freunden suchen, unvermerkt in ein Wespennest von Feinden. Dem Groll eines Feindes kommt oft die Gunst eines Freundes nicht gleich. Man bedenke nur, wie Alexander die Freunde und Angehörigen von Philotas und Parmenio[201] behandelte, Dionysos die Dios,[202] Nero die des Plautus,[203] Tiberius die des Seian.[204] Sie ließen sie martern und umbringen. Wie dem Kreon das Gold und der Reichtum seiner Tochter[205] nichts nützte, sondern die sich plötzlich erhebende Flamme ihn, als er herbeieilte und seine Tochter umarmte, verbrannte und zugleich mit ihr verzehrte. So gehen auch manche mit ihren Freunden im Unglück zugrunde, ohne dieselben im Glück genossen zu haben. Das begegnet besonders bei Philosophen

200 Timesias von Klazomenai, Gründer von Abdera.
201 Arrianos, Feldzug Alexanders, 3,16,27.
202 Cornelius Nepos, Dio, 5.
203 Tacitus, Annalen, 16,30.
204 Tacitus, Annalen, 16,30.
205 Der Kreusa, um derentwillen Jason Medea verließ.

und Weisen, wie z. B. dem Theseus; zugleich mit dem Pirithous, der zur Strafe gefesselt wurde, und

in eisenlose Fesseln ward sein Fuß gejocht.[206]

Thukydides erzählt,[207] dass bei der Pest die Tugendhaftesten zugleich mit ihren kranken Freunden gestorben seien; denn sie schonten sich selbst nicht und besuchten ihre Verwandten.

(8) Daher darf man auch nicht die Tugend missbrauchen, indem man sich mit anderen einlässt und verbindet als mit denen, welche dieselbe Verbindung auf eine würdigere Weise zu bewahren wissen, d. h. mit solchen, die auf gleiche Weise lieben und teilnehmen können. Denn am meisten steht dies der Vielzahl der Freunde entgegen, dass die Freundschaft durch die Ähnlichkeit entsteht. Denn wenn schon leblose Dinge sich nur mit Gewalt mit Ungleichem mischen lassen, wenn sie sich sträuben und mit Unwillen voneinander loszukommen suchen, sich aber mit verwandten und gleichen Dingen leicht mischen, und gerne und willig die Vereinigung annehmen. Wie sollte da eine Freundschaft bei entgegengesetzten Charakteren, unähnlichen Leidenschaften und verschiedener Lebensweise entstehen können? Die Harmonie beim Singen und bei der Lyra entsteht zwar durch die Übereinstimmung des Entgegengesetzten, weil in den hellen und tiefen Tönen immerhin eine gewisse Ähnlichkeit stattfindet. Aber die Übereinstimmung und Harmonie der Freundschaft leidet nichts Unähnliches und Ungleiches, sondern muss in Reden und Meinungen, in Beratungen und Leidenschaften aus lauter gleichen Teilen wie aus einer Seele, die in mehrere Körper verteilt ist, hervortreten.

(9) Welcher Mensch nun ist so geplagt, so veränderlich und wankelmütig, dass er sich vielen ähnlich machen und

---

206 Aus einer verlorenen Tragödie des Euripides.
207 Peloponnesischer Krieg, 2,51.

sich nach ihnen bilden kann und nicht über die Vorschrift des Theognis lacht:

Triff der Polypen Natur, vielarmiger, welche vom Felsen, dran sich ihr Körper gerankt, halb auch die Farbe gelernt.

Denn die Veränderungen des Polypen haben keine Tiefe, sondern bleiben auf der bloßen Oberfläche, die durch das Dichte wie das Dünne den Abfluss der nahe gelegenen Gegenstände annimmt. Die Freundschaft aber sucht den Charakter, Leidenschaften, Reden, Bestrebungen und Gesinnungen gleich zu machen. Es würde ein Proteus,[208] aber kein sonderlich glücklicher und ehrlicher, dazugehören, um sich oftmals durch Zaubermittel von der einen in die andere Gestalt zu verwandeln, bald mit Freunden der Wissenschaft zusammen zu studieren, bald mit anderen sich im Ringen zu üben, bald mit Freunden der Jagd zu jagen, bald mit solchen, die gerne trinken, zu zechen oder mit Staatsmännern den Wahlversammlungen beizuwohnen und so ohne allen eigenen Charakter zu sein. Die Naturforscher behaupten, dass die form- und farblose Materie, die als Wesen den Dingen zugrunde liegt und durch sie verändert wird, sich bald entzünde, sich bald in Wasser oder Luft auflöse und sich dann wieder verdichte. So wird auch eine Seele für viele Freunde beschaffen sein müssen, die vielerlei Leidenschaften und Charaktere annimmt, die flüssig und leicht veränderlich ist. Aber die Freundschaft sucht einen standhaften und festen Charakter, der im Umgang nie wankt und unverändert bleibt. Daher ist auch ein fester Freund selten und schwer zu finden.

---

208 V. 215 f.

Von der Bruderliebe

Die Spartaner nennen die alten Bilder der Dioskuren Dokana (Balken); dies sind nämlich zwei Hölzer, welche mit zwei anderen, die quer zu ihnen liegen, verbunden sind. Auf diese Weise scheint die unzertrennliche Vereinigung in diesem Bild auf die Liebe des göttlichen Bruderpaares zu passen.[209] Ich will daher euch beiden, Myranus und Quintus,[210] diese Schrift über die Bruderliebe widmen als ein euer würdiges, gemeinsames Geschenk. Denn da ihr das, wozu diese Schrift auffordert, bereits leistet, so werdet ihr darin mehr ein Zeugnis eurer Bruderliebe als eine Aufforderung dazu finden. Und die Freude über eure guten Handlungen wird eurem Urteil eine desto festere Dauer bringen, wenn ihr gleichsam bei guten und edlen Zuschauern Beifall findet. Aristarch, der Vater des Theodektes, sagte einst spottend über die große Menge der Sophisten: Sonst hätte es kaum sieben Weise gegeben; jetzt aber könne man nicht leicht ebenso viele Unwissende finden. So finde ich, dass in unseren Zeiten die Bruderliebe so selten ist, wie in alten Zeiten der Hass der Brüder, weshalb auch die davon bekannt gewordenen Beispiele eben wegen ihrer Seltenheit Stoff zu Tragödien und Theaterstücken gegeben haben. Jetzt hingegen wundert man sich, wenn man ein rechtschaffenes Brüderpaar findet, ebenso sehr, wie einst über jene Molioniden,[211] welche der Sage nach mit ihren Leibern zusammengewachsen waren; und den gemeinschaftlichen Genuss des väterlichen Vermö-

---

209 Gemeint sind Kastor und Pollux, Söhne des Tyndaros und der Leda, welche sie der Sage nach aus einem Ei geboren hatte. Sie wurden in Sparta und an anderen Orten als Heroen verehrt.

210 Nicht näher bekannte Freunde Plutarchs.

211 Die Söhne der Molione und des Aktor, Eurytos und Kteatos, mythische Wesen, aus einem Leib, aber mit doppeltem Haupt, Händen und Füßen begabt und daher von ungemeiner Stärke; sie fielen im Kampf mit Herakles.

gens, der Freunde und Sklaven hält man für etwas ebenso
Unglaubliches und Abenteuerliches, wie wenn eine einzige
Seele sich der Hände, Füße und Augen von zwei Leibern
bedienen wollte.

(2) Auch hat die Natur das Muster eines solchen Betra-
gens unter Brüdern nicht sehr ferne gestellt, da sie in dem
Körper selbst die meisten notwendigen Dinge zweifach und
hierdurch gleichsam verschwistert geschaffen hat, Hände,
Füße, Augen, Ohren und Nasen, um uns dadurch zu lehren,
dass sie alle diese Teile der Erhaltung und der gegenseitigen
Hilfe wegen, nicht aber um des Streites und Haders willen, auf diese Weise voneinander getrennt hat. Daher hat sie
selbst die Hände in viele ungleiche Finger gespalten und sie
unter allen Werkzeugen mit der größten Sorgfalt und Kunst
gebildet, sodass der alte Philosoph Anaxagoras den Grund
der menschlichen Weisheit und des Verstandes in die Hände
setzte.

Damit allerdings verhält es sich wohl gerade umgekehrt.
Denn der Mensch ist nicht darum das weiseste Geschöpf,
weil er Hände hat, sondern weil er von Natur aus mit Vernunft und Kunstsinn begabt ist, wurde er auch von der Natur mit den entsprechenden Werkzeugen versehen. Das ist
aber jedem klar, dass aus einem Samen und einem Ursprung
die Natur zwei und drei und noch mehr Brüder entstehen
ließ, nicht des Streites und des Gegensatzes wegen, sondern
damit sie alle, obschon getrennt, einander helfen sollten.
Denn selbst die Riesen, welche mit drei Leibern und hundert
Händen begabt waren, wenn es sie denn wirklich gab, ver-
mochten doch, weil sie an allen Teilen zusammengewachsen
waren, nichts außerhalb ihrer selbst und getrennt zu tun.
Dies tritt aber gerade bei Brüdern ein, welche zugleich durch
wechselseitige Dienstleistung bleiben und sich entfernen, an
der Staatsverwaltung Anteil nehmen und das Land bebauen
können, wenn sie den Grund des gegenseitigen Wohlwollens
und der Eintracht, welche die Natur ihnen verliehen hat,

erhalten. Denn sonst würden sie sich meiner Meinung nach nicht unterscheiden von Füßen, die sich gegenseitig zu Fall bringen, und von Fingern, welche sich widernatürlich ineinander verschlingen und verdrehen. Ja wie in demselben Körper das Feuchte und das Trockene, das Kalte und das Warme, weil beides gemeinschaftlich Natur und Nahrung hat, durch die Eintracht und Übereinstimmung die beste und angenehmste Mischung und Harmonie hervorbringt, ohne welche weder Reichtum, noch, wie man sagt, das göttergleiche Königtum den Menschen angenehm und nützlich sein kann. Dann aber, wenn ein Übermaß [an einem] und [dadurch] ein Streit eintritt, geht alles schmählich zugrunde und löst sich auf: So ist auch durch Eintracht der Brüder ein Haus gesund und blühend, und Freunde und Bekannte, gleich einem wohlgestimmten Chor, handeln, sprechen und denken nichts, was dem entgegen wäre:

Kommt doch im Volksaufruhr selbst der Schlechteste zu Ehren,

auch ein verleumderischer Sklave, ein Schmeichler, der sich ins Haus schleicht, oder ein neidischer Mitbürger. Denn wie bei manchen Krankheiten, da der Körper die ihm zuträgliche Speise nicht annehmen will, ein Verlangen nach mancherlei unpassender und schädlicher Speise entsteht, so ziehen auch Misstrauen und Argwohn gegen Verwandte böse und schlechte Gesellschaft herbei, welche von außen in den leeren Platz eindringen.

(3) Jener arkadische Seher[212] musste sich einen hölzernen Fuß machen lassen, wie Herodot erzählt, weil er seinen eigenen verloren hatte. Ein Bruder aber, der mit dem anderen in Streit lebt und sich vom Markt oder aus der Ringerschule einen fremden Menschen zum Freund nimmt, macht es geradeso, als ob er aus freien Stücken ein Glied seines Körpers

---

212 Hegesistratos aus Elis, vgl. Herodot, Geschichte, 9,37.

abgehauen und sich dafür ein fremdes angesetzt und an-
gefügt hätte. Denn eben das Bedürfnis gegenseitiger Liebe
und Umgangs lehrt uns, das Verwandte zu ehren, zu achten
und zu bewahren, weil wir ohne Freunde und ohne Umgang
in der Einsamkeit nicht leben können, von Natur aus dazu
nicht geschaffen sind. Ganz richtig sagt Menander:

Nicht beim täglichen Gelag' und Überfluss,
mein Vater, sucht man einen, dem sein Höchstes man
vertraue. Jeder dünkt sich, das Edelste
erlangt zu haben, fand er Freundes Schatten nur.

Denn in der Tat: Die Freundschaft ist in den meisten Fällen
nur ein Schatten, eine Nachahmung und ein Bild jener ersten
Freundschaft oder Liebe, welche die Natur den Kindern
gegenüber ihren Eltern und den Brüdern untereinander eingepflanzt hat. Wer diese aber nicht achtet und ehrt – welches
Zutrauen kann der bei Fremden im Hinblick auf sein eigenes
Wohlwollen erwecken? Oder was soll es bedeuten, wenn er
seine Gefährten bei der Begrüßung oder in Briefen Bruder
nennt, mit seinem [leiblichen] Bruder aber nicht einmal denselben Weg gehen will? Es würde an Verrücktheit grenzen,
wenn man das Bild seines Bruders schmücken, ihn selbst
aber schlagen und verstümmeln wollte, ebenso verriete es
keineswegs einen gesunden Menschen noch einen solchen,
der die Natur als den größten und heiligsten Tempel ansieht,
wenn er bei anderen den Namen des Bruders ehren und
achten, ihn selbst aber hassen und meiden wollte.

(4) Ich erinnere mich sehr wohl, dass ich in Rom zum
Schiedsrichter zwischen zwei Brüdern erwählt wurde, von
denen der eine vorgab, ein Philosoph zu sein, obwohl er mit
gleichem Unrecht den Namen des Philosophen wie den des
Bruders führte. Denn auf meine Bitte, er möge sich doch als
Philosoph gegen seinen Bruder, einen ungebildeten Menschen, benehmen, gab er zur Antwort: »Das magst du wohl
zu einem Ungebildeten sagen. Ich aber sehe nichts Großes

und Erhabenes darin, aus demselben Leib hervorgegangen zu sein.« – »Du gibst freilich«, erwiderte ich, »zu erkennen, dass es in deinen Augen nichts Großes und Erhabenes ist, aus demselben Leib hervorgegangen zu sein. Alle anderen Menschen, auch wenn sie nicht so denken, reden und sprechen doch so, dass die Natur und das sie erhaltende Gesetz den Eltern die erste und höchste Ehre nach den Göttern zugewiesen hat, und die Menschen können den Göttern nichts Angenehmeres erweisen, als wenn sie ihren Eltern und Verwandten den alten Dank mit neuem wie mit Zins vermehrt willig und mit Freuden erstatten. Daher zeigt sich auch die Gottlosigkeit in keiner Weise mehr als in der Verachtung und Vernachlässigung der Eltern. Es ist allerdings verboten, andere Menschen zu beleidigen. Aber gegen seine Mutter, seinen Vater nicht immer so zu reden und zu handeln, dass man ihnen dadurch Freude macht, gilt, selbst wenn keine Beleidigung hinzukommt, als frevlerisch und sündhaft. Durch welche Handlung, durch welchen Dienst und welche Gesinnung können aber Kinder mehr ihre Eltern erfreuen als durch feste Liebe und Wohlwollen gegen ihre Geschwister?

(5) Dies lässt sich leicht aus geringeren Fällen ableiten. Denn wo Söhne ihre Eltern dadurch kränken, dass sie einen vom Vater oder von den Mutter geehrten Hausbedienten beleidigen oder Pflanzen und Plätze, an denen sie Gefallen haben, vernachlässigen, wo selbst die Zurücksetzung eines Haushundes oder eines Pferdes in rechtschaffenen Greisen Teilnahme erweckt, wo es die Eltern verdrießt, den Gesang, das Schauspiel und die Athleten, welche sie selbst bewundern, ausgezischt und verachtet zu sehen. Können sie dann ruhig bleiben, wenn ihre Söhne miteinander streiten und hadern, einander schmähen, in allen Unternehmungen und Geschäften einander in den Weg treten und gar einander zu verderben suchen? Das kann wohl niemand behaupten. Im Gegenteil, Brüder, die gegeneinander Liebe und Zuneigung

haben und die, so sehr sie auch die Natur nach dem Körper
getrennt hat, sich in allen Affekten und Handlungen zu
vereinigen suchen, die gemeinsam miteinander ihre Zeit
in der Wissenschaft und in der Erholung teilen, machen
die Bruderliebe zu etwas Süßem und Beseligendem, das
Alter der Eltern erquickend. Denn ein Vater liebt nicht so
Wissenschaft, Ehre und Besitz, wie er seine Kinder liebt. Es
ist ihm lieber, seine Söhne zu sehen, wie sie einander lieb
haben, als wenn sie Redner, reiche und angesehen Männer
wären. Apollonis aus Kyzikos, die Mutter des Königs Eumenes und dreier anderer Söhne, nämlich des Attalos, des
Philetairos und des Athenaios, soll sich stets selbst glücklich gepriesen und den Göttern dafür gedankt haben, nicht
wegen ihres Reichtums, noch wegen ihrer Würde, sondern
weil sie sah, dass ihre drei Söhne den ältesten als Trabanten
umgaben und dass dieser mitten unter ihren Schwertern
und Lanzen ohne Gefahr lebte. Xerxes[213] hingegen starb
aus Kummer, als er erfahren hatte, dass sein Sohn Ochos
seinem Bruder nachgestellt habe. Misshelligkeit unter Brüdern ist zwar, wie Euripides sagt, etwas Schlimmes, am
schlimmsten aber ist dies für die Eltern selbst. Denn wer
seinen eigenen Bruder hasst und ihm gram ist, muss auch
wohl dem, der ihn gezeugt hat, und der, die ihn geboren
hat, gram sein.

(6) Peisistratos[214] sprach zu seinen schon erwachsenen
Söhnen, als er sich wieder verheiratete, weil er sie für rechtschaffen halte, so wünsche er Vater von noch mehr solchen
Kindern zu werden. Rechtschaffene und brave Söhne werden sich nicht nur um ihrer Eltern willen mehr lieben, sondern auch um ihrer willen die Eltern. Sie werden stets dabei

---

213 Hier ist wohl Artaxerxes Mnemon gemeint. Vgl. Plutarch in dessen Lebensbeschreibung, Kap. 30.
214 Tyrann von Athen, der nach einer Anekdote Plutarchs (Denksprüche von
   Königen und Feldherren, Peisistratos 2) den Liebhaber seiner Mutter auf-
   forderte, dieser gefällig zu sein.

denken und sagen, dass sie unter vielen anderen Wohltaten doch für die Brüder ihren Eltern am meisten Dank schuldig sind, weil diese unter allen Gütern doch das Teuerste und Angenehmste sind, was sie von ihnen bekommen können. Daher hat auch Homer ganz recht, wenn er den Telemach die Bruderlosigkeit als Unglück ansehen lässt:

Denn nur einzeln pflanzte Kronion unser Geschlecht fort.[215]

Hesiod dagegen hat Unrecht, wenn er nur einen einzigen Sohn als Erbe des väterlichen Gutes anzusehen rät,[216] zumal er ein Schüler der Musen ist, die man doch eben wegen ihrer steten und innigen Geschwisterliebe Musen nennt.[217]

Im Hinblick auf die Eltern also ist die Bruderliebe von der Art, dass sie zugleich ein Beweis der Liebe zu Vater und Mutter ist. Im Hinblick auf die Kinder aber dient sie zur besten Unterweisung und zum besten Muster. Während hingegen Bruderhass durch das üble Vorbild des Vaters auf die Kinder übergeht. Denn wer unter Prozessen, Streit und Zwist mit seinen Brüdern alt geworden ist und dann seine Söhne zur Eintracht ermahnt, ist

ein Arzt für andere, strotzt er doch vor Geschwüren selbst[218]

und schwächt den Eindruck seiner Rede durch seine eigenen Handlungen. Wenn daher Eteokles zu Theben zu seinem Bruder sagt:

Zum Sternenaufgang dräng' ich durch den Himmelsraum
und zu der Erde Tiefen, vermöcht' ich dies zu tun,
der Götter Herrschaft, jene größte, zu empfangen.[219]

Und dann seine eigenen Kinder ermahnen wollte,

---

215 Odyssee, 16,117.
216 Die betreffende Stelle ist Werke und Tage, 374.
217 Hesiod, Theogonie, 22 ff.
218 Vermutlich aus einer verlorenen Tragödie des Euripides.
219 Euripides, Phönizierinnen, 503 ff.

zu ehren Gleichheit, welche stets den Freund an Freund
und Stadt an Stadt und Bundesgenossen an Bundesgenossen
fest knüpft, denn Gleichheit gilt den Menschen als Gesetz.[220]

Wer müsste ihn nicht verachten. Was würde man aber von
Atreus[221] denken, wenn er nach einer solchen Mahlzeit, die
er seinem Bruder vorsetzte, seinen Kindern die Lehre geben
wollte:

Allein von Freunden, die dies Blut mit euch vereint,
pflegt Trost und Rat im Sturm des Unglücks euch zu sein.

(7) Es ist daher unsere Pflicht, den Bruderhass, diesen schlechten Versorger alter Eltern und den noch schlechteren Erzieher
der Kinder, auszurotten. Auch zieht er uns bei unseren Mitbürgern Feindschaft und Verdacht zu, weil diese den Hass
und die Feindschaft derer, die miteinander aufgezogen wurden, miteinander gelebt haben und einander so nahe stehen,
sich nur aus der Voraussetzung erklären können, dass jene
sich mancher schlechten Handlungen gegenseitig bewusst
wären. Denn nur ein schwerer Grund kann eine so große
Liebe auflösen. Daher kommt auch nicht leicht zwischen
Brüdern eine Aussöhnung zustande. Wie sich zusammenge-
setzte Dinge selbst dann, wenn sie auseinandergegangen sind,
wieder zusammensetzen und verbinden lassen, ein zusam-
mengewachsener Leib aber, wenn er einmal auseinanderge-
rissen und gespalten ist, sich schwer wieder zusammensetzen
und verbinden lässt. So lässt sich auch die aus dem Umgang
entstandene Freundschaft selbst dann, wenn eine Trennung
eintritt, leicht wieder zusammenbringen. Aber Brüder, welche die Bande der Natur zerrissen haben, kommen nicht so
leicht wieder zusammen, und wenn sie doch wieder zusammenkommen, so zieht die Aussöhnung eine unreine und ver-

---

220 Euripides, Phönizierinnen, 536 f.
221 Sohn des Pelops, ermordete seinen Stiefbruder, den Lieblingssohn des Vaters.

dächtige Narbe nach sich. Jede Feindschaft mit einem anderen
bringt uns Schmerz und Unruhe, weil sie von denjenigen
Leidenschaften begleitet ist, welche am schlimmsten sind,
wie Streitsucht, Zorn, Neid, Groll sich einschleicht. Aber die
Feindschaft mit dem Bruder, mit dem wir doch Opfer, Fa-
milienfeste und selbst das Grab gemeinsam haben sollen, mit
dem wir entweder zusammen oder doch in der Nachbarschaft
gewohnt haben, bringt uns täglich Kummer vor Augen und
erinnert uns jeden Tag an die Torheit und Verkehrtheit, die
uns das angenehmste und am meisten befreundete Gesicht
in die finsterste Miene und die angenehmste, von Jugend an
gewohnte Stimme in die unseren Ohren furchtbarste verwandelt. Man sieht viele Beispiele von anderen Brüdern,
welche ein Haus und einen Tisch zusammen, welche Sklaven
und Feld ungeteilt besaßen. Und dennoch trennt man selbst
Freunde und Gastfreunde, weil man alles, was dem Bruder
angenehm ist, für feindselig hält. Da sich doch leicht begrei-
fen lässt, dass man Freunde und Zechbrüder wohl erbeuten,
Schwätzer und Bekannte leicht wieder erwerben kann, wenn
die früheren gleich Waffen oder Werkzeugen zugrunde gegangen sind, so kann man doch einen Bruder nicht wieder-
bekommen, sowenig wie eine abgehauene Hand oder ein
ausgerissenes Auge.[222] Ganz richtig sagte jene Perserin,[223] die
es vorzog, statt der Kinder ihren Bruder zu retten, dass sie
wohl noch andere Kinder bekommen könne, nicht aber einen
anderen Bruder, weil sie keine Eltern mehr hätte.

(8) Was soll nun aber, kann man einwenden, der tun, der
einen schlechten Bruder hat? Zunächst soll er daran denken,
dass jede Art von Freundschaft etwas Mangelhaftes an sich
hat, nach Sophokles:

Der Menschen meistes ist verächtlich, Diebeswerk.[224]

---

222 Vgl. Homer, Ilias, 9,406 ff.
223 Die Frau des Intaphernes, vgl. Herodot, Geschichte, 3,118.
224 Aus einer verlorenen Tragödie.

Denn man kann weder Verwandtschaft noch Bekanntschaft noch Liebe ganz rein, lauter und von allen Mängeln frei finden. Wie jener Lakonier, der sich eine kleine Frau genommen hatte und ausrief, man müsse sich immer das kleinste Übel nehmen. So kann man einem Bruder füglich den Rat geben, lieber die eigenen Übel in der Familie auszuhalten als sich an fremden zu versuchen. Denn dies ist unvermeidlich und kann uns daher keinen Tadel zuziehen. Das andere aber verdient Tadel, weil es selbst gewählt ist. Denn weder der Zechbruder noch der Schulkamerad noch der Gastfreund ist, wie der Dichter sagt,

gekettet an das ungeschmiedete Band der Scham,

sondern nur der, der mit uns desselben Blutes ist, dieselbe Nahrung erhalten hat, denselben Vater und dieselbe Mutter hat. Ihm muss man daher auch manches Vergehen zugutehalten und, wenn er Fehler macht, mit Nachsicht zu ihm sprechen:

Darum kann ich auch nie, wenn Unglück drängt, dich
    verlassen,[225]

ja auch nicht bei deiner Torheit und Bosheit, damit ich nicht wider Willen durch meinen Hass einen Fehler, den du von Vater oder Mutter geerbt hast, in dir mit Härte und Bitterkeit strafe. Mit Fremden, sagt Theophrast, soll man nicht erst eine Freundschaft anknüpfen und sie dann prüfen, sondern zuerst prüfen, ehe man sie liebt. Wo aber die Natur der Prüfung keinen Vorzug hinsichtlich der Absicht auf das Wohlwollen gewährt und nicht erst, wie es im Sprichwort heißt, den Scheffel Salz abwartet, sondern den Anfang der Freundschaft zugleich mit uns entstehen lässt, dort sollen wir nicht so hart und streng in der Prüfung der Fehler sein. Was soll man aber sagen, wenn manche die Vergehen ganz

---

225 Homer, Odyssee, 13,331.

fremder Menschen, die ihnen nur von einem Gelage oder einem Spiel oder von der Ringerschule her bekannt sind, mit Ruhe ertragen und sich ihrer freuen, während sie gegen ihre Brüder mürrisch und unerbittlich sind? Wenn manche sich böse Hunde und Pferde, ja selbst Luchse, Katzen, Affen und Löwen halten und daran ihr Vergnügen finden, während sie Zorn, Unwissenheit und Ehrgeiz von Brüdern nicht aushalten können? Manche verschenken an Kebsweiber und Buhlerinnen Häuser und Landgüter und zanken sich dann mit ihrem Bruder um Hausflächen oder einen kleinen Winkel Landes, und dann geben sie dem Hass auf ihren Bruder den Namen Hass des Lasters, gehen herum, schimpfen und lästern die Schlechtigkeit ihrer Brüder, welche sie sich bei anderen gefallen lassen und der sie selbst nicht wenig ergeben sind.

(9) Das mag denn der Eingang zu dieser ganzen Untersuchung sein. Ich komme nun auf den Unterricht selbst, dessen Anfang ich nicht mit der Verteilung des väterlichen Erbes mache, sondern mit dem Streit und mit der Eifersucht, die noch zu Lebzeiten der Eltern beginnen. Die Ephoren straften den Agesilaos, weil er einem jeden der erwählten Ratsherren als Belohnung ein Rind zu schicken pflegte, und gaben dabei als Grund an, dass er die, welche für alle seien, für sich gewinnen und durch demagogische Künste an sich ziehen wollte. So könnte man auch einem Sohn den Rat geben, seinen Eltern gefällig zu sein, aber nicht, um sie bloß für sich selbst zu gewinnen oder deren Liebe nur auf sich selbst zu wenden, wie manche auf diese Weise ihre Brüder um die Liebe ihrer Eltern zu bringen suchen und diesen trügerischen aber ungerechten Vorwand für ihre Habsucht nehmen. Denn sie entziehen ihnen das höchste und edelste unter allen väterlichen Gütern, nämlich die Liebe der Eltern, indem sie auf eine schlaue und gemeine Weise jenen nachlaufen, die Beschäftigungen und die Unwissenheit ihrer Brüder zur rechten Zeit benutzen und sich ganz besonders folgsam,

gehorsam und bescheiden in allen Dingen zeigen, in welchen sie jene etwas verfehlen sehen oder zu sehen glauben. Im Gegenteil: Man soll, wenn die Eltern dem Bruder zürnen, einen Teil des Zorns gutwillig mit auf sich nehmen und ihn durch diese Teilnahme gleichsam erleichtern, bei allem, was man den Eltern zu Gefallen tut, auch dem Bruder etwas zukommen lassen, und wenn er einmal etwas versäumt oder verfehlt hat, seiner Natur die Schuld geben, welche sich zu anderen Dingen mehr gebrauchen lässt. Es ist daher zu loben, wenn Agamemnon [von seinem Bruder Menelaos] sagt, er sei säumig

weder von Trägheit besiegt, noch vom Unverstand des
  Geistes,
sondern auf mich sehend und mein Beginnen erwartend[226]

und weil er mir sein Amt übergeben hat. Die Eltern aber lassen es sich gerne gefallen, wenn man andere Namen gebraucht und glauben eher dem Sohn, wenn er die Nachlässigkeit für Einfalt, ihre Dummheit für Gutmütigkeit und ihren Eigensinn für edlen Stolz ausgibt, sodass man durch solche Teilnahme für den Bruder nicht nur den Zorn des Vaters gegen ihn vermindert, sondern auch die Liebe des Vaters zu einem selbst vermehrt.

(10) Nachdem man sich auf diese Weise seines Bruders angenommen hat, soll man sich aber auch an ihn selbst wenden, ihm wegen seiner Fehler nachdrücklich zusetzen und ihm seine Vergehen mit Freimütigkeit vorhalten. Denn man soll ebenso wenig die Vergehen der Brüder übersehen, wie man sie deswegen beleidigen soll, denn dies wäre ein Zeichen von Schadenfreude, so wie jenes ein Zeugnis der Teilnahme an der Schuld ist. Unsere Ermahnung soll aber ebenso unsere Sorge wie unser Mitleiden mit ihm zeigen. Man kann seinem Bruder weit nachdrücklicher zusetzen, wenn man sich zuvor

---

226 Homer, Ilias, 10,121 f.

bei den Eltern seiner angenommen hat. Sollte aber einem
Bruder eine Schuld zu Unrecht zugewiesen werden, so ist es
zwar in anderen Fällen billig, den Eltern nachzugeben und
ihren ganzen Zorn und Unwillen zu ertragen, jedoch für
einen Bruder, der unverdient gescholten und bestraft wird,
bei den Eltern Fürsprache einzulegen und sich seiner anzunehmen, ist etwas Edles, das keinem Tadel unterliegt, auch
hat man dabei nicht zu fürchten, das Wort des Sophokles
zu hören:

O schlimmster Sohn, mit deinem Vater rechtest du?[227]

[Jedenfalls nicht], wenn man für einen Bruder, der mit Unrecht zu leiden scheint, das Wort ergreift. Denn ein solcher
Prozess macht denen, die ihn verlieren, die Niederlage angenehmer als den Sieg.

   (11) Ist aber der Vater gestorben, so ist es noch mehr als
zuvor die Pflicht, sich die Liebe seiner Brüder zu erwerben
und alsbald in der Teilnahme am Weinen und an der Trauer
seine gegenseitige Liebe zu zeigen, jeden Argwohn der Be-
dienten und jede Verleumdung anderer bei der Teilung des
Vermögens von sich abzuweisen und das zu glauben, was
man von der Bruderliebe der Dioskuren erzählt, namentlich
von Polydeukes (Pollux) der einen Menschen, welcher ihm
etwas gegen seinen Bruder beizubringen (Kastor) suchte, mit
einem Faustschlag tötete. An die Verteilung der väterlichen
Güter soll man nicht, wie es bei den meisten geschieht, nach
vorangegangener Kriegserklärung:

Höre, Geschrei, du Tochter des Krieges!

herangehen, gleichsam wohl gerüstet, sondern an diesem Tag
soll man sich am meisten in Acht nehmen, weil er ebenso
der Anfang von unheilbarer Feindschaft und Hader wie von
Freundschaft und Wohlwollen sein kann. Wir sollen dann

---

227 Aus einem verlorenen Drama.

zunächst allein für uns, wo aber nicht, in Gegenwart eines gemeinschaftlichen Freundes mit Freundlichkeit dem Los der Gerechtigkeit, wie Plato sagt, das, was uns lieb ist und was sich für uns schickt, überlassen und dabei denken, dass wir nur die Besorgung und das Hauswesen teilen, der Gebrauch und Besitz aber allen gemeinschaftlich und ungeteilt bleibt. Diejenigen aber, welche einander Ammen oder mit ihnen aufgezogene und aufgewachsene Diener durch Überbieten beim Kauf zu entziehen suchen, nehmen zwar den Wert eines Sklaven mehr mit sich weg, aber den größten und geehrtesten Besitz unter der Habe ihres Vaters, nämlich die Bruderliebe und das Zutrauen, haben sie hingegeben. Wir wissen auch, dass manche bloß aus Streitsucht, ohne allen Gewinn, mit dem väterlichen Gut nicht anders als mit einer Kriegsbeute umgegangen sind. In die Reihe solcher Menschen gehörten Charikles und Antiochos aus Opus, welche ein silbernes Gefäß zerschlugen und sich dann voneinander trennten, nachdem sie gleichsam wie nach jenem Schwur in der Tragödie[228] mit scharfem Schwert ihr Erbe verteilt hatten. Ja manche prahlen sogar bei anderen damit, dass sie durch List, Heftigkeit und Betrug bei der Verteilung ihre Brüder übervorteilt haben. Wo sie sich doch dessen rühmen und darauf stolz sein sollten, sie an Milde, Güte und Nachgiebigkeit übertroffen zu haben. Daher muss ich hier gerechterweise des Athenodors gedenken, dessen ja auch alle bei uns eingedenk sind. Er hatte nämlich einen älteren Bruder Xenon, der als Vormund einen großen Teil des Vermögens durchgebracht hatte und den Rest, der in den kaiserlichen Schatz fiel, durch ein Gerichtsurteil wegen Mädchenraubs verloren hatte zu der Zeit, als Athenodoros noch ein ganz junger Mensch war. Als ihm nun sein Anteil am Vermögen übergeben wurde, vergaß er seinen Bruder so wenig, dass er sein ganzes Vermögen herbeibrachte und mit ihm teilte,

---

228 Euripides, Phönizierinnen, 68.

und obschon er bei der Verteilung vielfach beleidigt wurde, zeigte er weder Unwillen noch Reue, sondern ertrug die in ganz Griechenland verschriene Schlechtigkeit seines Bruders mit Ruhe und Heiterkeit.

(12) Solon war bei seiner Verfassung von dem Grundsatz ausgegangen, dass Gleichheit keine Veranlassung zum Aufruhr gebe. Doch scheint er darin dem großen Haufen allzu willfährig gewesen zu sein, dass er statt des schönen geometrischen Verhältnisses ein arithmetisches und demokratisches einführte. Wer aber in einer Familie den Brüdern den Rat gibt, zunächst, wie Platon es von den Bürgern seines Staates verlangt, das Meine und Deine aufzuheben, und wenn dies nicht möglich ist, der Gleichheit nachzugehen und sich an sie zu halten, legt damit einen schönen und bleibenden Grund der Eintracht und des Friedens. Auch lassen sich dafür berühmte Beispiele anführen, z. B. Pittakos,[229] der auf die Frage des lydischen Königs (Kroisos), ob er Vermögen habe, zur Antwort gab: »Noch einmal so viel wie ich wollte, nachdem mein Bruder gestorben ist.« Da aber nicht nur beim Erwerb und der Verminderung des Reichtums das Weniger dem Mehr feindselig entgegensteht, sondern überhaupt, wie Plato sagt, in der Ungleichheit eine Bewegung, in der Gleichheit aber ein Stillstand und ein Bleiben liegt, so ist auch jede Ungleichheit in Absicht auf den Streit der Brüder etwas Gefährliches. Indessen können selbst Brüder nicht in allem einander gleich und ähnlich sein. Weil die Natur gleich anfangs, so wie später das Schicksal, die Gaben ungleich ausgeteilt hat, woraus denn Neid und Eifersucht, die ärgsten und verderblichsten Krankheiten nicht nur für Familien, sondern für ganze Staaten, entstehen. Man muss sich daher in Acht nehmen, und wenn sich so etwas zeigt, die erforderlichen Mittel dagegen zur Heilung anwenden. Demjenigen, auf dessen Seite der Vorzug ist, kann man ra-

---

229 Der Weise von Milet.

ten, zuerst seine vermeintlichen Vorzüge mit seinen Brüdern
zu teilen, sodass sie z. B. unseren Ruhm mitgenießen und
in unsere Verbindungen mit hereingezogen werden, oder
dass wir z. B. unser Rednertalent, worin wir ihnen etwas
voraus haben, in ihren Dienst stellen, als ob es ihr Eigentum
wäre, und dann keinen Stolz und Übermut zeigen, sondern
eher durch Nachgiebigkeit und Entgegenkommen unsere
Vorzüge weniger verhasst machen und die Ungleichheit des
Glücks durch Mäßigung und Bescheidenheit so weit wie
möglich ausgleichen. Lucullus[230] wollte nicht vor seinem
Bruder, obgleich er älter war, ein Amt übernehmen. Er ließ
daher ein Jahr vorübergehen und wartete das seines Bruders
ab. Auch Pollux wollte nicht allein Gott sein, sondern lieber
ein Halbgott mit seinem Bruder Kastor und an der Sterb-
lichkeit Anteil nehmen, um mit jenem die Unsterblichkeit
teilen zu können. Du aber, könnte man sagen, kannst, ohne
von deinem Eigentum etwas zu verlieren, deinen Bruder dir
gleich machen und zu Ansehen bringen, sodass er gleichsam an deinem Ruhm, an deinem Glück und deiner Tugend
mitgenießt. Sowie auch Plato seine Brüder dadurch, dass er
sie in den herrlichsten seiner Schriften einführte, berühmt
gemacht hat, nämlich Glaukon und den Adeimantos in der
Politeia und Antiphon, den jüngsten, im Parmenides.

(13) Wie also sowohl durch die Natur als auch durch das
Schicksal Ungleichheit unter Brüdern entstehen kann, so
ist es doch unmöglich, dass einer in allen Dingen vor dem
anderen den Vorzug haben kann. Die Elemente, behauptet
man, entstehen aus einem Stoff und enthalten doch die ent-
gegengesetztesten Kräfte. Aber noch nie hat man gefunden,
dass bei zwei Brüdern, die von einer Mutter und von einem
Vater abstammen, der eine gleich einem stoischen Philosophen zugleich weise, schön, angenehm, edel denkend, ge-

---

230 Römischer Feldherr, über den Plutarch eine Lebensbeschreibung verfasst
   hat.

recht reich, beredt, gelehrt und ein Menschenfreund ist, der andere hingegen hässlich, widerlich, verachtet, schmutzig, arm, ungeschickt im Reden und ein Menschenhasser. Sondern selbst bei den schlechtesten und verachtetsten Leuten findet sich noch immer etwas Angenehmes, etwas von Kraft oder Anlage zu irgendeinem Guten,

gleichwie beim Igelfluss und dem stachligen Laub der Ononis hart gebildete Blüte der Levkojen oft entsprießt.

Wenn nun derjenige, der manche andere Vorzüge vor seinem Bruder zu besitzen glaubt, seinen Bruder nicht unterdrückt und ihn in allem zurücksetzt oder ihn wie beim Wettkampf um den ersten Platz bringt, sondern nachgiebig ist und zeigt, dass der andere zu vielen anderen Dingen besser und brauchbarer ist, so nimmt er die Veranlassung zum Neid hinweg und wird ihn gleichwie ein Feuer, das keine Nahrung mehr hat, auslöschen oder vielmehr gar nicht aufkommen und stark werden lassen. Wer aber auch in den Dingen, in welchen er sich selbst für überlegen hält, seinen Bruder zum Beistand und Ratgeber hinzunimmt, wie z. B. bei einem Prozess oder der Verwaltung eines öffentlichen Amtes als Ratgeber oder bei Freundschaftsdiensten – mit einem Wort: Wer seinen Bruder in keiner bedeutenden oder Ehre bringenden Sache zurückstehen, sondern ihn an allen rühmlichen Handlungen teilnehmen lässt, sich seiner bedient, wenn er zugegen ist, und auf ihn wartet, wenn er abwesend ist, und überhaupt damit zugleich zeigt, dass derselbe nicht weniger als er selbst zu Geschäften tauglich ist, und noch eher von seinem Ruhm und Ansehen anderen etwas zu überlassen vermag: Der wird seinem Bruder, ohne dass er sich selbst damit etwas entzieht, wesentliche Dienste leisten.

(14) Dies wäre also der Rat für denjenigen, der seinem Bruder etwas voraushat. Der andere aber, der hinter ihm zurücksteht, soll nur daran denken, dass sein Bruder nicht der Einzige ist, der mehr Reichtum, Gelehrsamkeit, Glanz

und Ruhm besitzt, sondern dass es noch unzählige andere gibt, denen er nachsteht,

welche der Erde Frucht auf der weiten Erde genießen.

Er mag also herumgehen, erfüllt vom Neid gegen alle, oder er mag unter so vielen Glücklichen nur den betrüben, der durch die Bande des Blutes mit ihm verwandt ist, ihm unter allen der Teuerste sein sollte. So ist er in der Tat unglücklicher als jeder andere auf der Welt. Wie Metellus glaubte, die Römer hätten den Göttern viel zu verdanken, da ein Mann wie Scipio in keiner anderen Stadt geboren worden sei, so soll jeder zunächst sich wünschen, glücklicher als alle anderen zu sein, wo nicht, dass doch wenigstens seinem Bruder der gewünschte Vorzug und das Ansehen zuteil werde. Zwar sind die meisten hinsichtlich der Tugend von Natur aus so verkehrt, dass sie auf den Ruhm ihrer Freunde stolz sind und sich etwas einbilden, angesehene und reiche Leute zu Gastfreunden zu haben, den Glanz ihrer Brüder hingegen für eine Verdunkelung ihrer selbst halten; dass sie sich brüsten mit dem Glück ihrer Väter und den Kriegszügen ihrer Ahnen, von denen sie weder Genuss noch Anteil an ihnen haben, aber über das Erbe, die Ämter und vornehmen Heiraten ihrer Brüder betrübt und niedergeschlagen sind. Und doch sollte man anstandshalber gegen niemanden Neid hegen oder doch den Neid wenigstens nach außen wenden und die Missgunst auf andere ableiten gleichwie die, welche den Aufruhr nach außen gegen die Feinde zu richten suchen.

Mir sind ja noch genug Troer und rühmliche Helfer.[231]

Aber auch viele Achaier gibt es, die du dir zum Gegenstand des Neids und der Eifersucht machen kannst.

---

231 Diomedes an den Lykier Glaukos (Homer, Ilias, 6,227) als Ergänzung zu der Feststellung: Dir sind noch Archaier genug, damit du jeden erlegst, den du kannst.

(15) Daher sollen sich Brüder nicht wie zwei Waagschalen ständig zur entgegengesetzten Seite hinwenden, sodass, wenn der eine erhöht, der andere erniedrigt wird, sondern sie sollen gleich den kleinen Zahlen, die durch die großen vermehrt und vervielfältigt werden, zugleich durch ihre Vorzüge sich gegenseitig erheben und erhöht werden. Der Finger, welcher schreibt und die Kithara spielt, hat dadurch nichts dem voraus, welcher dies nicht vermag und dazu nicht tauglich ist. Sondern alle bewegen sich miteinander und helfen gewissermaßen einander, als ob sie absichtlich ungleich wären und so gestellt, dass die kleinen den größten Beistand leisten können. So verstanden sich auch Krateros, der Bruder des Königs Antigonos,[232] und Perilaos, der Bruder Kassanders, dazu, unter ihren Brüdern im Krieg zu dienen oder die häuslichen Geschäfte zu besorgen. Männer aber wie Antiochos, Seleukos, Grypos oder Kyzikenos,[233] die nicht gelernt hatten, sich mit dem zweiten Rang zufriedenzugeben, sondern nach Purpur und Krone strebten, haben sowohl über sich selbst als auch über ganz Asien die größten Leiden gebracht. Weil aber bei den ehrgeizigen Gemütern Neid und Eifersucht am meisten gegen diejenigen, welche mehr Ansehen und Ehre besitzen, entstehen, so ist es in dieser Beziehung für Brüder höchst nützlich, Ehre und Macht nicht auf demselben Wege, sondern auf verschiedenem zu gewinnen. Auch die Tiere, die sich von denselben Gegenständen nähren, bekriegen einander. Ebenso stehen auch Athleten einander entgegen, welche dieselbe Kampfsportart betreiben. Faustkämpfer und Pankratisten dagegen können miteinander befreundet sein, Wettläufer vertragen sich gut mit Ringern und sind eifrig füreinander tätig. Deswegen auch siegte unter den Tyndariden Pollux im Faustkampf und Kastor im Lauf. So lässt auch Homer ganz passend den

---

232 Krateros war der Bruder Antipaters, nicht der des Antigonos.
233 Männer aus der syrischen Dynastie der Seleukiden.

Teukrer sich im Bogenschießen auszeichnen, während sein Bruder unter den Hopliten der Erste ist:

[Ajax,] der mit dem strahlenden Schild ihn bedeckte.

So sind unter den Staatsbeamten die Feldherren nicht sehr neidisch auf die Volksredner noch unter den Rednern die Advokaten auf die Sophisten noch unter den Ärzten die Praktiker[234] auf die Chirurgen, sondern sie helfen und unterstützen sich gegenseitig. Wenn schlechte Brüder aber durch dieselben Künste oder Mittel zu Ansehen kommen wollen, ist es aber so, wie wenn beide in ein Mädchen verliebt sind und der eine es dem anderen zuvortun und sich beliebter machen will. Nun können zwar Brüder, von denen jeder seinen eigenen Weg geht, einander nichts nützen, aber sie entgehen dadurch, dass sie eine verschiedene Lebensweise ergreifen, dem Neid und helfen besser einander, wie z. B. Demosthenes und Chares, Aeschies und Eubulos, Hyperides und Leosthenes,[235] sei es durch ihre öffentlichen Reden und Schriften, sei es durch Kriegsdienste und Staatsgeschäfte. Daher sollen Brüder, welche Ruhm und Ansehen ohne Neid miteinander teilen können, sich mit ihren Begierden und ihrem Ehrgeiz soweit wie möglich voneinander fernhalten, damit sie sich durch ihr Glück Freude und nicht Kummer einhandeln.

(16) Bei all dem aber muss man auch vor verderblichen Reden von Schwägern, Verwandten, ja bisweilen sogar von Frauen auf der Hut sein, wenn sie unseren Ehrgeiz noch steigern wollen. Der Bruder, heißt es dann, zieht alles an sich; er ist bewundert und angenehm; an dich aber macht sich niemand, und dir wird keine Ehre zuteil. – Aber ich habe, wird ein Anständiger darauf antworten, einen Bruder, der in Ansehen steht, und davon kommt mir auch etwas zu. Sokrates sagte, er wolle lieber den Dareios zum Freund ha-

---

234 Die Diätärzte.
235 Alle Redner und Feldherren in Athen.

ben als den Dareikos;[236] ebenso betrachtet ein verständiger
Bruder seinen durch Würden, Reichtum und Beredsamkeit
ausgestatteten Bruder als nichts Geringeres denn Würden,
Reichtum und Beredsamkeit selbst. Auf diese Weise lässt
sich also am besten jener Ungleichheit abhelfen. Indessen
entstehen manche Misshelligkeiten bei unverständigen
Brüdern auch aus dem Unterschied des Alters. Denn die
älteren wollen stets die jüngeren beherrschen und ihnen
etwas voraus haben, ihnen bei jeder Gelegenheit an Ruhm
und Macht vorangehen, wodurch sie lästig und widerlich
werden. Ebenso wollen sich dann die jüngeren nicht fügen,
sie trotzen und gewöhnen sich an Verachtung und Geringschätzung, ja zuletzt kommt es dahin, dass sie, weil sie sich
im Nachteil und unterdrückt fühlen, vor jeder Ermahnung
fliehen und sie von sich abweisen, während jene stets nach
dem Vorrang streben und sich vor dem Wachstum ihrer
Brüder wie vor ihrem eigenen Sturz fürchten. Wie man nun
bei einer Wohltat verlangt, dass der Empfänger sie für größer halte, der Geber aber für geringer, so könnte man auch
dem Älteren raten, den Vorsprung an Jahren nicht für so
bedeutend, dem Jüngeren aber, denselben nicht für so gering zu halten. Weil man dann beiden ihren Übermut, ihre
Geringschätzung, ihre gegenseitige Verachtung nehmen
würde. Da es nun dem älteren Bruder obliegt, für seinen
jüngeren zu sorgen, ihn zu leiten und zurechtzuweisen, die
Pflicht des Jüngern aber darin besteht, dass er den Bruder
ehre, ihm nachstrebe und folge, so soll die Sorge des einen
eher den Freund als den Vater zeigen und eher als Über-
redung statt als Gebot erscheinen, indem er zeigt, dass es
ihm mehr Freude und Vergnügen macht, seine guten Taten
zu loben als seine Vergehen zu bestrafen und ihn zu tadeln.
Denn Nachahmung ist eine Folge der Bewunderung, Wett-

---

236 Dareios: Name persischer Großkönige; Dareikos: nach diesen benannte
persische Münze.

eifer entsteht aus Neid. Deswegen liebt man die, welche sich uns ähnlich machen wollen; die aber, die uns gleich sein wollen, sucht man mit Ärger niederzudrücken. Unter den mancherlei Beweisen von Achtung, welche ein junger Mensch seinen Eltern erweisen soll, wird Folgsamkeit am meisten gefallen. Sie bewirkt, mit Schamgefühl verbunden, eine starke Zuneigung und führt zu gegenseitiger Liebe. So bewies Cato gegen seinen älteren Bruder Caepio von früher Kindheit an eine solche Folgsamkeit, Milde und solches Stilschweigen, dass er zuletzt als Mann ihn ganz für sich gewann und ihm eine solche Achtung gegen sich einflößte, dass Caepio ohne Wissen seines Bruders nichts tat und sprach. Man erzählt, dass Caepio einst ein geschriebenes Zeugnis besiegelt hatte und Cato, der später dazu kam, dies nicht tun wollte. Da verlangte Caepio das Zeugnis zurück und riss das Siegel weg, ehe er noch erfahren hatte, warum sein Bruder dem nicht traute, sondern das Zeugnis für verdächtig hielt. Auch Epikur bewiesen seine Brüder wegen seines Wohlwollens und seiner Sorge für sie große Hochachtung, nicht nur in manchen anderen Dingen, sondern auch in der Begeisterung für seine Philosophie. Denn wenn sie auch darin irrten, dass sie von Kindheit an der vollsten Überzeugung waren, es habe keinen größeren Weisen gegeben als Epikur, so verdient doch der, der in ihnen diese Ansicht erweckte, eine gleiche Bewunderung wie die, welche ihr ergeben waren. So hat auch unter den jüngeren Philosophen der Peripatetiker Apollonius den, der behauptete, der Ruhm lasse keine Gemeinschaft zu, dadurch widerlegt, dass er seinen jüngeren Bruder Sotion zu einem sehr berühmten Mann machte. Und dass auch ich unter allen den dankenswerten Gaben, die ich vom Schicksal empfangen, die Liebe meines Bruders Timon stets als die erste betrachtet habe, das wissen alle, die mit mir nur einigermaßen bekannt sind, vor allem aber ihr, meine vertrauten Freunde.

(17) Aber auch Brüder, die sich an Jahren fast gleich stehen, haben sich vor manchen Fehlern zu hüten, die zwar unbedeutend sind, aber durch häufigere Wiederholung die schädliche Gewohnheit, einander zu ärgern oder sich gegenseitig aufzuhetzen, herbeiführen, bis es zuletzt zu unheilbarem Hass und Widerwillen kommt. Wenn nämlich Brüder schon beim Spiel anfangen sich zu entzweien oder über den Unterhalt und den Wettkampf von Tieren, wie z. B. Wachteln und Hähnen, oder über die Ringübung bei Knaben oder über Hunde bei der Jagd und Pferde beim Wettrennen, so können sie sich bei wichtigeren Dingen nicht mehr zurückhalten und ihre Streitsucht und Rechthaberei nicht unterdrücken. So zankten sich in unserer Zeit die Mächtigsten unter den Griechen zuerst über Tänzer und Kitharaspieler, darauf über die Bäder zu Adepsos,[237] über Säle und Zimmer, schnitten die Kanäle ab, lenkten das Wasser um und richteten sich in ihrer Raserei so zugrunde, dass sie durch den Tyrannen alles verloren und als Flüchtlinge, Arme, die beinahe andere Menschen als zuvor geworden waren, nur im gegenseitigen Hass einander gleich blieben. Daher soll man besonders am Anfang und bei geringen Angelegenheiten der Eifersucht und Streitsucht, die sich zwischen Brüdern einschleicht, Widerstand leisten und sich üben, manchmal nachzugeben und Unrecht zu leiden, überhaupt mehr daran ein Vergnügen zu finden, seinem Bruder einen Gefallen zu tun, als Recht zu behalten. Denn die Alten haben unter dem Kadmeischen Sieg[238] keinen anderen als den um Theben[239] verstanden, weil er das Schmählichste und Schimpflichste ist. Geben aber nicht, könnte man sagen, denen, die sonst als gemäßigt und anständig denkend gelten, die Ereignisse manche Veranlassung zu Widerspruch und Streit? Allerdings,

237 Ort auf der Insel Euboia mit warmen Quellen.
238 D. h. ein Sieg, der den Sieger mehr kostet als den Besiegten, ähnlich einem Pyrrhos-Sieg.
239 Der Brüder Eteokles und Polyneikes.

aber dann müssen wir uns vorsehen, dass die Dinge mit sich selbst den Streit führen und nicht aus Zorn und Streitsucht eine Leidenschaft gleich einer Angel sich anhängen. Man wäge die Sache gemeinschaftlich gleichsam auf der Waage der Gerechtigkeit ab, übergebe den Streit sogleich der Bewertung und dem schiedsrichterlichen Urteil und entferne sie dann gänzlich aus der Seele, bevor sie, gleich einem Flecken oder einem Makel, so tief eingedrungen ist, dass sie sich nicht mehr auswaschen lässt. Dann aber sollen wir die Pythagoreer nachahmen, welche, obschon sie gar nicht verwandt waren, sondern nur gemeinschaftlichen Unterricht genossen, wenn sie sich je im Zorn zu Schmähungen hatten verleiten lassen, noch vor Sonnenuntergang einander die Hände reichten, und dann erst, nachdem sie sich umarmt hatten, sich trennten. Denn gleich wie das Fieber, das zu einem Geschwür hinzukommt, nichts aussagt, wenn es aber nach Aufhören des Geschwürs noch bleibt, anzeigt, dass die Krankheit eine tiefere Ursache haben muss, so betrifft auch der Zwist unter Brüdern, der nach der Sache, die ihn veranlasste, aufhört, nur die Sache. Hält er aber an, so sieht man, dass die Sache nur der Vorwand war, der Streit aber eine tiefere Ursache hatte.

(18) Es ist aber wohl der Sache wert, hier des Streites unter zwei barbarischen Brüdern zu gedenken, der nicht etwa um ein Stückchen Land oder Sklaven oder Vieh, sondern um die Herrschaft Persiens entstanden war. Nach dem Tod des Dareios nämlich wollten einige den Ariamenes, als den ältesten unter den Söhnen des Verstorbenen, andere den Xerxes, andere die Atossa, andere die Tochter des Kyros, dem Dareios nach seiner Thronbesteigung geboren, auf dem Thron nachfolgen lassen.[240] Ariamenes machte sich daher aus Medien auf den Weg, nicht in feindlicher Absicht, sondern um ruhig den Ausgang des Streites abzuwarten. Xerxes besorgte

---

240 Herodot, Geschichte, 7,2 ff.

indessen, weil er anwesend war, die königlichen Geschäfte
und legte, als sein Bruder angekommen war, sein Diadem
nieder, eilte ihm unter Abnahme der Tiara, welche die Könige allein aufrecht tragen, entgegen, umarmte ihn und ließ
ihm Geschenke überreichen, deren Überbringer ihm sagen
sollten: »Damit ehrt dich jetzt dein Bruder Xerxes, wenn
er aber nach dem Spruch und der Stimme der Perser zum
König ernannt wird, so überlässt er dir die zweite Stelle nach
seiner Person.« Darauf erwiderte Ariamenes: »Ich nehme
die Geschenke zwar an, jedoch glaube ich, dass das Reich
der Perser mir zukomme. Ich werde meinen Brüdern die
nächste Ehre nach mir vorbehalten, dir aber Xerxes, die erste
unter deinen Brüdern.« Als nun der Tag der Entscheidung
nahte, bestimmten die Perser Artabanos, einen Bruder des
Dareios, zum Schiedsrichter. Xerxes aber, der auf die Menge
vertraute, wollte sich dieser Entscheidung nicht fügen, aber
Atossa, seine Mutter, wies ihn zurecht: »Warum, mein Sohn,
fliehst du den Artabanos, denen Vetter, einen der tapfersten
Perser? Warum fürchtest du so sehr den Wettkampf, in welchem auch die zweite Stelle ehrenvoll ist, nämlich Bruder des
Königs der Perser genannt zu werden?« Da ließ sich Xerxes
dies gefallen und nach geschehener Beratung tat Artabanos
den Ausspruch, dass dem Xerxes die königliche Würde zukomme. Da erhob sich Ariamenes und fiel vor seinem Bruder nieder und fasste dessen Rechte und setzte ihn auf den
königlichen Thron. Von dieser Zeit an stand er bei ihm in
höchstem Ansehen und blieb ihm beständig zugetan, focht
auch aufs Tapferste in der Schlacht bei Salamis und starb
hier für seines Bruders Ruhm. Dies mag hier als reines und
untadeliges Beispiel brüderlicher Liebe und Großmut auf-
gestellt sein. Bei Antiochos könnte man zwar seine Herrsch-
begierde tadeln, aber man muss sich wundern, dass sie nicht
gänzlich die Bruderliebe vertilgt hat. Er führte nämlich mit
seinem jüngeren Bruder um die Herrschaft Krieg und hatte
die Mutter auf seiner Seite. Mitten in diesem Krieg wurde

Seleukos von den Galliern angegriffen und geschlagen, und
da man ihn nirgends fand, für tot gehalten, zumal auch fast
das ganze Heer unter den Streichen der Barbaren gefallen
war. Kaum hatte Antiochos dies vernommen, so legte er den
Purpur ab, zog ein Trauerkleid an, schloss sich in seinem Pa-
last ein und betrauerte seinen Bruder. Als er aber bald darauf
die Nachricht erhielt, dass jener noch am Leben sei und ein
neues Heer sammle, trat er heraus, brachte den Göttern ein
Opfer und befahl den Städten seines Reiches, ein Gleiches
zu tun und sich zu bekränzen. Nachdem aber die Athener
ihre Sagen über den Streit der Götter (Poseidon und Athene)
gedichtet hatten, fügten sie, um ihre Dummheit wiedergut-
zumachen, etwas gar nicht Übles hinzu: Sie ließen nämlich
stets den zweiten Tag Boedromion[241] aus, weil sich an diesem Tag der Streit zwischen Poseidon und Athene ereignet
hatte. Was hindert uns nun, wenn wir mit Verwandten und
Angehörigen Streit gehabt haben, jenen Tag aus unserem
Gedächtnis zu tilgen und als Unglückstag anzusehen, aber
der vielen guten Tage, an welchen wir miteinander gelebt haben und aufgezogen wurden, nicht um eines einzigen willen
zu vergessen? Denn entweder hat uns die Natur umsonst
und zu keinem Nutzen Milde und Vergessenheit des Bösen,
die Tochter der Mäßigung, verliehen, oder wir müssen auch
dann bei unseren Verwandte und Angehörigen den nächsten
Gebrauch davon machen. Es zeugt aber ebenso sehr von
Wohlwollen und Liebe, wenn man für seine Fehler sogleich
um Verzeihung bittet, wie wenn man anderen ihre Fehler
verzeiht. Daher darf man beim Zorn der Geschwister nicht
ruhig bleiben, auch nicht ihre Bitte um Nachsicht abschlagen, sondern wir sollen, wenn wir gefehlt haben, dem Zorn
des anderen durch Abbitte, und wenn wir beleidigt worden
sind, der Abbitte des anderen durch Verzeihung zuvorkom-
men. Der Sokratiker Euklides ist in den Schulen der Philo-

---

241 Nach den Berechnungen einiger Forscher der 12. September.

sophen berühmt, weil er auf das harte und rasende Wort seines Bruders: »Ich will des Todes sein, wenn ich mich nicht an dir räche!«, die Antwort gab, »und ich, wenn ich dich nicht überreden kann, von deinem Zorn abzustehen und mich wie früher zu lieben.« Alles aber übertrifft die Güte des Königs Eumenes,[242] die sich nicht in Worten, sondern in der Tat bewährte. Perseus, der König von Makedonien, welcher sein Feind war, hatte Leute angestellt, welche ihn ermorden sollten. Diese legten sich bei Delphi in einen Hinterhalt, weil sie erfahren hatten, dass er sich vom Meer aus zum Tempel begebe, und warfen dann von hinten auf sein Haupt und seinen Nacken große Steine, von denen er betäubt zu Boden stürzte und für tot gehalten wurde. Überall hin verbreitete sich nun das Gerücht seines Todes, und einige Freunde und Diener kamen nach Pergamon, wo sie vorgaben, Augenzeugen dieses Ereignisses gewesen zu sein. Attalos, der älteste unter seinen Brüdern, ein gemäßigter Mann, der unter allen am meisten Eumenes zugetan war, ließ sich nun zum König ausrufen, legte das Diadem an, nahm Stratonike, die Frau seines Bruders, zur Frau und vollzog die Ehe. Als aber die Nachricht kam, Eumenes lebe noch und komme in Kürze, legte er das Diadem ab, nahm wieder, wie er es gewohnt war, die Lanze und eilte ihm mit den übrigen Trabanten entgegen. Dieser empfing ihn freundlich und umarmte die Königin mit Ehrerbietung und Liebe, auch lebte er danach noch eine geraume Zeit[243] und starb, ohne Tadel oder Verdacht gegen Attalos zu zeigen, dem er sein Reich und seine Frau übergeben hatte. Wie aber benahm sich dieser? Nach dem Tod seines Bruders wollte er keines der Kinder seiner Frau, obgleich es deren mehrere gab, annehmen, sondern er ließ den Sohn seines Bruders[244] erziehen bis zum Mannesalter und setzte diesem noch zu seinen eigenen Lebzeiten das Diadem

---

242 Eumenes I., König von Pergamon.
243 Nämlich 13 Jahre.
244 Attalos III.

auf und ließ ihn als König ausrufen. Kambyses hingegen ließ seinen Bruder, indem er infolge eines Traumes den künftigen Herrscher Asiens fürchtete, ohne einen Beweis oder eine Untersuchung abzuwarten, umbringen.[245] Daher kam die Herrschaft nach seinem Tod von der Nachfolge des Kyros auf das Geschlecht des Dareios, eines Mannes, der nicht nur seine Brüder, sondern auch Freunde an seiner Macht und seinem Ansehen teilnehmen zu lassen verstand.

(19) Außerdem muss man bei Zwistigkeiten mit seinen Brüdern insbesondere darauf sehen, dass man dann am meisten mit ihren Freunden umgeht und diesen nahe kommt, ihre Feinde aber meidet und ihnen keinen Zutritt gestattet, und darin wenigstens sich die Kreter[246] zum Muster nehmen, welche sich bei ihren häufigen Streitigkeiten und Kriegen, wenn äußere Feinde drohten, miteinander aussöhnten und zusammentraten. Und dies war bei ihnen der sogenannte Synkretismos.[247] Manche drängen sich gleich dem Wasser in alle Spalten und Ritzen und untergraben Verwandtschaft und Freundschaft. Sie hassen beide, machen sich aber nur an den, der aus Schwäche nachgiebiger ist. Ein junger gutartiger Freund ist mit seinem verliebten Freund verliebt. Wer aber zornig ist und mit seinem Bruder in Streit lebt, findet nur bei bösen Feinden Teilnahme an seinem Unwillen und seinem Zorn. Wie bei Aisopos die Henne die Katze, die sich während ihrer Krankheit nach ihrem Wohlbefinden aus scheinbarem Wohlwollen erkundigt, erwidert: »Es wird gut gehen, wenn du dich nur entfernst.« So soll man auch einem solchen Menschen, der stets das Gespräch auf den Zwist bringt und durch stetes Fragen alle Geheimnisse herausbringen will, zurufen: »Ich habe gar keinen Streit mit meinem Bruder, wenn ich so wenig wie er auf Verleumder höre.« Es

245 Herodot, Geschichte, 3,30.
246 Die sonst in der Antike überaus verrufen waren.
247 Vereinigung, Vermischung, später auch im übertragenen Sinn für nicht Zusammenpassendes gebraucht.

ist mir unbegreiflich, wie wir, wenn wir an den Augen leiden,
glauben, unsere Augen nur auf solchen Farben und Körpern
ruhen lassen zu müssen, welche einen starken Schein zurück-
werfen, hingegen, wenn wir mit Brüdern Verdrießlichkeiten
oder Streit oder Verdacht gegen sie haben, uns so gerne an die
anschmiegen und halten, die unsere Unruhe vermehren, da
es doch anständig wäre, Feinde und Gegner zu meiden und
dafür lieber mit den Schwägern, Angehörigen und Freuden
unserer Brüder umzugehen und zu leben oder auch deren
Frauen aufzusuchen und gegen sie unsere Beschwerden offen
auszusprechen. Man sagt zwar, Brüder, welche einen Weg
gehen, dürften keinen Stein in die Mitte nehmen, ja man sieht
es nicht gerne, wenn ein Hund zwischen ihnen durchläuft,
und fürchtet sich vor manchem anderen, von dem nichts die
Eintracht unter Brüdern stört; gemeine und verleumderi-
sche Menschen hingegen nimmt man in seine Mitte und wird
nicht gewahr, wie man zu Fall kommt.

(20) Diese Betrachtung führt mich auf jene richtige Be-
merkung Theophrasts, dass, wenn unter Freunden alles
gemeinschaftlich sei, auch die Freunde gemeinschaftlich
sein müssten. Dies könne man besonders Brüdern anraten.
Gesonderter Umgang und besondere Bekanntschaft trennen uns voneinander und machen uns einander abgewandt.
Denn auf die Liebe zu anderen folgen alsbald die Freude
an ihnen und der Eifer für sie, und wir lassen uns dann von
ihnen leiten. Denn die Freundschaft bildet die Sitten, und
es gibt kein größeres Zeichen der Verschiedenheit der Charaktere als die Wahl verschiedener Freunde. Daher erhalten
selbst das gemeinsame Essen und Trinken mit dem Bruder
oder das zusammen Scherzen und der tägliche Umgang nicht
so sehr die Eintracht, als wenn sie in ihrer Liebe und in ihrem
Hass, in der Zuneigung wie in der Abneigung und dem Widerwillen gegen dieselben Personen übereinstimmen. Denn
die gemeinschaftliche Freundschaft lässt weder die Verleumdung noch Beleidigung aufkommen, und wenn einmal etwas

im Zorn oder im Unwillen geschieht, so wird es durch das Dazwischentreten der Freunde, die sich ins Mittel legen und den Streit schlichten, beigelegt, wenn sie nur beiden geneigt sind und die gleiche Zuneigung gegen beide besitzen. Wie das Zinn gebrochenes Erz zusammenfügt und verbindet, indem es durch Berührung der beiden Endpunkte die Natur von beiden einnimmt, so soll der Freund sich in beide auf gleiche Weise zu schicken wissen, um für beide ein gemeinschaftlicher Freund zu sein und durch seine Teilnahme die gegenseitige Zuneigung unter den Brüdern zu befestigen suchen. Denn ungleiche und parteiische Freunde bewirken gleich falschen Tönen in der Musik eine Trennung statt einer Verbindung. Man kann sich daher fragen, ob Hesiod Recht oder Unrecht hat mit den Worten:

Nicht gleich werde der Freund wie der leibliche Bruder
   geachtet,[248]

denn ein gerecht denkender, gemeinschaftlicher Freund wird, wie gesagt, durch die gegenseitige Teilnahme ein desto besseres Band der Bruderliebe sein. Hesiod war, wie es scheint, in Furcht vor der Menge schlechter Freunde um ihrer Missgunst und Eigenliebe willen. Davor allerdings müssen wir uns hüten, und selbst, wenn wir einem Freund ebenso zugetan sind, doch dem Bruder die erste Stelle bei Ämtern, Staatswürden bei Einladungen und Bekanntschaften mit Fürsten erhalten, so wie überhaupt bei allem, was in den Augen der Menge Glanz und Ruhm verleiht, und auf diese Weise der Natur gebührende Achtung und Würde einräumen. Denn der Vorzug in solchen Dingen ist für den Freund nicht so rühmlich, wie die Zurücksetzung für den Bruder schimpflich und kränkend ist. Indessen habe ich über diesen Gegenstand bereits an einem anderen Ort meine Meinung ausführlicher entwickelt. Menander sagt ganz richtig:

---

248 Werke und Tage, 707.

Niemand, der selbst liebt, wird sich leicht vergessen sehen,[249]

und gibt uns darin die Lehre, für unsere Brüder zu sorgen und nicht im Vertrauen auf die Bande der Natur uns dieser Sorge zu entschlagen. Das Pferd liebt von Natur den Menschen, so wie der Hund seinen Herrn, wird ihm aber keine Pflege und Aufmerksamkeit zuteil, so verliert er die Zuneigung und entfremdet sich. Ebenso wird der Körper, welcher der Seele am nächsten verwandt ist, wenn er von ihr vernachlässigt und zurückgesetzt wird, ihr keinen Beistand mehr leisten wollen, sondern er wird ihren Unternehmungen schaden und sie im Stich lassen.

(21) Die Sorge, die sowohl den Brüdern selbst, als auch noch mehr ihren Schwiegereltern und Schwägern gebührt, macht uns zu allem willig und geneigt. Wir behandeln die Sklaven, weil sie ihren Herrn lieben, ebenfalls mit Liebe und Wohlwollen. Wir danken den Ärzten, die sie von einer Krankheit geheilt haben, sowie den treuen Freunden, welche auf einer Reise oder auf einem Feldzug ihre Begleiter waren. Auch die Frau des Bruders, das heiligste unter allen Heiligtümern, sollten wir, um ihres Mannes willen, ehren und loben, ihren Kummer teilen, wenn sie sich vernachlässigt sieht, und ihren Zorn besänftigen, bei unbedeutenden Vergehen aber uns ihrer annehmen und sie mit ihrem Mann aussöhnen. Haben wir aber mit unserem Bruder einen besonderen Streit, so sollen wir bei ihr unsere Klage vorbringen und sie bitten, dem Streit ein Ende zu machen. Insbesondere aber sollen wir unserem Bruder unser Missfallen zu erkennen geben, wenn er unverheiratet und dadurch kinderlos ist, wir sollen ihn durch gute und böse Handlungen dahin bewegen, dass er sich verheirate und in eine anständige Verwandtschaft komme. Hat er aber Kinder bekommen, so sollen wir ihm noch deutlicher unser Wohlwollen und seiner Frau unsere

---

249 Komödienfragment.

Achtung erweisen. Seine Kinder sollen wir also lieb haben
wie unsere eigenen und ihnen noch mehr Liebe und Freundlichkeit zeigen, damit sie, wenn sie einen Fehler gemacht
haben, wie es bei jungen Leuten vorkommt, nicht davonlaufen und nicht aus Furcht vor Vater oder Mutter in schlechte
und böse Gesellschaft geraten, sondern einen Zufluchtsort
haben, wo sie zugleich wohlwollende Zurechtweisung und
Nachsicht erfahren. Auf diese Weise brachte Platon seinen
Schwestersohn Speusippos von dessen vielen Ausschweifungen ab, ohne ihm irgendetwas Kränkendes anzutun. Er
erwies sich aber gegen ihn, wenn er vor seinen Eltern, die ihn
stets straften und schimpften, floh, liebreich und ohne Groll
und flößte ihm dadurch große Achtung ein sowie Eifer für
ihn selbst und seine Philosophie. Zwar tadelten ihn manche
seiner Freunde, dass er dem jungen Mann nicht den Kopf
zurechtsetze, er aber entgegnete ihnen, dass er dies sehr wohl
tue, indem er ihm den Unterschied zwischen dem Bösen und
dem Guten durch seine Lebensweise und sein Betragen be-
merkbar mache. Der Thessalier Alenas[250] wurde von seinem
Vater wegen seiner Wildheit und seines Übermutes hart und
streng behandelt. Da nahm sein Vetter sich seiner an und
brachte ihn zu sich. Als aber die Thessalier zu Apollo nach
Delphi Lose schickten um die Herrschaft, warf der Oheim
ohne Wissen des Vaters das Los für seinen Neffen dazu. Als
nun Pythia gerade dieses Los herausgezogen hatte und der
Vater beteuerte, kein Los für seinen Sohn hineingeworfen
zu haben, waren alle der Meinung, es sei beim Aufschreiben
der Namen ein Versehen vorgekommen, und schickten zum
zweiten Mal nach Delphi, um das Orakel zu befragen. Da
gab ihnen Pythia, gleichsam um ihren früheren Ausspruch
zu bekräftigen, die Antwort:

Jenen Pyrrhos meine ich, den Archedike geboren.

---

250 Angehöriger einer bekannten Ritterfamilie in Thessalien.

Auf diese Weise wurde Alenas von der Gottheit durch den Bruder seines Vaters zum König erhoben; auch zeichnete er sich sehr vor allen seinen Vorfahren aus und brachte sein Volk zu großem Ruhm und Ansehen. Aber auch der Bruder soll sich bei der Ehre und dem Glück und dem Ansehen seines Neffen freuen, ihn emporbringen und zu allem Edlen mitantreiben sowie die guten Handlungen mit Bereitwilligkeit loben. Denn seinen eigenen Sohn zu loben, möchte vielleicht anstößig sein. Beim Sohn des Bruders aber ist es anständig und nicht die Folge einer Selbstliebe, sondern in der Tat die Liebe zum Guten und Göttlichen. Denn selbst das Wort Bruder weist uns, wie ich glaube, richtig auf die Liebe und das Wohlwolle der Geschwister hin. Auch können wir den Beispielen höherer Wesen folgen: Herakles, der doch nicht weniger als 68 Söhne gezeugt hatte, liebte niemanden mehr als seinen Neffen, und noch jetzt hat an vielen Orten Jolaos mit ihm gemeinschaftlich einen Altar. Man richtet an den einen wie an den anderen sein Gebet und nennt ihn den Gefährten des Herakles. Ja als sein Bruder Iphikles in einem Treffen bei Sparta gefallen war, war er so betrübt, dass er die Peloponnes gänzlich verließ. Leukothea erzog das Kind ihrer verstorbenen Schwester und setzte es zugleich mit sich unter die Götter, weshalb die römischen Frauen am Fest der Leukothea,[251] welche sie Matuta nennen, nicht ihre eigenen, sondern ihrer Schwestern Kinder zur Ehre auf den Arm nehmen.

---

251 Darüber Plutarch in: Römische Gebräuche, 17.

Über die Liebe zu den Kindern.

(1) Die Sitte, an fremde Gerichtshöfe zu appellieren und dort seine Prozesse entscheiden zu lassen, ist bei den Griechen zuerst aus gegenseitigem Misstrauen entstanden, da man die Gerechtigkeit ebenso wie andere notwendige Dinge, die es in Griechenland nicht gibt, auswärts holen zu müssen glaubte. Machen es aber die Philosophen bei einigen Lehrsätzen, über welche sie miteinander im Streite sind, nicht ebenso, wenn sie an die Natur unvernünftiger Geschöpfe wie an eine fremde Stadt appellieren und ihnen die Entscheidung ihrer Anlagen und Eigenschaften überlassen, weil sie sich weder durch Zureden noch durch Geschenke bestechen lassen? Oder ist dies ein gemeinschaftlicher Fehler der menschlichen Natur, dass wir uns bei der Ungewissheit über die nötigsten und wichtigsten Dinge bei Pferden, Hunden und Vögeln Rat einholen, wie wir heiraten, Kinder zeugen und sie erziehen sollen, als ob uns die Natur darüber keine Aufklärung gegeben hätte und wir uns deshalb an die Eigenschaften und die Anlagen der Tiere wenden und ihnen gegenüber gegen unser eigenes Leben Zeugnis abgeben müssten, wie sehr es sich von der Natur entfernt hat und von ihr abgewichen ist, da wir gleich am Anfang und in der ersten Zeit unseres Daseins schon in Verwirrung und Unordnung geraten. Denn bei den Tieren erhielt die Natur die Eigentümlichkeit unvermischt, rein und lauter, bei den Menschen aber wird durch Vernunft und Gewohnheit die Natur mit vielen Lehren und beigebrachten Urteilen vermischt, wobei sie einen mannigfaltigen Charakter annimmt und die Eigentümlichkeit verliert, wie das Öl unter den Händen der Salbenbereiter. Wir brauchen uns daher auch nicht zu wundern, dass die unvernünftigen Tiere der Natur treuer bleiben als die ver-

nünftigen Wesen, und selbst die Pflanzen noch mehr als die
Tiere, da sie weder ein Bild von etwas anderem noch einen
Trieb nach etwas anderem als dem, was die Natur verlangt,
besitzen und sich nicht von ihr entfernen, sondern, wie in
Banden eingeschlossen, unter der Herrschaft der Natur
bleiben und nur den einen Weg stets gehen, den die Natur
sie führt. Die Tiere besitzen zwar nicht jene Sitten mildern-
de Kraft der Vernunft, Feinheit des Denkens und Liebe zur
Freiheit, sie haben unvernünftige Triebe und Begierden,
von welchen sie wohl in der Irre herumgeführt werden,
jedoch meistens nicht sehr weit, da sie bei der Natur wie an
einem Anker verbleiben und gleichsam unter ihrem Zügel
und unter ihrer Leitung schreitend uns den geraden Weg
zeigen. Im Menschen aber gebietet als ein Alleinherrscher
die Vernunft, welche bald diese, bald jene Abweichungen
und Neuerungen erfindet und dadurch keine deutliche und
klare Spur ihrer Natur zurücklässt.

(2) So kann man z. B. an der Begattung sehen, wie sehr die
Tiere sich an die Natur halten. Erstens warten sie nicht wie
die Bürger eines Lykurgos oder Solon auf ein Gesetz über
die Ehelosigkeit und späte Verheiratung, noch fürchten sie
den Schimpf der Kinderlosigkeit, noch streben sie nach der
Auszeichnung der Väter von drei Kindern,[252] so wie manche
Römer nicht darum heiraten und Kinder zeugen, um Erben
zu erhalten, sondern um selbst erben zu können. Dann vermischt sich das Männchen mit dem Weibchen nicht zu jeder
Zeit, weil der Zweck nicht die Lust ist, sondern die Erzeu-
gung von Nachkommen. Deswegen verbindet sich im Früh-
ling, da ein befruchtender Wind und eine günstige Witterung
die Begattung befördert, das Weibchen mit dem Männchen
mild und anlockend, stolz auf den lieblichen Geruch seiner
Haut und auf seinen eigenen Schmuck des Körpers, voll von

---

252 Plutarch bezieht sich hier auf die Sondersteuer, die Kaiser Augustus für die
   Männer eingeführt hatte, die weniger als drei Kinder hatten, von der man
   aber – als Auszeichnung für besondere Verdienste – befreit werde konnte.

Tau und reinen Kräutern, und wenn es merkt, dass es empfangen hat und befruchtet ist, so entfernt es sich züchtig und denkt weiter nur an die Befruchtung und an die Erhaltung des Gezeugten. Es lässt sich freilich nicht alles sagen, was es tut, bei allem aber zeigt sich seine Liebe zu den Jungen, seine Fürsorge, seine Ausdauer, seine Enthaltsamkeit. Wir nennen die Biene nach unserer Ansicht weise, weil sie uns den gelben Honig schafft, und schmeicheln ihr wegen der Süßigkeit des Honigs, die unseren Gaumen kitzelt. Aber die Weisheit und Kunst so vieler anderer Tiere beim Werfen und der Aufzucht ihrer Jungen beachten wir nicht. So macht sich z. B. der Eisvogel,[253] wenn er trächtig ist, ein Nest aus den Gräten der Meernadel, die er sammelt, ineinander flicht und zusammenzieht, wodurch dasselbe eine halbrunde, ovale Gestalt erhält gleich einer Fischreuse, und wenn er das Ganze durch die Gräten so fest und innig wie möglich miteinander verbunden hat, lässt er es von den Meereswogen bespülen, durch deren sanftes Anspülen es dicht wird und eine feste Oberfläche gewinnt, welche sich weder durch Eisen noch durch Stein auseinanderreißen lässt. Ja was noch wunderbarer ist: Die Öffnung des Nestes ist so übereinstimmend mit der Größe und dem Maß des Eisvogels gebildet, dass kein anderes größeres oder kleineres Tier hineinschlüpfen kann, ja dass es, wie man sagt, nicht einmal Meerwasser noch überhaupt das Geringste einlässt. Die Seewiesel aber tragen sogar ihre Jungen lebendig in sich, lassen sie herausgehen und fressen, und dann nehmen sie sie wieder auf und umschließen sie mit ihren Eingeweiden, wenn sie schlafen wollen. Der Bär, ein sehr wildes und furchtbares Tier, wirft gestalt- und gliederlose Jungen, dann aber bildet er mit der Zunge wie mit einem Instrument die Glieder, sodass er das Junge nicht nur zu erzeugen, sondern auch zu formen scheint. Der Löwe bei Homer:

---

253 Vgl. Aelianus, Tiergeschichten, 9,17.

Väterlich führt er die Schwachen einher, da begegnen ihm
    plötzlich
jagende Männer im Forst, und er zürnt wutfunkelnden
    Blickes,
zieht die gerunzelten Brauen herab und deckt sich die
    Augen.[254]

Sieht er nicht aus, als wenn er daran dächte, mit den Jägern
einen Vertrag wegen seiner Jungen abzuschließen? Überhaupt macht die Liebe zu den Jungen selbst mutige Tiere
furchtsam, faule Tiere arbeitsam und die gefräßigen mäßig,
so z. B. der Vogel bei Homer, der seinen Jungen bringt

einen gefundenen Bissen, wenn ihm auch selber nicht wohl
    ist.[255]

Denn er nährt durch seinen eigenen Hunger seine Jungen,
entzieht sich selbst die seinem Leib schon nahe Nahrung
und hält sie fest mit dem Schnabel, um sie nicht unvermerkt
hinunterzuschlucken,

so wie die mutige Hündin, die zarten Jungen umwandelnd,
jemanden, den sie nicht kennt, anbellt und sich zum Kampf
    ereifert,[256]

wo also die Furcht für ihre Jungen die Furcht gleichsam
verdoppelt. Wenn die Rebhühner mit ihren Jungen verfolgt
werden, um durch dieses Mittel die Aufmerksamkeit der
Jäger auf sich zu lenken, in deren Nähe sie herumflattern,
sich dann eine Strecke entfernen und darauf wieder halt-
machen, um so dem Jäger Hoffnung zu machen, er könne
sie erreichen, bis dass sie unter eigener Gefahr die Jungen in
Sicherheit fern von den Verfolgern gebracht haben. Wie die
Hennen ihre Jungen pflegen, haben wir jeden Tag vor Au-

---

254 Ilias, 17,134 ff.
255 Ilias, 9,324.
256 Homer, Odyssee, 20,14.

gen, wie sie die Flügel herablassen, um sie zu bedecken oder auf ihre Rücken zu lassen, sie von allen Seiten an sich ziehen und mit freudiger Stimme an sich locken. Sie fliehen vor Hunden und Schlangen, wenn sie für sich etwas zu fürchten haben, gilt es aber ihren Jungen, so setzen sie sich zur Wehr und kämpfen selbst über ihre Kräfte. Glauben wir nun, die Natur habe diesen Tieren diese Anlagen eingepflanzt nur aus Sorge für die Fortpflanzung der Hühner, Hunde und Bären und nicht auch um uns zu beschämen und uns zu verwunden, wenn wir bedenken, wie diese Tiere für die, welche der Natur folgen, Muster, für gefühllose Menschen aber Vorwürfe ihrer Gefühllosigkeit sind, um derentwillen man die menschliche Natur allein beschuldigen kann, weil sie nicht umsonst zu lieben vermöge und auch nicht zu lieben verstehe ohne Nutzen. Man bewundert im Theater die Worte des Dichters:

Der Liebe eines Menschen Kaufpreis ist ein Mensch.

Aus Eigennutz, sagt Epikur, liebt der Vater seinen Sohn, die Mutter ihr Kind, die Kinder ihre Eltern. Würden die Tiere unsere Sprache verstehen und könnte man von der versammelten Ochsen, Hunden, Pferden und Vögeln in einem gemeinschaftlichen Theater das Gegenteil dieses Verses vortragen, dass weder ein Hund seine Welpen, noch ein Pferd seine Füllen, noch Vögel ihre Jungen um Lohn lieben, sondern umsonst und von Natur aus, so würde man bald aus aller Benehmen die Tüchtigkeit und Wahrheit dieser Worte erkennen. Denn bei Gott, es wäre doch schimpflich, wenn die Zeugung, Geburt und Wehen, die Ernährung der Jungen bei Tieren bloß Natur und Geschenk wären, beim Menschen aber ein Borgen, ein Lohn oder ein Pfand, um des Nutzens willen gegeben.

(39) Allein jene Behauptung ist unbegründet und verdient keine Aufmerksamkeit. So wie die Natur in wilde Pflanzen, z. B. in wilde Reben, Feigen und Ölbäume, nur

einen rohen und unvollendeten Anfang zur Hervorbringung
reifer Früchte gelegt hat, so hat sie auch den unvernünftigen Tieren nur eine unvollkommene Liebe zu ihren Jungen verliehen, welche zur Gerechtigkeit nicht genügt und
auch nicht über die nötigen Bedürfnisse hinausgeht. Den
Menschen hingegen, ein vernünftiges, zum bürgerlichen
Leben gemachtes Wesen, führt die Natur zu Gerechtigkeit
und Gesetz, zur Verehrung der Götter, zur Gründung von
Städten und freundschaftlicher Vereinigung. Sie hat ihm
daher einen edlen, herrlichen, alle diese Tugenden zur Reife
bringenden Samen in der Liebe und Zärtlichkeit gegen die
Kinder gegeben, dabei sich aber an die ersten Grundstoffe
gehalten, welche in den ersten Anlagen der Körper liegen.
Die Natur ist zwar überall genau und kunstliebend, sie
lässt nichts unvollständig und unvollkommen und hat, wie
Erasistratos sich ausdrückt, nichts Kleinliches. Doch gilt
dies besonders bei der Zeugung, worüber sich nicht, wie
der Gegenstand es verdient, reden lässt, vielleicht es auch
nicht ganz schicklich ist, allzu genau in diese Geheimnisse
mit Benennungen und Worten einzugehen, um einzusehen,
wie passend die Natur alle zur Zeugung und zur Geburt
nötigen Teile geschaffen hat. Es genügt hier, nur ihre Vorsicht und Sorge in der Bereitung und Verteilung der Milch
nachzuweisen. Denn all das bei Frauen wegen der Schwäche und Bedeutungslosigkeit des Lebensgeistes überflüssige
Blut , welches auf die Oberfläche tritt und hier durch sein
Hin- und Herlaufen lästig wird, pflegt sonst in bestimmten
Zeitläufen durch die Kanäle und Gänge, welche die Natur
ihm öffnet, abzufließen und dadurch dem übrigen Körper
Erleichterung und Reinigung zu verschaffen, die Gebärmutter aber zur Zeugung wie ein Stück Feld zum Pflügen
und Säen zur rechten Zeit geschickt zu machen. Wenn diese
aber den hereinfallenden Samen aufgenommen und in sich
verschlossen hat und der Keim gleichsam Wurzel gefasst
hat – denn der Nabel entsteht, wie Demokrit sagt, zuerst in

der Gebärmutter gleichsam als Ankertau für den Embryo bei der ständigen Bewegung –, so verschließt die Natur diese monatlichen Reinigungskanäle, hält das herumfließende Blut auf und nimmt es als Nahrung und Befeuchtung der heranwachsenden Frucht, und dies geschieht so lange, bis die Frucht in der bestimmten Zeit durch das innere Wachstum zur Geburt reif geworden ist, da sie nun eines anderen Aufenthaltsortes und einer anderen Nahrung bedarf. Dann leitet die Natur das Blut mit mehr Sorgfalt als irgendein Gärtner oder Landmann wieder nach einer anderen Seite hin und verwendet es zu einem anderen Zweck. Sie hat nämlich gleichsam unterirdische Quellen herbeiströmenden Wassers in Bereitschaft, welche das Blut nicht müßig oder untätig aufnehmen, sondern es durch milde Wärme ihres Hauches und zarte Weiblichkeit auskochen, verfeinern und umwandeln können. Denn zu einem solchen Zweck ist die Brust von innen eingerichtet. Die Milch strömt aber nicht von da heraus, und es sind keine Quellen da, welche sie mit einem Male ausfließen lassen, sondern der Milchbehälter endet in einem schwammigen, mit dünnen Röhrchen allmählich durchdrungenen Fleisch, welches sich vom Mund des Kindes leicht und bequem ergreifen und fassen lässt. Indessen würde doch diese Menge von Werkzeugen zur Zeugung, die vielen Einrichtungen, die Sorgfalt und Fürsorge von keinem Nutzen sein, wenn die Natur nicht den Müttern die Liebe und Sorge für die Kinder eingepflanzt hätte. Die Worte des Dichters:

Denn kein anderes Wesen ist jammervoller auf Erden
als der Mensch, von allem, was Leben haucht und sich regt,[257]

lassen sich besonders auf ein kleines, eben erst geborenes Kind anwenden. Denn es gibt nichts so Unvollkommenes, Mangelhaftes, Nacktes, Missgestaltetes, Schmutziges wie ein

---

257 Homer, Ilias, 17,446 f.

Mensch, den man in Windeln sieht. Ihm allein hat die Natur
keinen reinen Weg zum Lichte gebracht, sondern mit Blut
befleckt, voll Unreinheit sieht er eher einem Ermordeten
als einem Geborenen ähnlich. Niemand kann ihn berühren,
aufnehmen, küssen und umarmen, außer wer ihn von Natur
aus liebt. Daher auch bei den übrigen Tieren die Euter an
der Brust unter dem Bauche herabsinken. Bei den Frauen
aber sind sie oben an der Brust, sodass sie nahe genug sind,
um das Kind zu küssen, zu liebkosen und zu umarmen, da
Geburt und Aufzucht nicht den Nutzen, sondern die Liebe
zum Grunde haben.

(4) Gehen wir in die älteren Zeiten zurück: Weder für die
Mutter, die zuerst geboren, noch für den Vater, der das Kind
zuerst erblickt hat, gab es ein Gesetz, das ihnen auferlegte,
das Kid zu ernähren. Sie hatten keine Aussicht auf Dank
oder Vergeltung der Mühe ihrer Erziehung, ja man sollte
eher denken, dass die Mütter hart gegen ihre Kinder wären
eingedenk der Gefahren und Schmerzen, welche sie bei der
Geburt ausgestanden haben:

Wie der Gebärerin Seele der Pfeil des Schmerzes durchdringt,
herb und scharf, den gesandt hart ringende Eileithyen,
sie der Hera Töchter, von bitteren Wehen begleitet.[258]

Das sind Worte, von denen die Frauen sage können, kein
Homer, sondern eine Homerin habe sie niedergeschrieben,
welche entweder schon geboren oder dies noch vor sich hatte und die bitteren, herben Schmerzen der Geburt in ihren
Eingeweiden empfindet. Indessen hat auch hier das natürliche Gefühl das Herz der Mutter umgelenkt und geleitet.
Noch warm und vor Schmerz und Angst zitternd eilt sie
nicht weg vom Kid und meidet es, sondern wendet sich ihm
zu mit freundlicher Miene, hebt es auf und küsst es, ohne

---

258 Homer, Ilias, 11,269; die Eileithyen, Töchter Heras, personifizierten die
    Wehen und konnten den Hebammen und den Gebärenden die Arbeit leicht
    oder schwer machen.

davon irgendeine Annehmlichkeit oder einen Nutzen zu haben. Sie nimmt den Sohn an unter Mühen und Sorgen,

mit der Windeln Überresten ihn
erwärmend, ihn erquickend und an Mühe Müh'
anreihend durch die lange Nacht bis an den Tag.[259]

Und unterzog man sich all dem um eines Lohnes oder Vorteils willen? So wenig damals wie jetzt. Denn die Hoffnung ist unsicher und langwierig. Der Winzer, der um die Frühlings-Tag-und-Nacht-Gleiche einer Rebe den Boden umgräbt, sammelt davon die Trauben um die Herbst-Tag-und-Nacht-Gleiche. Wer beim Untergang der Pleiaden Weizen sät, erntet ihn beim Aufgang. Kühe, Pferde und Vögel kriegen Junge, die zu ihrem Nutzen sogleich bereit sind, aber des Menschen Erziehung ist mit vieler Mühe verknüpft, sein Wachstum langsam, und die meisten Eltern sterben, ehe sie das Glück ihrer Kinder erleben. Neokles erlebte nicht den Sieg des Themistokles bei Salamis, Miltiades nicht den des Kimon bei Eurymedon, Xanthippos hörte Perikles nicht öffentlich reden, Aristo nicht Plato philosophieren. Auch die Siege eines Euripides und Sophokles im Theater erlebten deren Väter nicht, sie hörten sie nur lallend und stammelnd, sahen nur ihre Ausschweifungen im Trunk und in Liebeständeln, sodass man wohl mit Lob jenes Spruches des Evenos[260] gedachte:

Furcht ist oder Verdruss immer dem Vater ein Sohn.

Aber dessen ungeachtet unterlassen die Eltern nicht, ihre Kinder zu erziehen, besonders diejenigen, die der Kinder am wenigsten bedürfen. Denn es wäre lächerlich, dass die Reichen bei der Geburt eines Kindes nur darum Dankopfer darbringen und sich freuen, weil sie dann jemanden haben,

---

259 Aus der verlorenen Tragödie Niobe, die bald Sophokles, bald Euripides zugeschrieben wurde.
260 Elegischer Dichter des 5. Jhs. v. Chr.; seine Gedichte sind verloren.

der sie ernähren und beerdigen kann. Oder sollten sie gar aus Mangel an Erben Kinder erziehen, weil man nicht leicht jemanden fände, der fremdes Gut annehmen wollte? Aber »Sand des Meeres und Federn der vielfach gefiederten Vögel wachsen nicht zu jener Zahl an, wie die Zahl derer ist, die nach Erbschaften trachten. Danaos, der Vater von 50 Töchtern, hätte, wenn er kinderlos geblieben wäre, noch mehr Erben gehabt und nicht auf die gleiche Weise. Denn die Kinder wissen den Eltern darum keinen Dank, sie erweisen ihnen darum nicht mehr Achtung und Pflege, weil sie die Erbschaft als eine Schuld annähmen. Von den Fremden aber, die einen kinderlosen Greis umgeben, hört man Worte, ähnlich denen, welche in Komödien vorkommen:

O Demos, erst gebadet, dann ein Prozesschen abgeurteilt
schlürf, schleck: Hier ist die Trisbolon.[261]

Aber die Behauptung des Euripides,

dass Reichtum Menschen Freunde schafft und Übermacht,

ist nicht schlechthin wahr, sondern gilt nur von Kinderlosen; der Reiche bewirtet sie, die Vornehmen achten auf sie, und die Advokaten bieten ihnen allein umsonst ihre Beistand an. »Gewaltig wirkt ein Reicher, von dem man nicht weiß, dass er einen Erben hat.« So verloren manche, welche eine Menge Freunde hatten und hoch geehrt waren, durch die Geburt ihres Einzigen indes ihre Freunde und ihr Ansehen. Weshalb Kinder ihren Eltern im Hinblick auf Ansehen nichts nützen können und die Liebe derselben, bei Tieren wie bei Menschen, ganz der Natur zuzuschreiben ist.

(5) Indessen wird auch diese Liebe wie so manche andere gute Eigenschaft durch Schlechtigkeit gleich einem wilden Gesträuche, das neben zahmen Pflanzen aufschießt, verdun-

---

261 Aus den Rittern des Aristophanes, V. 50 ff.; Trisbolon = drei Obolen, der Richterlohn in Athen.

kelt. Oder sollen wir dem Menschen die natürliche Selbstliebe absprechen, weil manche sich selbst erstechen oder vom
Felsen herabstürzen? Oidipos:

*Mit hoch empor gehobenen Wimpern stach er sich
die Augen aus, über seine Wangen rann das Blut.*[262]

Hegesias bewog durch seine Vorträge viele seiner Hörer zum
Selbstmord.

Traun! Vielgestaltig ist der Schicksale Los![263]

Aber das eine wie das andere ist ein krankhafter und leiden-
der Zustand der Seele, der den Menschen aus seiner Natur
herausreißt, wie dies der Mensch gegen sich selbst bezeugen
kann. Zerreißt ein Hund oder ein Schwein sein Junges, so
gerät man in Angst und Unruhe, man bringt den Göttern
Sühneopfer und hält dies für ein Unglückszeichen, weil es
doch allen Geschöpfen von Natur aus eingepflanzt ist, ihre
Jungen zu lieben, zu nähren und nicht umzubringen. Wie bei
den Metallen das Gold, auch wenn es mit viel Erde vermischt
und bedeckt ist, immer noch durchschimmert, so lässt auch
selbst bei den fehlerhaften Sitten und Leidenschaften die
Natur die Liebe zu den Kindern bemerken. Die Armen erziehen ihre Kinder nicht aus Furcht, sie möchten aus Mangel
an besserer Erziehung gemeine und rohe Geschöpfe werden,
welche auf alles Höhere und Edlere Verzicht leisten müssen.
Denn weil sie die Armut für das höchste Übel halten, wollen
sie ihre Kinder daran wie an einer schweren und langwieri-
gen Krankheit keinen Anteil nehmen lassen.[264]

---

262 Sophokles, Oidipos, 1271 f.
263 Euripides, Alkestis, 1159.
264 Bähr vermutet, dass hier der eigentliche Schluss fehlt. Dies ist jedenfalls bei
   mehreren anderen Schriften Plutarchs der Fall.

Von Neid und Hass

(1) [...]²⁶⁵ So scheint denn also der Neid vom Hass gar nicht verschieden, sondern ein und dasselbe zu sein. Überhaupt scheint die Bosheit gleich einer Angel mit vielen Haken durch ihre Bewegungen hierhin und dorthin zu bewirken, dass sich die an ihr hängenden Leidenschaften vielfach einander berühren und verwickeln und sich so gleich Krankheiten entzünden, eine durch die andere. Denn der Glückliche erregt ebenso den Hass dessen, der ihn hasst, wie dessen, der ihn beneidet. Wir glauben daher auch, dass beiden das Wohlwollen entgegengesetzt ist, insofern in ihm der Wunsch für das Wohlergehen des Nächsten liegt. Ebenso sind Neid und Hass dasselbe, weil beides im Widerspruch zur Liebe steht. Da aber Ähnlichkeiten nicht so sehr Gleichheit bewirken, wie Unterschiede Verschiedenheiten bewirken, so wollen wir diese Letzteren untersuchen und verfolgen, indem wir mit der Entstehung der Leidenschaften den Anfang machen.

(2) Demnach entspringt der Hass aus der Vorstellung, dass der, den wir hassen, im Allgemeinen oder im Bezug auf uns ein schlechter Mensch ist. Denn wenn wir glauben, Unrecht zu leiden, sind wir von Natur aus zum Hass gereizt, und wir haben Abscheu und Widerwillen gegen die, welche andere gerne beleidigen und bösartig sind. Neid hingegen kommt nur gegen diejenigen auf, die wir für glücklich halten. Daher scheint der Neid unbestimmt zu sein, da er wie ein schwaches Auge von jedem Glanz getroffen wird. Der Hass ist aber bestimmt durch gewisse Gegenstände, auf welche er sich wirft.

(3) Zweitens zeigt sich der Hass auch gegen unvernünftige Tiere. Es gibt manche, die gegen Wiesel, Kanthariden oder

---

265 Vermutlich fehlt der Anfang.

Kröten und Schlangen einen Hass haben. So konnte Germanicus weder den Anblick noch das Geschrei eines Hahns ertragen, die Magier bei den Persern brachten Mäuse um, teils aus eigenem Hass, teils weil sie glaubten, dass dieses Tier der Gottheit zuwider sei. Die gleiche Abscheu haben auch alle Araber und Äthiopier gegen dieses Tier. Neid hingegen findet nur bei Menschen gegen Menschen statt.

(4) Bei Tieren lässt sich der Neid gegeneinander nicht so sehr annehmen, denn sie haben keine Vorstellung vom Glück oder Unglück des anderen, und die Ehre macht auf sie so wenig Eindruck wie die Schande, durch welche zwei Dinge der Neid am meisten erregt wird. Wohl aber hassen Tiere einander, befeinden und bekriegen einander mit unglaublicher Wut, wie z. B. Adler und Drachen, Krähen und Eulen, Meisen und Stieglitze, sodass sich, wie man behauptet, bei manchen sogar das Blut, wenn sie geschlachtet werden, nicht vermischt, sondern auch wenn man versuchen wollte, es zu vermischen, sich von selbst absondert und abfließt. Wahrscheinlich ist auch die Furcht eine Ursache, dass der Löwe gegen den Hahn und der Elefant gegen das Schwein einen so heftigen Hass zeigen. Denn was man fürchtet, hasst man auch von Natur aus, sodass auch in dieser Hinsicht ein Unterschied zu machen ist zwischen Hass und Neid, insofern die tierische Natur für den einen empfänglich ist, für den anderen aber nicht.

(5) Ferner kann der Neid in keinem Fall gerecht sein. Denn niemand beleidigt den anderen dadurch, dass er selbst glücklich ist, und doch wird er deshalb beneidet. Dagegen werden viele mit Recht gehasst und andere hassenswert genannt, wenn sie nicht solche Menschen meiden und sich mit Widerwillen von ihnen abwenden. Ein deutlicher Beweis dafür ist, dass manche den Hass, den sie gegen manche andere hegen, eingestehen, vom Neid gegen irgendjemanden aber nichts wissen wollen. Denn der Hass des Bösen gehört unter die lobenswerten Eigenschaften. Als einige Charillos,

Lykurgs Neffen und König von Sparta, wegen seiner Milde und Güte lobten, sprach sein Kollege:[266] »Wie kann Charillos rechtschaffen sein, da er nicht einmal gegen die Bösen streng ist?« Bei Theristes hat der Dichter die Hässlichkeit seines Körpers auf eine sehr ausführliche und genaue Weise geschildert, die Schlechtigkeit seines Charakters aber hat er ganz kurz und nur in einem Wort ausgesprochen:

Zuwider war er vor allem des Peleus' Sohn und Odysseus.[267]

Denn es ist der höchste Grad von Schlechtigkeit, ein Feind der besten Männer zu sein. Den Neid hingegen leugnet jedermann, und wird man dessen überführt, so bringt man tausend Entschuldigungen vor und versucht, ihn für Zorn auszugeben oder Furcht oder Hass, um ihn so unter irgendeinem Namen einer Leidenschaft zu verbergen und zu verstecken, als wenn er die einzige Krankheit der Seele wäre, die man nicht eingestehen darf.

(6) Beide Leidenschaften nun müssen ihrer Natur nach, gleich den Pflanzen, durch dieselbe Ursachen wachsen, zunehmen und gedeihen. Der Hass nimmt zu gegen solche, die in der Bosheit immer weiter gehen, der Neid nimmt zu gegen diejenigen, welche in der Tugend immer größere Fortschritte machen. Themistokles sagte von sich, als er noch ein junger Mensch war, er habe noch keine glänzende Tat verrichtet, da er noch nicht beneidet werde. Denn wie sich die Kanthariden hauptsächlich an das reife Getreide und an schön blühende Rosen hängen, so hängt sich auch der Neid hauptsächlich an rechtschaffene Personen und Charaktere, die an Tugend und Ruhm zunehmen. Dagegen macht Bosheit im höchsten Grad auch den Hass stärker. Die falschen Ankläger des Sokrates waren, weil sie die Bosheit aufs Äußerste trieben, so sehr ihren Mitbürgern Gegenstand des

---

266 Nämlich Archelaos; Sparta hatte immer zwei Könige.
267 Homer, Ilias, 2,220.

Hasses und des Abscheus geworden, dass niemand ihnen
Feuer anzünden, niemand ihnen eine Frage beantworten
oder mit ihnen zusammen baden wollte, sondern man nötigte sogar die Aufwärter, das Wasser, in welchem jene gebadet
hatten, als verunreinigt auszuschütten, bis sie sich, da sie
den Hass nicht mehr ertragen könnten, erhängten. Dagegen
können oft hohes Glück und Glanz allen Neid auslöschen.
Es ist nicht wohl zu denken, dass jemand einen Alexander
oder einen Kyros, nachdem sie Sieger und Herren der Welt
geworden waren, beneideten; sondern so wie die Sonne bei
denen, über deren Scheitel sie steht und auf die sie ihr Licht
unmittelbar herabstrahlen lässt, entweder gar keinen Schatten wirft oder nur einen kleinen verursacht, so zieht sich
auch der Neid, wenn das Glück seine Höhe erreicht hat
und ihm gleichsam über dem Kopf steht, vor dem Glanz
zurück. Den Hass jedoch vermag die Größe und Macht der
Feinde nicht zu vermindern. Alexander hatte niemanden,
der ihn beneidete, aber viele, die ihn hassten, deren Nach-
stellungen er zuletzt auch zum Opfer fiel. Auf gleiche Weise
kann Unglück dem Neid ein Ende machen, den Hass aber
hebt er nicht auf. Denn wir hassen die, welche unsere Feinde
geworden sind, auch dann, wenn sie Erniedrigung erlitten
haben. Niemand aber zeigt Neid gegen einen Unglücklichen,
und die Äußerung eines Sophisten aus unserer Zeit, dass neidische Menschen am meisten Mitleid zeigen, ist ganz wahr.
So zeigt sich auch darin zwischen diesen Leidenschaften ein
großer Unterschied, dass der Hass seiner Natur nach weder
im Glück noch im Unglück aufhört, der Neid aber bei einem
hohen Grade des einen wie des anderen ein Ende nimmt.

(7) Wir wollen nun, um uns noch mehr davon zu über-
zeugen, den Gegenstand von der entgegengesetzten Seite
betrachten. Hass und Feindschaft hören auf, entweder wenn
wir überzeugt sind, nicht weiter beleidigt zu werden, oder
wenn wir die, die wir um ihrer Bosheit willen hassten, für
redliche Männer glauben halten zu müssen, und drittens,

wenn wir Wohltaten empfangen haben. Denn die letzte Gefälligkeit vermag, wie Thukydides sagt,[268] auch wenn sie gering ist, wenn sie aber zur rechten Zeit gegeben wird, selbst eine größere Beschwerde zu tilgen. Von diesen drei Ursachen hebt die erste den Neid nicht auf, denn wir waren von Anfang an überzeugt, dass der, den wir beneiden, uns nichts zuleide tut. Die beiden anderen aber reizen ihn noch mehr, denn man wird gegen den, der als rechtschaffen gilt, noch missgünstiger, eben weil er im Besitz des größten Gutes, nämlich der Tugend, ist, und selbst Wohltaten von glücklichen Menschen sind empfindlich, insofern man ebenso ihre Gesinnung wie ihre Macht beneidet. Denn jene gehört der Tugend, diese dem Glück an, beides aber sind Güter. Deshalb ist der Neid durchaus eine vom Hass zu unterscheidende Leidenschaft, insofern er durch alles das, was diesen besänftigt, nur vermehrt und gereizt wird.

(8) Wir wollen nun auch den Beweggrund einer jeden dieser beiden Leidenschaften betrachten. Beim Hass hat man die Absicht, nach Kräften Böses zu tun, daher bestimmt man den Hass als eine Gemütsstimmung und als einen Vorsatz, jede Gelegenheit zu erwischen, um Böses zu tun. Beim Neid dagegen findet dies nicht statt. Der Neidische wünscht manchem seiner Freunde und Bekannten weder den Tod noch das Unglück, er fühlt sich nur durch ihr Glück gekränkt. Daher sucht er womöglich den Ruhm und Glanz derselben zu verhindern, ohne sie in Not und Unglück zu stürzen, sondern er begnügt sich, wie bei einem hochragenden Haus, den Teil, der ihm Schatten verursacht, hinwegzunehmen.[269]

---

268 Peloponnesischer Krieg, 1,42.
269 Wie der Anfang des Textes scheint auch der Schluss in der Überlieferung zu fehlen.

TROSTSCHREIBEN AN SEINE GATTIN

(1) Plutarchos wünscht seiner Frau Glück!

Der Bote, den Du mir mit der Nachricht vom Tod unseres Kindes geschickt hast, hat mich wahrscheinlich auf dem Weg nach Athen verfehlt. Ich habe es jedoch, als ich nach Tanagra kam, von der Enkelin erfahren. Vermutlich hat die Bestattung schon stattgefunden. Möge alles so geschehen sein, wie es Dir jetzt und für die Zukunft am wenigsten Kummer macht. Falls Du aber etwas, was Du tun wolltest, unterlassen hast, weil Du meine Meinung darüber abwarten willst und es, wenn ich bei Dir bin, leichter zu tun glaubst, so magst Du auch dies noch besorgen ohne jede Übertreibung und ohne Ängstlichkeit, was ja auch gar nicht Deine Sache ist.

(2) Nur erhalte mich, liebe Frau, und Dich selbst bei diesem Schlag in gehöriger Fassung. Denn ich kenne und begreife die Größe unseres Verlustes. Wenn ich aber finden sollte, dass Du Dich zu sehr darüber grämst, so würde mir dies noch mehr Leid antun, als die Sache selbst. Dennoch aber bin ich nicht aus Eichen und Steinen gemacht, wie Du selbst weißt, die Du in Gemeinschaft mit mir so viele Kinder aufgezogen hast, weil wie sie alle zu Hause persönlich erzogen haben. Ich weiß, dass diese Tochter, deren Geburt nach vier Söhnen Deinen sehnlichsten Wunsch erfüllte und mich veranlasste, ihr Deinen Namen zu geben, Dir ganz besonders lieb war. Was Deine zärtliche Liebe zu dem Kind noch besonders steigerte, ist die reine, unschuldige, niemals durch Ärger und Tadel getrübte Freude, die es uns bereitete. Es besaß von Natur aus eine wunderbare Gelassenheit und Sanftmut, und seine Gegenliebe und Hingebung machten uns Vergnügen und ließen uns zugleich sein liebreizendes Wesen ahnen. Wie es denn seine Amme bat, nicht nur anderen Kindern, sondern selbst Gerätschaften und Spielsachen,

die es lieb hatte, die Brust zu reichen, ganz so, wie wenn es
sie aus Menschenliebe an seinen eigenen Tisch zur Teilnahme
an seinen Genüssen einladen und mit denen, welche ihm
Freude machten, sein Süßestes teilen wollte.

(3) Aber ich sehe nicht ein, liebe Frau, wie diese und ähnliche Züge, welche uns während ihres Lebens Freude gemacht
haben, uns jetzt, wenn wir an sie zurückdenken, Kummer
und Unruhe bereiten sollten. Ich fürchte im Gegenteil,
dass wir mit der Trauer auch das Andenken an sie aufgeben
möchten, wie Klymene sagt:

Verhasst ist mir
des krummen Bogens Holz, fort mit den Übungen!

Denn die Erinnerung an ihren Sohn, die ihr dabei immer
kam, suchte sie ängstlich zu vermeiden. Denn jedes Wesen
vermeidet das, was ihm zuwider ist. So muss, wie sie selbst
sich uns als die süßeste Liebkosung und Augen- und Oh-
renweide gab, auch ihr Andenken dergestalt in uns und mit
uns fortleben, dass es mehr, ja viele Male mehr Freude als
Trauer erzeugt, sofern es sich von selbst versteht, dass die
Lehren, welche wir anderen schon oft gegeben haben, im
eintretenden Fall auch für uns nutzbar gemacht werden und
wir nicht träge hinbrüten und im Unmut jenem Erfreulichen
gegenüber viel mehr Trauriges in Rechnung bringen sollen.

(4) Auch das erzählen mir Augenzeugen und verwun-
dern sich darüber, dass Du weder ein Trauerkleid angezogen
noch Dir und Deinen Mägden irgendeine den Körper ent-
stellende Selbstquälung gestattet habest. Auch habest Du
bei der Bestattung keinen kostbaren und festlichen Prunk
entfaltet, sondern alles sei im Kreise der Verwandten anständig und still abgemacht worden. Ich wunderte mich zwar
darüber nicht, weil Du Dich niemals für das Theater oder
einen Festzug geschmückt hast, vielmehr den Aufwand für
Vergnügungen für nutzlos hältst, dass Du auch bei trau-
riger Veranlassung die maßvolle Einfachheit eingehalten

hast. Denn eine anständige Frau muss sich nicht bloß bei
Bacchusfesten unbefleckt erhalten, sondern glauben, dass
ebenso auch bei der Trauer die Aufwallung und Äußerung
des Schmerzes ein gewisses Maß einhalten muss, das nicht,
wie manche glauben, der Kinderliebe widerspricht, sondern
nur der ungezügelten Aufwallung der Empfindungen. Man
hält es der Kinderliebe zugute, sich nach Abgeschiedenen zu
sehnen und sie in einem ehrenden Andenken zu behalten.
Aber die unersättliche Neigung zum Jammern, die zuletzt
zum Klageschrei und zum An-die-Brust-Schlagen führt, ist
ebenso verwerflich wie die Maßlosigkeit in Vergnügungen,
und findet nur aus dem schlechten Grund Gnade, weil das
Verwerfliche an ihr nicht ein Vergnügen, sondern Kummer
und Schmerz sind. Denn was ist unsinniger als die Übertreibung der Freude und des Gelächters zu verbieten, dagegen dem Strom des Weinen und Jammerns, der aus der
gleichen Quelle entspringt, ganz freien Lauf zu lassen, und
dass es Männer gibt, welche ihren Frauen den Gebrauch
von Salbe und Purpur verwehren, ihnen aber in ihrer Trauer
das Abschneiden der Haare, das Tragen schwarzer Kleider,
hässliches Sitzen und mühseliges Niederliegen gestatten
oder, was das Ärgste ist, dass die Männer den Frauen, wenn
sie ihre Knechte und Mägde zu hart und ungerecht strafen,
entgegentreten und sie daran hindern, dagegen aber dulden,
dass sie sich selbst grausame und schmerzliche Qualen antun, in Fällen und unter Umständen, da Erleichterung und
freundlicher Zuspruch am Platze wären.

(5) Unter uns beiden, liebe Frau, war freilich ein solcher
Streit nicht nötig und wird es hoffentlich auch nie werden.
Denn durch Deine einfache Kleidung und unverzärtelte Lebensweise hast Du bei allen Philosophen, die mit uns Umgang und Bekanntschaft pflegten, Bewunderung erregt, und
alle unsere Mitbürger haben schon bei Festen, Opfern und
Schauspielen Dein bescheidenes Wesen beobachtet. Auch
in ähnlichen Fällen hast Du schon großartige Standhaftig-

keit gezeigt, zuerst beim Verlust Deines ältesten Kindes und
dann wieder, als der gute Charo uns verließ. Ich erinnere
mich, dass ich damals, als ich die Nachricht vom Tod des
Kindes erhielt, mit einigen Freunden auf dem Rückweg von
einer Seereise war, welche mich dann nebst anderen zu meiner Wohnung begleiteten. Wie sie nun alles hier in schönster
Ordnung und Ruhe fanden, glaubten sie – so erzählten sie
es nachher anderen Leuten –, es sei hier kein Unglück geschehen, sondern nur ein falsches Gerücht davon verbreitet
worden. So verständig hattest Du alles im Haus angeordnet,
unter Umständen, in denen selbst Unordnung ganz und gar
verzeihlich gewesen wäre. Und doch hattest Du jenes Kind
an Deiner Brust gesäugt, und da diese eine Quetschung dabei
erlitt, einen Schnitt davon ausgehalten. So machen es edle
Frauen, die ihre Kinder lieben.

(6) Dagegen sieht man viele Mütter, welche ihre Kinder
nur, wenn sie von anderen Personen gereinigt und aufgeputzt
worden sind, wie Spielpuppen auf den Arm nehmen, und
dann, wenn sie sterben, in ein wohlfeiles und unanständiges
Jammern ausbrechen, und zwar nicht aus Liebe, denn diese
ist immer mit Überlegung und Anstand verbunden, sondern weil sich dem wenigen natürlichen Gefühl weit mehr
Sucht nach eitlem Schein anhängt, welche die Trauer wild
und rasend und fast unerträglich macht. Dies scheint auch
dem Aisopos nicht entgangen zu sein, da er erzählt, dass, als
Zeus die göttlichen Ehrenämter an die Götter verteilt habe,
auch die Traurigkeit um ein solches gebeten habe und Zeus
ihr die Verehrung verliehen habe, aber nur von solchen, die
aus freier Wahl und freiem Willen verehren. Und am Anfang
geht es allerdings so mit der Trauer. Denn jeder zieht sich
selbst die Trauer zu. Wenn sie sich aber mit der Zeit fest-
gesetzt hat und in Fleisch und Blut übergegangen ist, dann
lässt sie sich mit dem besten Willen nicht mehr vertreiben.
Daher muss man sie gleich an der Schwelle bekämpfen und
eine solche Besatzung in Form von Trauerkleidern oder

Haare-Abschneiden oder sonst dergleichen nicht einlassen, weil diese Dinge, wenn sie täglich vorkommen und einen niederschlagenden Eindruck auf uns machen, die Seele so herunterdrücken und beengen, dass sie keinen Ausgang mehr finden und sie so untröstlich und scheu machen, dass solche Menschen weder mitzulachen noch das Tageslicht zu genießen noch an einem fröhlichen Mahl teilzunehmen sich zutrauen, weil sie in solchem Maß von der Trauer besessen und überwältigt sind. Dieser schlimme Zustand hat dann die Folge, dass man die Pflege des Körpers vernachlässigt, Salben und Bäder und was sonst dazugehört, verschmäht, während gerade ganz im Gegenteil die leidende Seele an einem gekräftigten Körper Hilfe finden sollte. Denn es trägt sehr viel zur Niederhaltung und zur Schwächung des Kummers bei, wenn über den Körper wie über das Meer bei Windstille ruhige Heiterkeit verbreitet ist. Wenn er aber in Folge schlechter Pflege verkümmert und verwildert ist und der Seele nichts Wohltuendes und Ersprießliches mehr, sondern nur Schmerz und Kummer gleichsam wie stechende und widerwärtige Dünste zuführt, dann ist es beim besten Willen nicht leicht, sich wieder zu erholen. In solche Zustände verfällt die Seele, wenn sie auf diese Weise misshandelt wird.

(7) Das jedoch, was in einem solchen Fall das Schlimmste und Gefährlichste ist, habe ich nicht zu fürchten. Ich meine den Besuch und das Geschrei und Mitgeheul schlechter Weiber, welche die Trauer bloßlegen und noch steigern und sie weder durch andere noch durch sie selbst abtöten lassen. Ich weiß nämlich, welche Kämpfe Du neulich durchgemacht hast, als Du Theons Schwester beistandest und Dich der Frauen erwehrtest, welche mit Klagegeschrei und Jammergeheul in das Haus einzudringen versuchten, um geradezu zum Feuer noch Feuer zu bringen. Wenn man das Haus eines Freundes brennen sieht, löscht jeder so schnell und so gut er kann, wenn aber Seelen im Feuer stehen, so tragen sie ihnen noch Brennstoff zu. Und wenn einer ein Augenleiden

hat, so lässt man nicht jeden nach der entzündeten Stelle mit
der Hand greifen und berührt sie selbst nicht, der Trauernde
aber setzt sich hin und lässt von jedem, der kommt, sein Leiden wie einen Fluss in wilde Bewegung setzen, welches sich
dann aus einem leicht erregenden Kitzel zu einer schweren
und unheilbaren Krankheit verschlimmert. Ich bin daher
überzeugt, dass Du Dich vor dergleichen in Acht nimmst.

(8) Indessen versuche recht oft, Dich in Gedanken in
jene Zeit vor der Geburt des Kindes zu versetzen, als wir
uns noch nicht über das Schicksal zu beschweren hatten.
Und dann knüpfe die gegenwärtige Zeit an die frühere an,
so wirst Du finden, dass wir wieder in gleiche Verhältnisse
gekommen sind. Es würde, liebe Frau, aussehen, als ob uns
die Geburt dieses Kindes unangenehm gewesen sei, wenn
wir unsere Lage vor seiner Geburt für angenehmer erklären
würden. Allein, man braucht die beiden in der Mitte liegen-
den Jahre nicht aus der Erinnerung zu beseitigen, sondern
muss sie, da sie uns den schönsten Genuss verschafften, zur
vergnügten Zeit rechnen und nicht ein kleines Gut für ein
großes Übel halten oder darum, weil uns das Geschick nicht
alles, was wir erhofften, gewährt hat, auch für das Verliehene
undankbar sein. Denn es trägt immer gute und süße Früchte,
wenn man von den Göttern nur Gutes redet und das Schicksal mit Gleichmut und Zufriedenheit erträgt, und in Fällen
wie dem unsrigen wird derjenige, welcher hauptsächlich aus
der Erinnerung an das Gute schöpft und seinen Sinn von der
beunruhigenden Nachtseite weg zur glänzenden Lichtseite
des Lebens hinwendet, entweder den Kummer völlig vertreiben oder wenigstens nur als kleine unmerkliche Zugabe
zu seinem Gegenteil noch bestehen lassen. Wie nämlich ein
Salböl immer nicht nur den Geruchssinn erfreut, sondern
auch ein Mittel gegen schlechten Geruch ist, so gewährt auch
der Gedanke an das Gute im Schlimmen denen, welche sich
der Erinnerung an das Günstige nicht entziehen und nicht
immer und überall mit dem Schicksal unzufrieden sind, den

nötigen Beistand, dessen sie bedürfen. Das also dürfen wir nicht an uns kommen lassen, dass wir unser ganzes Leben für schlecht erklären, wenn es gleich einem Buch nur eine einzige verwischte Stelle aufweist und im Übrigen völlig rein gehalten und unverdorben ist.

(9) Du hast schon oft gehört, dass das Glück von richtigen Vorstellungen abhängt, welche zu einem festen Gemütszustand führen, und dass die Wechselfälle des Schicksals keine bedeutenden Abweichungen herbeiführen und keine wesentliche Störung des Lebens zur Folge haben. Wenn nun aber auch wir uns, wie der große Haufen, von äußeren Umständen leiten lassen und auch die Wirkungen des Schicksals einrechnen und das Urteil über unser Glück beliebigen Menschen überlassen müssen, so achte doch Du nicht auf die augenblicklichen Tränen und Beileidsergüsse derer, welche Dich besuchen, da diese in Folge einer schlechten Gewohnheit sich bei jedem aufdrängen, sondern bedenke vielmehr, wie sehr Du fortwährend von diesen Leuten wegen Deiner Kinder, Deines Hauses und Deiner Lebensart beneidet wirst. Es wäre daher sonderbar, wenn du, während andere mit Vergnügen Deine Lage – auch mit der Zugabe, die uns gegenwärtig drückt – eintauschen möchten, mit Deinem gegenwärtigen Zustand unzufrieden sein und vor lauter Kummer über das Unangenehme nicht einsehen würdest, wie viel Annehmlichkeit uns das bietet, was uns geblieben ist, sondern ebenso wie diejenigen, welche die am Anfang oder am Ende nicht vollwichtigen Verse Homers herausklauben und dabei die vielen großen Vorzüge des Gedichtes übersehen, nur die schlimmen Seiten des Lebens aufspüren und verwünschen und auf die unpassendste und regelloseste Weise über die günstigen Umstände hinwerfen würdest und so in dieselbe Lage kommen wie schmutzige und habsüchtige Menschen, welche viel Reichtum zusammenscharen, aber das, was sie besitzen, nicht genießen, sondern nur über das Verlorene jammern und murren. Bedauerst Du aber unsere

Tochter vielleicht darum, weil sie ehe- und kinderlos aus dem Leben ging, so kannst Du Dich andererseits wieder darüber freuen, dass Du jener beiden Vorzüge nicht hast entbehren dürfen. Denn es ist nicht so, als ob diese Güter für die, welche sie verlieren, großen Wert hätten und nur einen geringen für die, welche sie besitzen. Unsere Tochter aber, welche sich an einem Ort befindet, wo es keinen Schmerz mehr gibt, braucht uns keine Sorge mehr zu machen, denn wie sollte uns von ihr aus etwas Schlimmes zukommen, wenn sie selbst keinen Kummer mehr hat? Verliert ja auch der Verlust großer Güter seinen Stachel, wenn man dahin kommt, wo man sie nicht mehr braucht. Deine Timoxena aber hat nur einen unbedeutenden Verlust erlitten, denn sie hat nur Unbedeutendes gekannt und an Unbedeutendem Freude gehabt. Was aber ihrer Empfindung, ihren Gedanken und ihrem Willen fern lag – wie sollte man sagen können, sie habe es verloren?

(10) Was Du von anderen hörst, und viele glauben, dass es für den Verstorbenen überhaupt kein Übel mehr gebe, das zu glauben, halten dich, das weiß ich wohl, die von den Vätern überlieferte Lehre und die mystischen Sinnbilder der Dionysosfeier ab, die uns beiden als Eingeweihten bekannt sind. Demnach stelle Dir vor, dass es der nach unserem Glauben unsterblichen Seele ebenso geht, wie den eingesperrten Vögeln. Wenn sie nämlich lange Zeit in dem Körper aufgezogen worden ist und durch viel Umtrieb und lange Gewohnheit dieses Leben lieb gewonnen hat, so kommt sie wieder und kehrt von Neuem in einen Körper ein und hört niemals auf, sich durch solche Zeugung in die irdischen Leidenschaften und Zufälle zu verwickeln. Denn Du darfst nicht glauben, dass das Alter wegen seiner Runzeln, seiner grauen Haare oder seiner körperlichen Schwäche der Schmähung und Verachtung anheimfalle, sondern dies ist das Schlimmste an demselben, dass es die Seele der Erinnerung an die jenseitigen Dinge entfremdet und an die diesseitigen fesselt und sie

so zwängt und drückt, dass sie die Gestalt beibehält, die sie vom Körper in der Zeit ihres Zusammenseins mit demselben angenommen hat. Diejenige Seele aber, welche zwar auch an den Körper gefesselt, aber nur kurze Zeit an ihm verbunden war, wird von den höheren Geistern befreit und gelangt gleichsam durch eine sanfte und geschmeidige Biegung wieder in ihren natürlichen Zustand zurück. Wie nämlich ein Feuer, das ausgelöscht aber gleich darauf wieder angezündet wird, leicht wieder brennt und schnell wieder zu Kraft kommt, wenn es aber längere Zeit ausgelöscht bleibt, weit schwerer wieder anzufachen ist, so nimmt auch die Seele, welche nur kurze Zeit sich in der Finsternis dieses irdischen Lebens umhergetrieben hat, schnell das Licht des früheren Lebens wieder in sich auf. Diejenigen aber, denen es nicht gelingt, wie der Dichter sagt, so schnell wie möglich in die Pforte des Hades einzutreten,[270] haben nichts anderes vor sich, als dass sie in große Liebe zu irdischen Dingen verfallen und so vom Körper aus entkräftet werden und wie an Vergiftung dahinschmachten.

(11) Die Richtigkeit dieser Ansicht ergibt sich noch einleuchtender aus unseren altherkömmlichen Gewohnheiten und Gesetzen. Denjenigen nämlich, welche noch als Kinder sterben, bringt man keine Totenopfer, und man unterlässt bei ihnen auch die übrigen Handlungen, welche bei anderen Toten gebräuchlich sind, weil sie noch keine Gemeinschaft mit der Erde und den irdischen Dingen haben. Auch pflegt man bei solchen Toten weder der Bestattung beizuwohnen, noch ihre Gräber und ihren ausgestellten Leichnam zu besuchen und sich neben ihn zu setzen. Denn die Gesetze gestatten nicht, Tote von solchem Alter zu betrauern, weil dies bei solchen, welche in einen besseren und göttlicheren Zustand und Ort übergehen, nicht recht wäre. Ich weiß freilich wohl, dass diese Sache viele Schwierigkeiten bietet. Weil

---

270 Homer Ilias 6,646.

aber der Unglaube noch mehr Schwierigkeiten macht, als der Glaube daran, so wollen wir das Äußerliche dabei, wie es die Gesetze vorschreiben, beachten, das Innerliche aber noch viel mehr unbefleckt und rein und leidenschaftslos erhalten.

Gespräch über die Liebe

Flavianus:[271] Auf dem Helikon, sagst du, Autobulos, wurde das Gespräch über die Liebe geführt, welches du uns jetzt auf unsere Bitte hin, sei es aus deinen schriftlichen Aufzeichnungen oder, da du es ja deinen Vater so oft hast wiederholen lassen, aus dem Gedächtnis mitteilen wirst?

Autobulos:[272] Ja, auf dem Helikon bei den Musen, am Erosfest der Thespier.[273] Bekanntlich halten diese alle fünf Jahre dem Gott Eros wie auch den Musen überaus glänzende und prächtige Kampfspiele ab.

Flavianus: Weißt du auch, um was wir alle, die wir zu dieser Unterhaltung gekommen sind, dich bitten wollen?

Autobulos: Nein, aber ich will es mir von euch sagen lassen.

Flavianus: Verschone uns diesmal mit den Wiesen und Schatten, den Efeu- und Taxusgängen der Dichterlinge und den sonstigen Zutaten der Örtlichkeit, womit diese Leute die Szene am Ilissos, jenen Weidenbaum und den sanft ansteigenden Rasenplatz bei Platon[274] nachzumachen suchen – es sind Beschreibungen, die mehr Spielerei als schön sind.

Autobulos: Was braucht meine Erzählung eine solche Einleitung, mein lieber Flavianus? Gleich die Veranlassung, aus welcher das Gespräch entstanden ist, kündigt eine dramatische Aufführung an, hat eine Bühne und ermangelt keines sonstigen Erfordernisses zu einem Drama. Wir haben nichts zu tun als zuerst die Mutter der Musen[275] um ihren gnädigen

---

271 Älteter Sohn Plutarchs.
272 Ein weiterer Sohn Plutarchs.
273 Thespiai, Stadt in Boiotien an der Grenze zu Attika, Zentrum des Eros- und Musendienstes.
274 Platon, Phaidros, Kap. 5.
275 Mnemosyne, zuständig für das Gedächtnis.

Beistand zu bitten, damit sie uns helfe, die Erzählung treu zu bewahren.

(2) Vor Zeiten, noch ehe wir auf der Welt waren, als unser Vater unsere Mutter noch nicht heimgeführt hatte, ging er wegen eines Streites, der zwischen ihren Eltern herrschte, hin, um Eros zu opfern, und er nahm damals die Mutter mit auf das Fest, denn das Gebet und das Opfer waren für sie. Seine Begleiter waren seine Vertrauten von zu Hause. In Thespiai fand er Daphnaios, den Sohn des Archidamos, den Liebhaber und bevorzugtesten Freier von Simons Tochter Lysandra, und Soklaros, Aristions Sohn, von Thitorea. Gastfreunde waren da: Protogenes von Tarsos, Zeuxippos von Sparta, von den Boiotiern, sagt der Vater, fanden sich die meisten Vornehmen ein. Zwei oder drei Tage nun blieben sie in der Stadt und unterhielten sich in Muße in den Gymnasien und Theatern. Danach aber flohen sie vor dem schrecklichen Wettkampf der Kitharoiden,[276] der im Voraus durch Aufwartungen und Umtriebe entschieden war, zogen sich wie aus Feindesland zurück und nahmen ihr Quartier auf dem Helikon bei den Musen. Am anderen Morgen stießen zu ihnen Anthemion und Peisias, zwei angesehene Männer, beide Vertraute des schönen Bakchon und doch fast miteinander entzweit wegen des beiderseitigen Interesses an dem Jüngling. In Thebai gab es nämlich eine Frau namens Ismenodora, durch Reichtum und Herkunft hoch gestellt und sonst von tadellosem Wandel. Sie lebte, obgleich jung und schön, lange ohne Nachrede im Witwenstand. Nun geschah es, dass sie dem Bakchon, dem Sohn einer ihr befreundeten Frau, die Verbindung mit einem Mädchen in ihrer Verwandtschaft vermittelte und nun in der Folge des häufigeren Zusammenseins und der Unterhaltung mit dem jungen Mann selbst Interesse für ihn bekam. Und da sie günstig über ihn reden hörte und selbst so über ihn redete, zudem die Menge acht-

---

276 Musikanten.

barer Liebhaber sah, welche ihm folgten, steigerte sich ihr Interesse für ihn zur Liebe. Sie hatte aber nichts Unehrenhaftes im Sinn, sondern beabsichtigte, ihn zu heiraten und offen mit ihm zu leben. War nun die Sache schon an sich ein auffallendes Ereignis, so sah besonders die Mutter des Jünglings mit Besorgnis die hohe Stellung und den Stolz der Familie, Umstände, denen die Verhältnisse des Liebhabers nicht angemessen waren. Auch einige seiner Kameraden beteiligten sich an der Sache, machten Bakchon Angst wegen des Altersunterschiedes zwischen ihm und der Frau und trieben ihren Spott darüber. Und so wurden sie zu wirksameren Widersachern der Heirat als die, welche sie ernsthaft hintertrieben. Denn er schämte sich, noch Ephebe[277] und schon der Mann einer Witwe zu sein. Doch entschloss er sich, auf niemanden sonst etwas zu geben und die Sache nur Peisias und Anthemion zur Entscheidung zu überlassen, auf dass sie ihm das Beste raten sollten. Anthemion war sein älterer Vetter, Peisias der ernsthafteste unter seinen Liebhabern. Deswegen war er auch gegen die Heirat und warf Anthemion vor, er werfe den Jüngling an Ismenodora weg. Jener aber hielt ihm vor, dass er Unrecht tue und, so sehr er sonst ein rechtschaffener Mann sei, es hierin wie die nichtswürdigen Liebhaber mache und den Geliebten von Haus, Heirat und ernstlichen Geschäften abziehe, damit ihm derselbe von niemandem berührt und jungfräulich bleibe und die meiste Zeit in den Ringerschulen damit zubringe, den Körper nackt zu üben und zu zeigen.

(3) Diese beiden Männer kamen denn auch. Um aber einander nicht zu reizen und dadurch allmählich in Zorn zu bringen, bestellten sie den Vater und seine Gesellschaft zu Schieds- und Kampfrichtern. Von den übrigen Freunden fiel nun, wie wenn es verabredet gewesen wäre, dem einen Daphnaios, dem anderen Protogenes zu. Letzterer schalt

---

277 Noch nicht im Mannesalter stehend.

ordentlich auf Ismenodora, Daphnaios aber sagte: »Beim Herakles, was muss man noch erleben, wenn Protogenes als Gegner des Eros auftritt, er, der in Scherz und Ernst keinen Gegenstand und kein Motiv kennt als die Liebe und darüber

die Gespräche vergisst und die Heimat vergisst,[278]

nicht wie Laios, der nur fünf Tage von der Heimat weg war; eine falsche Liebe ist lahm und matt. Die deinige ist von Kilikien nach Athen

mit rasch bewegtem Flügelschlag
übers Meer dahergezogen,

schöne Knaben zu sehen und mit ihnen herumzuziehen.« Denn in der Tat hatte Protogenes ursprünglich eine solche Veranlassung zu seiner Reise.

(4) Diese Worte erregten Gelächter. Aber Protogenes erwiderte: »Wie, du meinst, ich kämpfe gegen den Eros und streite nicht vielmehr für Eros gegen Unsittlichkeit und Frechheit, die sich mit den gemeinten Absichten und Leidenschaften in die edelsten und erhabensten Benennungen hineindrängen?

DAPHNAIOS: Wie, gemein nennst du die Ehe und die Vereinigung von Mann und Frau, die heiligste Verbindung, die es gibt und je gegeben hat?

PROTOGENES: Dieses Tun ist freilich notwendig zur Zeugung, und mit Fug und Recht wird es daher von den Gesetzgebern gegenüber der große Masse erhoben und angepriesen.[279] Die wahrhafteste Liebe aber hat gar nichts gemein mit dem Frauengemach und ich behaupte, dass ihr, die ihr zu Frauen und Jungfrauen Leidenschaften habt, nicht liebt, so wenig wie die Fliege die Milch oder die Biene die Honigwabe oder die Mäster und Köche die Kälber und Vögel, welche sie im

---

278 Aus einer verlorenen Tragödie des Aischylos oder des Euripides oder aus einer Komödie des Komikers Plato.
279 Vgl. Platon, Symposion, Kap. 16.

Dunkeln mästen.[280] Sondern wie das Bedürfnis nach Brot
und Fleisch in mäßiger und zureichender Menge natürlich
ist, das Übermaß aber, das zur Leidenschaft wird, Gefräßig-
keit und Leckerhaftigkeit genannt wird, so liegt allerdings
in der Natur das Bedürfnis des gegenseitigen Genusses von
Mann und Frau. Aber den großen, unbändigen Trieb, der mit
der Heftigkeit der Leidenschaft auf dieses Ziel hinstürmt,
nennt man zu Unrecht Liebe. Denn die Liebe, welche eine
edle jugendliche Seele ergreift, wird durch das Mittel der
Freundschaft zu einer Vereinigung in der Tugend. Die Leidenschaft für Frauen aber besteht im besten Fall darin, dass
man Sinneslust und den Genuss der körperlichen Schönheit
gewinnt. Dies bezeugt Aristippos,[281] der auf die Vorhaltung,
Lais liebe ihn nicht, entgegnete, er sei überzeugt, dass auch
der Wein und der Fisch ihn nicht liebten, und doch genieße
er den Wein und den Fisch gerne. Denn Ziel der Begierde
sind Lust und Genuss. Die wahre Liebe aber kann, wenn
sie den Glauben an die innere Zuneigung verloren hat, nicht
mehr bleiben und weiterhin den schönen Gegenstand um-
fassen nur wegen der sinnlichen Schönheit allein, wenn diese
Blüte die sittliche Frucht nicht trägt, welche zur inneren
Zuneigung und zur Tugend führt. So hörst du den Ehemann
in der Tragödie zu seiner Frau sprechen:

Du hassest mich? – In deinem Hasse trag ich's leicht.

Ebenso wenig wie hier ist wahrhafte Liebe in dem, der nicht
um des Gewinns willen, sondern des geschlechtlichen Umgangs und des Liebesgenusses wegen eine widerwärtige,
herzlose Frau erträgt, wie der Komiker Philippides[282] sagt,
indem er den Redner Stratokles verhöhnt:

---

280 Über dieses Geschäft vgl. Seneca, Epistulae morales, 122.
281 Sokratiker und Stifter der kyrenäischen Schule, seine Geliebte war die
    Hetäre Lais, die ältere aus Korinth.
282 Dichter der neuen attischen Komödie um 300 v. Chr., ein Freund und
    Günstling des makedonischen Königs Lysimachos, verfolgte besonders

Du quälst dich, die eine zu lieben, die dir den Rücken kehrt.

Soll nun auch diese Empfindung Liebe heißen, so muss man sie eine weibische, eine Bastardliebe nennen, die in die Frauengemächer gehört wie die Bastarde nach Kynosarges.[283] Ja wie man einen Adler den echten nennt, nämlich den Bergadler, der bei Homer[284] der schwarze, der jagdliebende heißt, andere Arten aber unecht sind, die in den Sümpfen und Niederungen hausen, Fische und träge Wasservögel fangen und oft in der Not ein Hunger- und Jammergeschrei ertönen lassen, so ist die echte Liebe die Knabenliebe, die nicht, wie Anakreon von der Mädchenliebe sagt, vom Verlangen trieft, nicht mit Salben übergossen ist, nicht von Lust strahlt, sondern ungeziert und unverweichlicht siehst du ihn (den Eros) in den Philosophenschulen oder auf Ringer- und Turnplätzen, wo er bei der Jagd auf Knaben den hellen und edlen Ruf zur Tugend ergehen lässt an die, welche seiner Aufmerksamkeit würdig sind. Dagegen die schmachtende, stubenhockende, im Weiberschoß auf Weiberbetten herumliegende Liebe, die immer dem Weichlichen nachjagt und in unmännlichen, herzlosen und geisttötenden Genüssen schwelgt, verdient, dass man sie herabwürdige, wie es auch Solon getan hat,[285] indem er den Sklaven verbot, männliche Kinder zu lieben und sich trocken zu salben,[286] ihnen aber nicht untersagte, mit Frauen Umgang zu pflegen. Denn die Seelenliebe ist etwas Schönes und Edles, die sinnliche aber

---

Stratokles, den Schmeichler der Könige Demetrios Poliorketes und Antigonos, mit seinem Spott; vgl. zu ihm Plutarch in der Lebensbeschreibung des Demetrios, 12,26.
283 Gymnasion in Athen am Berg Lykabettos, dem Herakles heilig, in dem sich die nicht ebenbürtigen Bürger Athens übten.
284 Ilias 21,252: Ungestüm wie der Adler, der schwarzgeflügelte Jäger, / welcher der mächtigste ist und geschwindeste aller Vögel.
285 Plutarch, Solon, Kap. 1
286 In der Ringerschule zum harten Kampf, nicht nach dem Bad zur Körperpflege.

gemein und unedel. Daher ist auch, einen Sklavenknaben zu lieben, eines Freien und Edlen nicht würdig, denn diese Liebe ist nur Fleischesliebe wie die zu den Frauen.

(5) Protogenes wollte noch mehr sagen, aber Daphnaios unterbrach ihn:

Gut, dass du Solon erwähnt hast, von ihm wollen wir uns den Liebhaber zeichnen lassen:

Noch vor der Mannbarkeit pflücke die Blüte der lieblichen
  Knaben,
reizt dich der Schenkel Zier, reizt dich die Süße des Mundes.[287]

Und zu Solon hinzu hast du noch die Worte des Aischylos:

Der edlen Glieder Schönheit hast du nicht geschont,
wie undankbar vergiltst du der Küsse Fülle, du![288]

Andere verlachen diese Vorschriften, welche die Liebhaber gleich Opferschauern und Wahrsagern nach den Schenkeln und Hufen sehen heißen. Ich aber nehme solches als ein bedeutendes Argument für die Frauenliebe. Denn wenn die widernatürliche Liebe zu Knaben die wahrhafte innere Zuneigung nicht aufhebt und ihr nicht abträglich ist, so ist es doch weit mehr möglich, dass die naturgemäße Liebe zwischen Mann und Frau durch die Minne ($\chi\acute{\alpha}\rho\iota\varsigma$) zur Liebe der Seelen werde. Minne hat, mein Bester, bei den Alten das Gewähren der Frau gegen den Mann geheißen. So sagt Pindar, Hephaistos sei ohne Minne von der Hera geboren worden,[289] und Sappho sagt in der Anrede an ein noch nicht erwachsenes Mädchen:

Noch scheinst du ein kleines Kind,
nicht geschickt für der Minne Werk.

---

287 Überliefert bei Athenaios, 13,602e.
288 Aus den Myrmidonen des Aischylos, wo Achill den Tod des geliebten
  Patroklos mit diesen Worten beweint, überliefert bei Athenaios, 13.
289 Zweite Pythische Ode, 42f.

Und Herakles wird irgendwo gefragt:

Gewannst mit Gewalt du die Minne oder als Geschenk?

Die Begattung mit einem Mann aber ist – sei es wider dessen
Willen, also durch einen Akt der Gewalt und des Raubes,
vollzogen oder mit seinem Willen, was ein weichliches, wei-
bisches sich Hingeben nach Art der Tiere, wie Plato sagt,[290]
zu einem unnatürlichen Zeugungsakt vorausgesetzt – in
jedem Fall eine Befriedigung des Triebes, ohne Lust, ohne
Art, ohne Liebesgenuss. Daher muss auch Solo die genann-
ten Worte geschrieben haben, als er noch ein Jüngling war:
„strotzend vor Zeugungskraft", wie Plato sagt.[291] Als er aber
älter geworden war, schrieb er:

Jetzt lieb ich die Gaben der Kypris, des Bakchos, der Musen,
welche Wonne und Lust schenken dem Menschengeschlecht,[292]

da er nunmehr von der sturmbewegten See der Knabenlieb-
schaften in den windstillen Hafen der Ehe und der Philosophie eingelaufen war. Wenn wir nun, mein Protogenes,
die Sache der Wahrheit gemäß betrachten, so ist es ein und
dieselbe Liebesleidenschaft, welche sich in der Knabenliebe
und der zu den Frauen zeigt. Wenn du aber fortschreiten
und einen Unterschied festhalten willst, so tut die Knabenliebe Unrecht daran, dass sie, eine späte, unzeitige, unechte,
heimliche Frucht des Lebens, die echte ältere Schwester
austreiben will. Denn erst seit gestern und vorgestern, seit
sich die Jünglinge nackt ausziehen, hat sie sich in die Gymnasien eingeschlichen, und machte anfangs in aller Stille in
den Übungen und Anstrengungen mit. Dann aber wuchsen
ihr in den Ringerschulen allmählich Flügel, und jetzt ist es
nicht mehr auszuhalten, wie sie die eheliche Liebe, die dem

---

290 Phaidros, Kap. 31.
291 Nomoi, Kap. 8.
292 Plutarch, Solon, Kap. 31.

Menschengeschlecht zur Unsterblichkeit verhilft,[293] indem sie unser Lebenslicht wieder anzündet durch die Zeugung – wie sie diese schmäht und in den Kot drückt. Sie leugnet die Fleischeslust, denn sie schämt sich und fürchtet sich, diese zu gestehen. Sie muss einen anständigen Namen haben dafür, dass sie die schönen, blühenden Körper betastet. So nimmt sie zum Aushängeschild die Freundschaft der Seelen und der Tugend. Sie bedeckt sich mit Staub, badet kalt, zieht die Brauen in die Höhe, gebärdet sich als Denker und Weiser – außer Hause natürlich, den Gesetzen zuliebe, aber in der Stille der Nacht:

Wie süß schmecken die Früchte, ist der Hüter fort.

Hat aber, wie Protogenes behauptet, die Knabenliebe nichts mit fleischlichem Liebesgenuss gemein, so frage ich: Wie kann Eros ohne die Werke der Aphrodite sein, welche zu ehren und zu verherrlichen und an deren Ehren, soviel sie ihm gibt, teilzuhaben ihm von den Göttern bestimmt ist? Wenn es aber einen Eros ohne Aphrodite gibt, wie es auch einen Rausch gibt ohne Wein, nämlich vom Feigen- und Gerstensaft, so ist dies eine Leidenschaft ohne Frucht und ohne Zweck, der Appetit eines übersättigten, überreizten Magens.

(6) Durch diese Rede fühlte sich, wie man deutlich sah, Peisias verletzt und wurde böse auf Daphnaios. Als daher dieser eine kleine Pause machte, sprach er:

Beim Herakles, welche Unbesonnenheit und Frechheit, zuzugeben, dass Mann und Frau durch das Glied wie die Hunde zusammenwachsen, und so den Gott Eros zu verwandeln und aus den Gymnasien, den Spaziergängen und der freien, offenen Bewegung an der frischen Luft weg in die Bordelle, unter die Messer, Zaubertränke und Verführungskünste unzüchtiger Frauen zu verbannen – unzüchtiger sage

---

293 Plato, Symposion, Kap. 25f.

ich, denn anständigen Frauen gebührt weder zu lieben, noch sich lieben zu lassen.

Hier aber, sagte Vater, habe er, an Protogenes gewendet, ausgerufen:

Dies Wort ruft zu den Waffen der Achaier Volk.

Beim Zeus, Peisias macht uns zu Parteigängern des Daphnaios, so maßlos ergeht er sich, indem er die Ehe nur als eine Paarung ohne alle Liebe und ohne die göttliche Seelenzuneigung sieht, eine Vereinigung, die, wie die Erfahrung zeigt, kaum Scham und Furcht in Grenze und Schranke hält, wenn die Anziehung und der Zauber der Liebe wegfallen.

PEISIAS: Mir ist die Sache ziemlich gleichgültig, dem Daphnaios aber, sehe ich, geht es wie dem Erz, das auch nicht so sehr vom Feuer an sich wie vom glühend gemachten flüssigen Erz, welches man darauf gießt, geschmolzen und in Fluss gebracht wird. Auch ihn regt nicht unmittelbar die Schönheit der Lysandra an, sondern er wird nur angesteckt vom durchglühten und in Flammen stehenden Nachbarn, mit dem er schon lange in Berührung steht. Und wenn er nicht schnell zu uns übertritt, so muss er notwendig zerschmelzen. Doch ich sehe, schloss er, was Anthemion so gerne sehen möchte, dass auch ich den Richtern zu nahe trete.

ANTHEMION: Nein, du hast ganz recht getan, du hattest von Anfang an die Pflicht, deine Stellung in der vorliegenden Frage darzustellen.

(7) PEISIAS: So sage ich denn, nachdem ich vorausgeschickt habe, dass er meinetwegen alle Frauen miteinander zu seinen Geliebten machen kann: Der Jüngling (Bakchon) muss vor dem Reichtum der Frau (Ismenodora) auf der Hut sein, damit wir ihn nicht unvermerkt wie das Zinn im Erz verschwinden sehen, indem wir ihn in eine so hohe und gewichtige Verbindung hineintreiben. Denn schon, wenn sich ein Jüngling mit einer einfachen, gewöhnlichen Frau verbindet, wird die Mischung, wie es beim Wein ist, einen

bedeutenden Einfluss haben. Hier aber haben wir eine Frau, die zum Herrschen und Tonangeben bestimmt scheint, denn sonst würde sie nicht so angesehene adlige, reiche Verbindungen abschlagen und einen neugebackenen Jüngling begehren, der noch einen Hofmeister braucht. Wer gescheit ist, der beschneidet sozusagen von selbst den Weibern die Flügel und schränkt ihren übermäßigen Reichtum ein, welcher zur Üppigkeit, zu Torheiten der Unanständigkeit und Eitelkeit verleitet, durch welche verrückt geworden sie oft davonfliegen; und auch wenn sie bleiben, so ist es noch besser an goldene Ketten, wie die Äthiopier,[294] als an den Reichtum einer Frau gefesselt zu sein.

(8) PROTOGENES: Du hast vergessen zu bemerken, dass wir in Gefahr sind, die Vorschrift Hesiods widersinnig und lächerlich umzukehren:

Weder zu viel darf fehlen dem Mann zu dreißig Jahren,
noch auch viel drüber. So hast du das passende Alter;
aber beim Weibe genügt es, vier Jahre zu bleiben als
*   Jungfrau,*[295]

wenn wir mit einer so viele Jahre älteren Frau einen unreifen Mann verbinden wollen, wie man es mit unreifen Blüten der Palme und der Feige tut.[296] Aber, heißt es, sie liebt ihn und glüht für ihn. Wer will ihr nun wehren, vor seiner Tür zu schwärmen, das Ständchen zu singen, seine Bilder zu bekränzen, mit ihren Nebenbuhlern zu ringen? Denn das sind die Taten der Verliebten. Dann soll sie die Augenbraue herabziehen und aufhören, sich zu zieren und das Aussehen einer Liebeskranken anzunehmen. Hat sie aber Sittsamkeit

---

294 Herodot, Geschichte, 3,23.
295 Hesiod, Werke und Tage, 695ff., bei Frauen geht man nach dieser Berechnung vom 18. Lebensjahr als dem heiratsfähigen Alter aus.
296 Die wilde Feige trägt nur männliche Früchte, aber in diesen entsteht eine Gallwespe, welche, wenn jene Blüten der zahmen Feige angebunden werden, in deren Fruchtkapsel übergeht und durch den Stich in diese die Reife der Feige befördert, so die antike Vorstellung.

und Anstand, so soll sie ordentlich zu Hause bleiben und ihre Freier und Verehrer dort abwarten. Eine Frau aber, die offen ihre Liebe zur Schau trägt, muss man meiden und verabscheuen, damit man es nicht zu büßen habe, mit einer solchen Verletzung der Sitte und des Anstands in die Ehe getreten zu sein.

(9) Als Protogenes zu Ende war, sprach Vater:

Siehst du, Anthemion, wie sie gemeinschaftliche Sache machen und wie sie zwingende Beweise gegen uns beibringen, die wir die eheliche Liebe nicht leugnen und uns nicht scheuen, ihre Parteigänger zu sein?

ANTHEMION: Verteidige du uns, der du selbst ein Erosjünger bist, die Sache mit mehr Worten, hauptsächlich aber schaffe Hilfe wegen des Reichtums, mit dem uns Peisias am meisten Angst macht.

VATER (PLUTARCHOS): Was kann man nicht alles aussetzen an einer Frau, wenn wir Ismenodora wegen ihres Reichtums und ihrer Liebe verwerfen! – »Weil sie reich und deswegen auch herrschsüchtig sei!« Wie dann, wenn eine schön und jung oder durch ihre Herkunft hochgestellt und vornehm ist? Die sittsamen Frauen aber – sie haben nichts Herbes, Naserümpfendes, Gehässiges, Bitteres, Unerträgliches, und doch nennt man sie Plagen und Widersacherinnen der Männer, weil sie sittsam sind. So ist es also am besten, eine von der Straße weg zu heiraten, eine Thrakerin Abroton[297] oder eine Milesierin Bakchis,[298] ein heimatloses Geschöpf, das man einfach durch einen Kaufbrief heimführt? Aber auch von solchen Frauen sind, wie die Geschichte lehrt, manche aufs Schmählichste zu Knechten gemacht worden. Samische Flötenspielerinnen und Tänzerinnen wie eine Aristonike, die Tro Sievekig mmelschlägerin Oinanthe, Agathokleia sind zu Königskronen emporgestiegen. Die Syrerin Semiramis

---

297 Nach Plutarch, Themistokles, Kap. 1, die Mutter des Themistokles.
298 Die berühmte Hetäre Bakchis stammte aus Samos; Milet dagegen galt als die eigentliche Heimat der Hetären.

war Dienerin und Kebsweib eines königlichen Haussklaven, welche, als der große König sie kennengelernt und lieb gewonnen hatte, ihn so beherrschte und so übermütig wurde, dass sie sich ausbat, nur einen Tag mit dem königlichen Diadem auf dem Thron sitzen und Audienz erteilen zu dürfen. Und als er ihr Bitte gewährte und allen befahl, ihr zu dienen und zu gehorchen wie ihm selbst, machte sie sich an die Trabanten und gab anfangs nur bescheidene Befehle, da sie sie aber ohne Zögern willig fand, befahl sie ihnen, König Ninos zu ergreifen, zu binden und schließlich zu töten. Und danach regierte sie lange Zeit mit Ruhm über Asien. Und beim Zeus, war nicht Belistiche, eine Barbarenfrau, vom Markt gekauft, der in Alexandria Tempel und Heiligtümer errichtet sind mit der Inschrift, welche der König aus Liebe zu ihr machen ließ: »Der Aphrodite Belistiche heilig«? Und die Tempelgenossin des Eros hier in unserer Stadt,[299] die in Gold unter Königinnen und Königen in Delphi steht – in welchem Grad hat sie ihre Liebhaber beherrscht?

Aber wie jene Männer, durch ihre Schwäche und Weichlichkeit unvermerkt die Beute dieser Frauen geworden sind, so sind wiederum andere, unberühmte und arme Männer, die sich mit reichen und vornehmen Frauen verbanden, nicht zugrunde gegangen, sondern haben in Liebe mit ihnen gelebt im Besitz von Ehre und Macht. Der aber, welcher seine Frau einschränkt und in die Enge einschließt wie einen Ring um einen dünnen Finger, damit er nicht abfällt, der gleicht Leuten, die den Stuten die Mähne abschneiden und sie dann ans Wasser führen. Denn man sagt, wenn eine Stute ihr Bild so entstellt und schmucklos sehe, so verliere sie ihren Stolz und lasse sich die Begattung von Eseln gefallen.[300] Gewiss ist

---

299 Die Hetäre Phryne aus Thespiai. Nach Pausanias 9,27,4 stand in ihrer Vaterstadt im Tempel des Eros ihre Statue neben dem Eros des Praxiteles, welche sie dem Tempel geschenkt hatte. Auch in Delphi soll von ihr eine Statue von Praxiteles gestanden haben.
300 Vgl. Aelian, Tiergeschichten, 11,18.

es unedel und unehrenhaft, bei einer Frau eher auf Reichtum als auf Tugend und vornehme Geburt zu sehen, aber es ist töricht, ihn zu verschmähen, wenn er mit Tugend und Adel verbunden ist. Antigonos[301] hat dem Aufseher über die Besitzungen von Munychia[302] geschrieben, er solle nicht nur das Halsband stark, sondern auch den Hund schwach machen, und ihm damit befohlen, den Reichtum der Athener zu beschränken. Dem Mann einer reichen und schönen Frau geziemt es durchaus nicht, auch seine Frau hässlich und arm zu machen, sondern er soll durch Selbstbeherrschung und Verstand und dadurch, dass er sich durch jene Vorzüge nicht aus der Fassung bringen lässt, sich unabhängig und ihr ebenbürtig machen, indem er seinen Charakter in die Waagschale legt, durch dessen Gewicht und Schwere das Gleichgewicht auf eine schöne und zugleich wohltätige Weise hergestellt und bestimmt wird.

Ferner ist doch gewiss das gehörige Alter und die Reife zum Gebären und Zeugen für die Ehe ganz passend, und soviel ich höre, steht die Frau in voller Blüte. Denn, fuhr er fort, dem Peisias zulächelnd, sie ist keinem ihrer Nebenbuhler[303] an Jahren voraus und hat keine grauen Haare wie manche von denen, welche sich an Bakchons Seite verjüngen. Wenn aber diese das passende Alter haben, mit dem Jüngling Umgang zu pflegen – was hindert, dass auch sie, besser als ein junges Mädchen, dem Jüngling anstehen wird? Denn junges Blut mischt und verträgt sich schlecht und verliert nur mit Mühe nach langer Zeit die wilden Sprünge des Übermuts. Anfangs aber ist es aufbrausend und widerspenstig, umso mehr, wenn die Liebe dazu kommt, und pflegt, wie der Wind das Schiff ohne Steuer, die Ehe in Verwirrung und Unordnung zu setzen, da es zum Herrschen nicht die Kraft und zum Gehorchen nicht den Willen hat. Wenn aber der

---

301 Antigonos Gonatas, der 287 v. Chr. Athen unterjochte.
302 Zitadelle der Häfen Athens.
303 Bakchons Liebhaber, zu denen Peisias gehörte.

Säugling von der Amme, der Knabe vom Lehrer, der Jüngling
vom Turnmeister, der Geliebte vom Liebhaber, der Erwach-
sene vom Gesetz und vom Anführer geleitet und regiert wird
und keiner ohne Herren und Obrigkeit ist – was ist es dann
Arges, wenn eine verständige ältere Frau das Leben eines
jungen Mannes leitet, die ihm zugleich nützlich ist durch
ihren reifen Verstand und angenehm und gewogen durch ihre
Zuneigung? Schließlich müssen wir als Boiotier den Herakles
in Ehren halten[304] und dürfen die Ungleichheit des Alters
in der Ehe nicht missbilligen, da wir wissen, dass auch er
seine Gemahlin Megara, welche in einem Alter von bereits 33
Jahren stand, dem erst sechzehnjährigen Jolaos vermählte.[305]

(10) Während sie sich, erzählte der Vater, in diesen Ge-
sprächen ergingen, kam ein Freud des Peisias aus der Stadt
in vollem Lauf dahergeritten mit der Nachricht, dass eine
höchst auffallende Tat geschehen sei. Da nämlich Ismenodora, wie es scheint, gemerkt hatte, dass Bakchon selbst der
Heirat nicht abgeneigt sei, sich aber vor denen, die ihm ab-
rieten, scheute, beschloss sie den Jüngling nicht aufzugeben.
In dieser Absicht rief sie die jüngsten ihrer Freunde, die ihrer
Liebe günstig gegenüberstanden, und ihre Bekannten unter
den Frauen zu sich zusammen und passte die Stunde ab,
da Bakchon auf dem Weg zur Ringerschule regelmäßig an
ihrem Haus vorbeizugehen pflegte. Als er nun gesalbt mit
zwei oder drei Begleitern herankam, ging ihm Ismenodora
selbst an die Tür entgegen und berührte nur sein Gewand,
während ihre Freunde hübsch den Hübschen am Gewand
und an der Spange fassten, ihn in ihre Mitte nehmend ins
Haus hineinzogen und sofort die Türe schlossen. Sogleich
rissen ihm drinnen die Frauen den Mantel ab und zogen ihm
den Rock des Bräutigams um; die Diener sprangen durch
die Stadt und bekränzten nicht nur die Tür Ismenodoras,

304 Dessen Mutter Alkmene war die Frau des thebaischen Königs Amphytrion.
305 Treuer Gefährte Herakles'.

sondern auch die Bakchons mit Öl- und Lorbeerzweigen, und die Flötenspielerin durchzog spielend die Straße. Von den Bürgern und den Fremden aber lachten die einen, die anderen waren ärgerlich und stachelten die Vorsteher des Gymnasions auf, welche über die Jünglinge streng wachen und auf alle ihre Handlungen achthaben. Auf die Wettspiele aber gab niemand mehr acht, sondern alle verließen das Theater und strömten vor das Haus Ismenodoras. Und hier besprach und stritt man sich nun.

(11) Als nun der Freund des Peisias wie im Krieg dahergeritten kam und eben diesen Bericht verworren vorbrachte, dass nämlich Ismenodora den Bakchon geraubt habe, lachte, wie der Vater erzählte, Zeuxippos und rief, da er ein Verehrer des Euripides war:

Der Streich ist keck, doch menschlich und verzeihlich wohl.[306]

Aber Peisias sei aufgesprungen mit den Worten: »Wohin wird diese Freiheit noch führen, die unsere Stadt ins Verderben stürzt? Von der Freiheit kommt es jetzt schon zur Frechheit, doch es ist wohl lächerlich, von Recht und Gesetz zu sprechen – gegen die Natur selbst wird gesündigt, wenn sie von Weibern sich meistern lässt. Was ist Lemnos gegen das?[307] Auf denn«, schloss er, »auf, lasst uns auch das Gymnasion und das Rathaus den Frauen überantworten, wenn der Stadt Kraft so ganz und gar gelähmt ist!«

Da Peisias so voranging, blieb Protogenos nicht zurück, teils ebenfalls seinen Unwillen äußernd, teils jenen besänftigend, Anthemion aber sagte: »Das ist allerdings eine kecke und wahrlich eine lemnische Tat eines leidenschaftlich verliebten Weibes. Ich darf es wohl sagen, wir sind ja unter uns.«

Lächelnd fiel Soklaros ein: »Meinst du denn es sei ein Raub und eine Gewalttat und nicht vielmehr eine zu seiner

---

306 Aus einem verlorenen Stück des Dichters.
307 Die Frauen von Lemnos brachten nach Herodot, Geschichte, 6,138, ihre Männer um und führten eine neue Gesellschaftsordnung ein.

Entschuldigung von dem schlauen Jüngling ersonnene List,
dass er den Klauen seiner Liebhaber entfloh und sich in die
Arme einer schönen reichen Frau warf?«

ANTHEMION: Sprich nicht so, mein Soklaros, und glaube das
nicht von Bakchon; wäre er auch nicht eine offene und redliche Natur, so hätte er doch dies gewiss nicht vor mir ver-
heimlicht, da er mich sonst in allem zum Vertrauten macht
und überdies in mir einen bereitwilligen Helfer der Ismenodora sah. Nein – mit der Liebe ist schwer zu kämpfen, nicht
mit dem Zorn, wie Herakleitos sagt.[308] Denn für das, was
sie will, gibt sie Leben, Vermögen und Ruf hin. Denn gibt
es etwas Sittsameres in der Stadt als Ismenodora? Wann ist
eine üble Nachrede auf sie oder der Verdacht einer schlechten Handlung auf ihr Haus gefallen? Es scheint vielmehr in
der Tat eine Art übernatürlichen Entschlusses in die Frau
gefahren zu sein, mächtiger als menschliche Überlegung.

(12) Pemptides sagte lachend: »Bekanntlich gibt es eine
Krankheit des Körpers, die man die heilige nennt.[309] So ist
es nicht ungereimt, wenn manche die wütendste, heftigste
Leidenschaft der Seele heilig und göttlich nennen. Ich habe
einmal in Ägypten zwei Nachbarn sich miteinander streiten sehen wegen einer Schlange, die auf dem Weg kroch,
wobei beide sie als einen guten Dämon betrachteten und
jeder sie für sich alleine haben wollte. Dies fiel mir ein, als
ich von euch soeben die einen den Eros ins Männer-, die
anderen ins Frauengemach hineinziehen sah, als ein über-
natürliches, göttliches Gut. So wunderte ich mich nicht, dass
dieser Leidenschaft solche Macht und Ehre zukomme, da sie
von Leuten gefördert und geehrt wird, denen es vielmehr
zukäme, sie überall zu vertreiben und zu unterdrücken. Bis
jetzt bin ich still gewesen, weil ich sah, dass der Streit nicht
mehr in persönlichem als in allgemeinem Interesse geführt

---

308 Herakleitos aus Ephesos, Philosoph des 6. Jhs. v. Chr., bekannt durch den
    Lehrsatz: Πάντα ῥεῖ.
309 Epilepsie.

wurde. Nun aber, da ich den Peisias los bin, möchte ich von euch gerne hören, aus welchen Gründen diejenigen, welche zuerst den Eros für einen Gott erklärten, dies getan haben.«

(13) Als Pemptides zu Ende war, wollte unser Vater eben auf seine Rede antworten, da kam ein zweiter Bote aus der Stadt, welchen Ismenodora nach Arthemion geschickt hatte. Denn die Unruhe dauerte an, und unter den Vorstehern des Gymnasions war ein Streit ausgebrochen: Der eine meinte, man müsse den Bakchon herausverlangen, der andere wollte von keiner Einmischung in den Handel wissen. So ging denn auch Anthemion fort. Vater aber sprach, sich namentlich an Pemptides wendend:

»Du scheinst mir, Pemptides, eine große und bedenkliche Frage zu berühren, ja ganz und gar das Feststehende zu erschüttern hinsichtlich des Götterglaubens, den wir haben, indem du für jeden einzelnen Gott einen Grund und Beweis seines Daseins verlangst. Der alte Glaube der Väter aber ist vollständig ausreichend und der überzeugendste Beweis, der sich sagen und erdenken lässt,

mehr als des schärfsten Geistes Weisheit mag erspähen.[310]

Das ist der feste Grund und die gemeinsame Stütze der Gottesfurcht, und wenn seine Gewissheit und Geltung in einem Stück angegriffen und erschüttert wird, so wird sie in allem schwankend und verdächtig. Du hast doch wohl gehört, wie Euripides mit dem Anfang seiner Melanippe,[311]

Zeus, welcher ist, – soviel nur weiß ich, als man sagt,

angefochten wurde. Da er sich, wie es heißt, den Tadel des Areopags gegen das sonst sehr glänzende und gewaltige Stück auf den Hals zog, änderte er den Vers so, wie er jetzt lautet:

---

310 Euripides, Bakchen, 203.
311 Ein verloren gegangenes Stück.

Zeus, wie der Wahrheit hoher Mund verkündigt.[312]

Was macht es aber für einen Unterschied, ob die Ehre des Zeus oder der Athene oder des Eros in Zweifel oder in Frage gestellt wird? Denn weder ist es jetzt erst so, dass Eros Altäre und Opfer verlangt, noch ist er ein Eindringling irgendeines barbarischen Aberglaubens, wie ein Attes und Adonis,[313] durch Verschnittene oder Weiber eingeführt, dass er heimlich ihm nicht gebührende Ehren genösse oder der Anklage wegen Erschleichung des Bürgerrechts im Himmel und Unebenbürtigkeit unterworfen wäre. Sondern, mein Freund, wenn du den Empedokles sagen hörst:

Auch die Liebe, den anderen gleich an Länge und Breite,
schaue sie an im Geist, starre sie nicht an mit den Augen,

so musst du wissen, dass das von Eros gilt. Er ist diese zu den ältesten gehörende Gottheit, nicht den Augen des Leibes, sondern des Geistes sichtbar.

Wenn du für jeden einzelnen Gott einen Beweis für sein Dasein verlangst, jeden Tempel angreifst und jeden Altar auf deine sophistische Goldwaage legst, so wird nichts von deiner Lästerung und deiner Grübelei unangetastet bleiben. Ich will nicht weit suchen, sondern nur sagen:

Welch hohe Göttin Aphrodite ist, das merkst du nicht?
Sie ist es, die den Eros hat der Welt geschenkt,
von dem entsprossen alle Erdensöhne sind.[314]

Ganz passend und treffend nennt sie Empedokles die Gaben Spendende, Sophokles die Fruchtbare.[315] Diese große und wunderbare Wirksamkeit hat Aphrodite doch nur unter Bei-

---

312 Vgl. Aristophanes, Frösche, 1244.
313 Gottheiten, die mit den ausschweifenden asiatischen Kulten der Kybele und Aphrodite zusammenhängen.
314 Von Euripides.
315 In den Fragmenten.

hilfe und Mitwirkung des Eros, und wenn dann Letzteres
fehlt, bleibt ihr Werk ganz ohne allen Wert und Reiz. Denn
der geschlechtliche Genuss ohne eigentliche Liebe ist zu
Ende mit der Sättigung der Lust, wie es beim Hunger und
beim Durst ist, und gelangt zu keinem schönen Ziel. Indem
aber die Göttin durch Eros das Eklige der bloßen Sinneslust wegnimmt, bewirkt sie wirklichen Liebesgenuss und
wahre Vereinigung. Daher macht Parmenides[316] den Eros
zum ältesten Geschöpf der Aphrodite, wenn er in seiner
Schöpfungsgeschichte schreibt:

Eros hat sie zuerst von allen Göttern geboren.

In mehr natürlichem Sinn hat, wie mir scheint, Hesiodos den
Eros zum Erstgeborenen aller Geschöpfe gemacht,[317] damit
alles durch ihn der Zeugung teilhaftig werde. Wenn wir nun
also dem Eros seine herkömmliche Ehre nehmen, so bleibt
auch die der Aphrodite nicht bestehen. Denn auch das lässt
sich nicht behaupten, dass manche wohl den Eros lästern,
aber doch sie in Ruhe lassen, vielmehr hören wir auf ein und
derselben Bühne:

Ein faules Ding ist Eros und für Faule da.[318]

Und:

O Kinder, Aphrodite ist nicht Kypris nur,
Ach mit gar vielen Namen wird sie euch genannt.
Bald heißt sie Hölle und bald ew'ge Seligkeit,
bald Wut und Raserei.[319]

---

316 Der zweite Philosoph der eleatischen Schule, Anfang des 5. Jhs. v. Chr.
   Seine Lehre ist pantheistisch. Eros nennt er nicht den Sohn der Aphrodite,
   sondern der Ananke, der Notwendigkeit.
317 Hesiod, Theogonie, 120.
318 Aus einem Fragment von Euripides, Danae.
319 Sophokles.

Wie auch sonst fast kein Gott bei der Schmähsucht der Unwissenheit ungeschmäht davongekommen ist.

Betrachte den Ares, der sozusagen diametral dem Eros entgegen ist, welche Ehre hat er von den Menschen bekommen und wieder, wie Schlimmes muss er sich nachsagen lassen:

Ihr Frauen, blind ist Ares und er sieht nichts,
aufwühlt er alle Übel wie das Trüffelschwein.[320]

Homer nennt ihn den Mordlustigen[321] und den Wetterwendischen. Chrysippos[322] wirft bei seiner Ableitung des Namens des Gottes Anklage und Verleumdung auf ihn. Er sagt nämlich, Ares heiße Zerstörung und gibt damit denen eine Handhabe, welche das Prinzip des Kampfes und des Streites, das Eiferartige in uns, Ares zu nennen pflegen. So werden andere behaupten, Aphrodite sei die Begierde, Hermes das Wort, die Musen die Wissenschaften, Athene die Weisheit. Da siehst du den Abgrund von Gottesleugnerei, in den wir geraten, wenn wir die einzelnen Gottheiten in Leidenschaften, Kräfte und Tugenden auflösen.«

(14) PEMPTIDES: Zugegeben. Aber wie es nicht recht ist, die Götter zu menschlichen Leidenschaften zu machen, so darf man andererseits auch nicht die Leidenschaften zu Göttern machen.

VATER: Wieso? Hältst du den Ares für einen Gott oder für eine Leidenschaft?

Als auf diese Frage Pemptides antwortete, er halte den Ares für einen Gott und das Eiferartige und das Prinzip des Mutes in uns regiere, so fuhr Vater auf und rief:

»So? Also das Element der Leidenschaft, des Streites und des Widerspruchs hat einen Gott, aber das Element der Liebe, der Gemeinschaft und der Vereinigung ist ohne Gott?

---

320 Fragment von Sophokles.
321 Ilias, 5,31.831.
322 Stoiker des 3. Jhs. v. Chr.

Das Morden und Gemordetwerden, Waffenwerk, Städte-
belagerung und Plünderung – diese Dinge stehen unter
der Aufsicht und dem Amt eines Gottes, des Enyalos und
Stratios (Götter der Schlachten und der Heere), aber das
Verlangen nach Ehe und Liebe, das zur Gemeinschaft und
Vereinigung der Seelen führt, hat keinen Gott zum Zeugen
und Aufseher zum Lenker und Urheber? Die, welche auf
Rehe, Hasen und Hirsche Jagd machen, stehen unter dem
Schutz der wilden Gottheit, die mit dem Menschen dahin-
stürmt und dahinhetzt, und wer Wölfe und Bären mit Grä-
ben und Schlingen überlistet, betet zu Aristaios,

welcher zuerst dem Wilde Fallen gestellt hat.

Und noch einen Gott ruft Herakles, im Begriff, den Bogen
auf einen Vogel zu richten, bei Aischylos an:

Apollo, Gott der Jäger, lenke dies Geschoss.[323]

Wenn aber der Mann die edelste Jagd anstellt, wo es der
Liebe gilt, so soll kein Gott da sein, kein Dämon sein Geschoss lenken, sein Streben unterstützen? Nein, mein lieber
Daphnaios, ich halte den Zweig der Menschen für einen
nicht weniger schönen Zweig als den Zweig der Eiche und
den Zweig des Ölbaums[324] und für kein geringeres Gewächs
als den Weinstock, welchen Homer mit Ehrfurcht nennt,[325]
den Menschen, dessen Triebkraft die blühende Schönheit des
Leibes und der Seele zugleich zur Entfaltung bringt.«
(15) DAPHNAIOS: Wer denkt anders, bei den Göttern?
VATER: Beim Zeus, alle, die meinen, die Sorge für Pflügen,
Säen, Pflanzen sei das Amt der Götter. Oder haben sie nicht
die Baumnymphen, von denen Pindar singt,

Denen gleich dem Baum das Lebensziel gesteckt ist.[326]

---

323 Ein Fragment dieses Dichters.
324 Die dem Zeus und der Athene heiligen Bäume.
325 Odyssee, 5,69.
326 Fragment des Dichters.

Und:

Mehre, o Dionysos, dem Baumgut das Gedeihen,
schenke ihm die edlen Gaben des Herbstes.[327]

Aber das Wachstum und Gedeihen der Knaben, das sich zu
Blüte und Schönheit entfaltet und gestaltet, geht keinen der
Dämonen an? Keinem liegt daran, dass der Mensch in seiner
Entwicklung auf geradem Weg zur Tugend gelange, dass das
Edle in ihm nicht auswachse und abfalle aus Mangel an Pflege oder durch die Bosheit der Leute, denen er in die Hände
fällt? Oder ist es nicht vielmehr sündhaft und undankbar, so
zu reden, da wir ja in der göttlichen Güte überall und in allen
Nöten Trost finden, deren manche ihrem Wesen nach mehr
notwendig als schön sind? So stehen z. B. gleich die Nöte
bei der Geburt, an denen nichts Schönes ist, mit dem Blutab-
gang und den Wehen, doch unter göttlicher Obhut. Nämlich
der Eileithyia und Locheia. Es wäre aber doch wohl besser,
nie geboren zu werden, als nachher schlecht zu werden aus
Mangel eines gütigen Freundes und Erziehers. Ja noch mehr,
nicht einmal der kranke Mensch ist verlassen vom Beistand
seines Gottes, welcher Macht und Hilfe für solche Zustände
besitzt. Und selbst der Verstorbene hat seinen Gott, der ihn
von hienieden ins Jenseits führt, ein Zur-Ruhe-Bringer und
Seelengeleiter, und noch ein anderer ist dafür da, den, wie
der Dichter sagt

Nicht als den Herrn der Leier, nicht als Seher noch
als Arzt, als Freund der Seelen Mutter Nacht gebar.[328]

Und diese Ämter haben doch viel Unerfreuliches. Dagegen
lässt sich kein heiligeres Amt nennen, kein Wettstreit, kein
Kampf, welcher würdiger wäre, einen Gott zum Aufseher
und Preisrichter zu haben, als die Bemühungen und das

---

327 Fragment des Dichters.
328 Vielleicht von Aischylos, gemeint ist der Tod.

Streben der Liebenden um die schönen blühenden Knaben. Denn da ist nichts Unschönes, nichts Gezwungenes,
sondern die freundliche Macht der gewinnenden Anmut,
welche die Mühe süß, die Anstrengungen leicht macht und
zur inneren Tugend führt, welche weder ohne den Gott das
erforderliche Ziel erreicht, noch einen anderen Gott zum
Führer und Herrn hat als den Genossen der Musen und
Chariten und der Aphrodite, den Eros nämlich,

der die liebliche Saat im sehnenden Herzen des Menschen
    pflanzt,

wie Melanippides[329] singt, mischt das Süßeste mit dem
Schönsten. Habe ich recht, Zeuxippos?

(16) ZEUXIPPOS: Ganz recht, beim Zeus, mehr als irgend-
jemand; denn das Gegenteil ist vollkommen unsinnig.

VATER: Gewiss ist das unsinnig, wenn von den vier Arten der
Liebe, welche die Alten unterschieden haben, erstens die all-
gemein-gesellige, zweitens die verwandtschaftliche, drittens
die unter Freunden, viertens die erotische – jede der ersten
drei ihren Schutzgott hat, den Zeus Philios, Xenios, Homog-
nios oder Patroos, und nur die erotische wie ein Fluchbela-
dener ohne Heiligtum und Herrn sein soll, während gerade
sie am meisten einer Fürsorge und Leitung bedarf.

ZEUXIPPOS: Auch jene Verhältnisse haben ihre Gottheit, aber
eine fremde, nicht den Eros.

VATER: Allerdings eine wesentlich andere. Für unsere Frage
aber, wollte man sie auch nur oberflächlich behandeln, so
dürfte Platons Ansicht maßgeblich sein.[330] Es gibt nämlich
einen doppelten Wahnsinn. Die eine Art desselben, die von
einer Verstimmung oder Störung des Organismus oder
durch Einwirkung eines schädlichen Windes auf die Seele
übergeht, ist widernatürlich, abschreckend, krankhaft, die

---

329 Es gab zwei Dichter dieses Namens, der eine lebte um 520, der andere um
    450 v. Chr. Der ältere von beiden ist berühmt als Dithyrambendichter.
330 Phaidros, Kap. 22 ff.

andere aber ist nicht ohne übernatürliche Ursache, nicht aus dem eigenen Haus des Körpers, sondern eine durch Anhauchen von außen her kommende Abwandlung des Denk- und Vernunftvermögens, welche die Herrschaft einer höheren Macht zur Ursache und zum Prinzip hat. Diese zweite Art des Wahnsinns wird ihrem gemeinsamen Wesen nach Enthusiasmus genannt. Wie nämlich das mit Geist Erfüllte begeistert, das mit Verstand Erfüllte verständig heißt, so nennt man eine derartige Bewegung der Seele Enthusiasmus, wegen der Mitwirkung und des Einflusses einer göttlichen Macht. Der Enthusiasmus aber ist ein doppelter: der mantische, von der Anhauchung und Einwohnung Apollos her, und der bakchische, von Dionysos herrührend. Zum Letzteren gehört auch, was Sophokles meint mit den Worten:

Tanzt den korybantischen Reigen,[331]

denn der Dienst der großen Mutter und die Feier für Pan sind den bakchischen Orgien verwandt. Die dritte Art des Wahnsinns ist der von den Musen gewirkte, welcher die zarte reine Seele erfasst und die Poesie und die Musik anregt und entzündet. Bekannt ist, wie die sogenannte martialische, d. h. kriegerische Raserei ihrem Gott ihre ausgelassene Feier hält:

ohne festlichen Reigen und Saitenspiel mit Gelärm
den herzerschütternden Waffentanz des Ares.[332]

Nun ist aber noch eine nicht unbedeutende, kräftige Äußerung der Verrücktheit und Verzückung im Menschen übrig, mein Daphnaios, über welche ich den Pemptides fragen will:

Wer schwingt von den Göttern den fruchtprangenden
*   Thyrsosstab?*

---

331 Korybanten waren die rasenden Begleiter bei Prozessionen des Kybele-Kultes.
332 Fragment von Aischylos.

Und weckt den Liebeswahnsinn, der um edle Knaben und
züchtige Frauen wirbt, die stärkste und heißeste Art der
leidenschaftlichen Verzückung? Denn der Krieger, wie du
weißt, wenn er die Waffen niedergelegt hat, legt auch die
kriegerische Wut ab:

Es ziehen die Diener
freudig dem Herrn von der Schulter herunter die blutigen
   Waffen.[333]

Und er sitzt ruhig da, ein friedlicher Zuschauer der Kämpfe.
Ebenso kehren die bakchischen und korybantischen Sprünge, wenn das Metrum vom Trochäus und die Tonart von der
phrygischen umschlägt, zur Ruhe zurück und nehmen ein
Ende. Ebenso ist Pythia, wenn sie vom Dreifuß herabge-
stiegen und die Verzückung vorüber ist, wieder in ruhiger
gewöhnlicher Stimmung. Aber der erotische Wahnsinn lässt
sich, wenn er den Menschen wirklich erfasst und durchglüht
hat, von keiner Musik, von keinem Zauberspruch, von keiner
Ortsveränderung stillen, sondern die von ihm Ergriffenen
sind verliebt, wenn sie bei dem Gegenstand sind, sehnen sich
nach ihm, wenn sie ferne sind, folgen ihm, so lange es Tag
ist, auf dem Fuß, singen bei Nacht vor seiner Tür, sprechen
nüchtern den Namen des Schönen aus, und wenn sie trunken
sind, singen sie ihn. Und nicht die Vorstellung der Dichter
sind, wie jemand gesagt hat, wache Träume wegen ihrer Le-
bendigkeit, sondern vielmehr die Einbildung der Liebenden,
die ihre Geliebten, als wären sie gegenwärtig, anreden, ihre
Schmeichelworte und Vorwürfe sagen. Denn während sonst
das Gesicht die Bilder aufs Feuchte zu malen scheint, sodass
sie bald vergehen und dem Gedächtnis entschwinden, so
sind die Vorstellungen der Verliebten gleichsam mit Feuer,
enkaustisch, gemalt - Bilder, die im Gedächtnis haften, mit
voller Bewegung, lebend, redend, immer gegenwärtig. Der

---

333 Homer, Ilias, 7,121.

Römer Cato[334] hat gesagt, die Seele des Liebenden lebe in der Seele des Geliebten, ja nicht allein die Seele, sondern die ganze Person, das Benehmen, die Lebensweise, die Handlungen des einen erfüllen den anderen, und so kommt es, dass er schnell einen weiten Weg zurücklegt, nämlich den, von welchem die Kyniker sagen: Der Weise findet den weiten und doch kurzen Weg zur Tugend. Der Weg zur Tugend und der Weg zur Liebe ist ein und derselbe, er führt die Seele gleichsam auf der Woge der Leidenschaft unter dem Schutz des Gottes ans Ziel. Um es schließlich kurz zusammenzufassen, behaupte ich, dass die Verzückung der Liebenden weder etwas Ungöttliches ist, noch einen anderen Gott zum Vorsteher und Lenker hat als den, dessen Fest und Opfer wir jetzt feiern.

Doch weil man die Götter hauptsächlich nach der Macht und nach dem Nutzen schätzt – wie man auch unter den menschlichen Vorzügen diese zwei, Herrschermacht und [nutzbringende] Tugend, für am meisten göttlich hält und so nennt –, so gebührt es sich auch bei Eros zu betrachten, erstens ob er irgendeinem Gott nachstehe an Macht. Nun sagt Sophokles von Aphrodite:

Kypris trägt des Sieges gewaltige Macht davon.[335]

und groß ist auch die Gewalt des Ares, zwei Gottheiten, in welchen wir gleichsam überhaupt das göttliche Wesen in seinen zwei Gegensätzen auseinandergelegt verkörpert sehen, einerseits die Kraft der Anziehung gegenüber dem Schönen, andererseits die des Gegensatzes zum Unschönen, deren Bewusstsein von Anfang an den Seelen eingeboren ist, und nach welchem Gesichtspunkt auch Plato irgendwo das Vermögen der Seele eingeteilt hat.

Was nun das Werk der Aphrodite betrifft, so wollen wir gleich sehen, dass es um eine Drachme zu haben ist, und dass

---

334 Vgl. Plutarch, Lebensbeschreibung Catos.
335 Sophokles, Die Trachinerinnen, 497.

um des sinnlichen Liebesgenusses willen niemand, wenn er nicht verliebt [also unzurechnungsfähig] ist, Mühe und Gefahr auf sich nimmt. Um nicht eine Phryne oder Lais zu nennen, wird Gnathainion oft verspottet, wie sie

der Lampe Licht anzündend in der Dämmerung

Besucher erwartet und herlockt.

Aber wenn plötzlich ein Wind sich erhob mit reichlicher

Liebe und Sehnsucht, so macht diese Stimmung jene Gewährung den Schätzen und dem Reich eines Tantalos an Wert ebenbürtig. So ist ohne den Hauch des Eros der Dienst der Aphrodite ärmlich und eklig. Noch deutlicher wird das aus Folgendem: Viele teilen den sinnlichen Liebesgenuss mit anderen und teilen nicht nur eine Hetäre, sondern selbst ihre Gattin anderen zu. So jener Römer Gabba, der, wie es heißt, den Maecenas bewirtete und dann, als er aus dessen Winken sah, dass er mit seinem Frauchen liebäugelte, in aller Stille den Kopf neigte, als schliefe er. Als aber ein Diener herbeistürzen wollte, den Wein abtragen wollte, bemerkte er: »Dummkopf, merkst du nicht, dass ich nur für Maecenas schlafe?« Das ist nun vielleicht nichts Besonderes, denn Gabba war ein Spaßmacher. Von mehr Gewicht aber ist folgende Geschichte: In Argos war Nikostratos, ein politischer Gegner des Phayllos. Als König Philipp auf einer Reise dahin kam, kam Phayllos auf den Gedanken, sich durch seine Frau, eine berühmte Schönheit, wenn er sie zu Philipp führen werde, Herrschaft und Macht zu verschaffen. Als aber Nikostratos' Leute davon Wind bekamen und deswegen die Tür des königlichen Quartiers umwandelten, legte Phayllos seiner Frau Stiefel, Rock und einen makedonischen Hut an und schickte sie so in Gestalt eines königlichen Pagen hinein, ohne dass die erkannt wurde. – Kennst du unter all den vielen Knabenliebhabern einen einzigen, der um alle Schätze der Welt den Zuführer seines Geliebten gespielt hätte? Ich kenne keinen. Wie wäre es auch denkbar? Manche sind gegen Tyrannen, während sie sich ihnen sonst weder mit Wort noch mit Tat widersetzen, wegen schöner Knaben als Nebenbuhler und Widersacher aufgetreten. Ihr wisst ja, dass Aristogeiton[336] in Athen, Antileion in Metapontos, Melanippos in Aragas nicht feindlich gegen ihre Tyrannen auftraten, obgleich sie alles von diesen niedergetreten und misshandelt sahen. Als aber dieselben ihre Geliebten verführen wollten, wehrten sie sich wie für heilige, unverletzliche Güter und schonten ihrer selbst nicht. Auch von Alexander erzählt man, dass er dem Theodoros, dem Bruder des Proteas[337] schrieb: »Schicke mir deine Musikkünstlerin für zehn Talente – wenn du nicht in sie verliebt bist!« Und als ein anderer seiner Freunde, Antipatridas, eine Sängerin zum Mahl mitbrachte und Alexander mit dem Mädchen zärtlich tat, soll Antipatridas gesagt haben: »Ich will nicht hoffen, dass du in sie verliebt bist!« Und als Alexander erwiderte: »Allerdings sehr!«, rief jener: »So sollst du, verdammter Mensch, verdammt zugrunde gehen!«, zog sich von der Frau zurück und berührte sie nicht.

(17) Zweitens will ich nun zeigen, wie sehr Eros größere Macht zukommt, als dem Reich des Ares. Eros ist nicht, wie Euripides sagt, faul, noch zum Krieg untauglich, noch nur

lauernd auf zarter Jungfrauen blühendes Wangenpaar.[338]

Ein Mann, von Eros besessen, braucht keinen Ares mehr, wenn er mit dem Feind kämpft, sondern, seinen eigenen Gott in der Brust, ist er

durch Feuer und Meereswellen und Sturmesbrausen
bereit zu gehen

---

336 Liebhaber des Harmodios, Mörder des Tyrannen Hipparchos.
337 Ein Sohn von Alexanders Amme Lanika.
338 Sophokles, Antigone, 784.

für seinen Freund, wohin ihn dieser zu gehen heißt. Als
Niobes Söhne erlegt und getötet wurden, rief einer bei Sophokles keinen anderen Helfer und Kampfgenossen zu sich
als seinen Liebhaber mit den Worten

O ..., nahe schützend mir!

Und von Kleomachos aus Pharsalos wisst ihr doch, warum
er in der Schlacht seinen Tod fand?

PEMPTIDES UND DIE ANDEREN: Nein, aber wir wünschen es
zu hören.

VATER: Es ist der Mühe wert. Er kam in dem zwischen Chalkis und Eretria ausgebrochenen Krieg mit den thessalischen
Hilfstruppen den Chalkidiern zu Hilfe. In der Schlacht nun
schien das Fußvolk der Chalkidier zwar die Oberhand zu
haben, aber der feindlichen Reiterei standzuhalten, hatten sie
große Mühe. Da forderten die Bundesgenossen Kleomachos
auf, bekannt durch seinen Heldenmut, zuerst auf die Reiterei
einzustürzen. Dieser fragte seinen Geliebten, der dabei war,
ob er Lust habe, den Kampf anzusehen, und als der Jüngling
es bejahte, küsste er ihn liebevoll und setzte ihm den Helm
auf, und Kleomachos wurde voll stolzen Mutes, sammelte
die Tapfersten der Thessalier um sich, ritt stolz hinaus und
sprengte auf die Feinde los, sodass er ihre Reiterei in Unordnung brachte und zur Flucht nötigte. Infolge davon flohen
auch die Schwerbewaffneten, und die Chalkidier erfochten
einen bedeutenden Sieg. Kleomachos aber fiel im Kampf,
und man zeigt sein Grab in Chalkis auf dem Markt, auf dem
noch heute die große Spitzsäule steht. Und während vorher
die Knabenliebe bei ihnen in Verruf war, begannen sie von
da an, sie zu schätzen und in Ehren zu halten. Aristoteles
erzählt den Tod des Kleomachos anders und sagt, die Er-
etrier hätten die Schlacht gewonnen, und der, welcher seinen
Geliebten küsste, sei ein Chalkidier aus Thrakien gewesen,
der von den Seinen den Chalkidiern auf Euboia zu Hilfe
geschickt worden sei. Und daher singe man bei jenen:

O Knaben, denen Liebreiz und edle Geburt zuteil ward,
missgönnt den Guten nicht den Genuss der Schönheit,
denn es blüht bei tapferem Mute auch
Eros' sanfte Gewalt in Chalkis' Städten.

Nach der Angabe des Dichters Dionysios[339] in seinen Aitiai
(Ursprüngen) hieß der Liebhaber Anto, der Geliebte Philistos.

Und bestand nicht bei uns in Thebai, mein Pemptides, die
Sitte, dass der Liebhaber den Geliebten mit einer Rüstung
beschenkte, wenn derselbe unter die Männer eingereiht wurde? Und ein Erotiker namens Pammenes änderte die Aufstellung der Hopliten, indem er den Homer als einen Laien
in der Liebe tadelte, weil er die Achaier nach Stämmen und
Geschlechtern zusammenstellte, nicht den Liebhaber neben
den Geliebten, sodass

Schild sich drängte an Schild und Helm an Helm,[340]

denn nur ein solches Heer sei unbesiegbar. Und wahrlich,
selbst Eltern und Kinder verlassen Stamm und Familienglieder, zwischen Liebhaber und Geliebtem aber ist niemals ein
Feind hindurchgelaufen oder hindurchgeritten. Ja bei solchen
ist es vorgekommen, dass einer auch ohne Not sich getrieben
fühlte, seine Unerschrockenheit und seinen Mut zu zeigen. So
der Thessalier Theron, welcher, seinen Nebenbuhler herausfordernd, seine linke Hand an die Wand legte und sie mit der
rechten abhieb. Ein anderer war in der Schlacht auf das Gesicht
gefallen. Als nun ein Feind ihm den Todesstoß geben wollte,
bat er ihn nur, ein wenig zu warten, bis er sich umgewendet
habe, damit nicht sein Geliebter ihn von hinten eine Wunde
erhalten sehe. So sind nicht bloß die streitbarsten Völker auch
die der Liebe am meisten ergebenen, die Boiotier, Lakedaimo

---

339 Unbekannter Dichter, der im Lexikon Suidas als Korinther bezeichnet
    wird.
340 Homer, Ilias, 13,131.

nier, Kreter, sondern auch von den alten Helden Meleagros, Achilleus, Aristomenes, Kimon, Epameinondas. Der Letztere hatte zu Geliebten den Asopichos und den Kaphisodoros, der bei Mantineia mit ihm fiel und neben ihm begraben ist. Bei den Phokiern hat Euknamos aus Amphissa die Ehren eines Halbgottes erhalten, weil er zuerst den [...], welcher den Feinden am furchtbarsten und gefährlichsten war, bestanden und geschlagen hat. Des Herakles verschiedene Liebschaften alle aufzuzählen, ist eine schwierige Arbeit, so viele sind es. Nur eines will ich sagen: Noch jetzt verehrt und feiert man den Jolaos, von dem man glaubt, dass er der Geliebte des Herakles sei, und auf seinem Grab lassen sich die Liebhaber beim Eros den Treueschwur von ihren Geliebten leisten. Auch soll er als Heilverständiger die bereits verloren geglaubte Alkestis[341] dem Admetos zuliebe, welcher in die Frau und in welchen er selbst verliebt war, gerettet haben. In denselben Admetos soll auch Apollo verliebt gewesen sein, sodass er

sich für ein ganzes Jahr als Knecht dem Admetos verdingte.[342]

Gut dass mir Alkestis eingefallen ist. Am Ares hat die Frau keinen Anteil, aber die Besessenheit durch Eros treibt auch sie zu einem Wagnis, selbst wider die Ordnung der Natur zu sterben. Und wenn doch wohl auch die Göttersage als Beweis einen Wert hat, so zeigt die Geschichte von Alkestis und Protesilaos,[343] von Eurydike, dass der Hades dem Eros allein unter allen Göttern einen Wunsch erfüllt. Denn während er nach Sophokles gegen alle anderen

---

341 Alkestis, Gemahlin des Königs Admetos von Pherai, erbot sich für ihren Gemahl zu sterben, da diesem das Leben geschenkt werden sollte, wenn sich jemand in der Todesstunde für ihn opfere. Persephone aber, die Göttin der Unterwelt, gab ihre Seele wieder frei.

342 Hesiod, Eoien.

343 Einer der Helden des Trojanischen Krieges, der nach seinem Tod aus der Unterwelt wieder für kurze Zeit entlassen wurde, um seine Gemahlin Laodamia noch einmal zu sprechen, und als er wieder dahin zurückkehrte, ging sie mit ihm.

von Billigkeit nichts weiß, von Gnade nicht,
und nur allein das strenge Recht gewähren lässt,

hat er für die Liebenden Rücksicht, und nur für sie ist er nicht unbeugsam und unversöhnlich. Es ist zwar, mein Lieber, auch ein Gut, an der eleusinischen Weihe teilzuhaben, aber die in die Mysterien des Eros Eingeweihten haben ein besseres Los im Hades nach meiner Überzeugung, die zwar kein blinder Glaube an die Sage ist, aber auch kein völliger Unglaube. Denn recht haben diejenigen und streifen durch einen göttlich gefügten Zufall an die Wahrheit, welche sagen, dass den Liebenden die Rückkehr aus dem Hades zum Licht offen stehe. Wie und inwiefern aber, wissen sie nicht, indem sie sozusagen den Pfad verlieren, den zuerst Platon unter den Menschen durch die Philosophie entdeckt hat. Auch in die Fabeln der Ägypter sind einige Tropfen und Spuren der Wahrheit eingestreut, doch verlangen sie die Nachhilfe eines geschickten Pfadfinders, der aus Kleinem Großes zu gewinnen imstande ist.

Daher wollen wir diesen Punkt verlassen und, nachdem wir die mächtige Gewalt des Eros erkannt haben, nunmehr seine Freundlichkeit und seine Wohltaten gegen die Menschen untersuchen und sehen, nicht ob er seinen Verehrern große Güter verleiht – denn das ist ja wohl allbekannt –, sondern ob er den Liebenden selbst mehr und größeren Nutzen gewährt. Euripides, ein großer Verehrer des Eros, hat nur das Geringste hervorgehoben, wenn er sagt:

Zum Dichter macht
den, der kein Freund der Musen war, der Liebesgott.

Die Liebe macht den, der sonst leichten Sinnes war, verständig, und wie sich aus dem Gesagten erhellt, den Mutlosen tapfer, wie man weiches Holz durch Brennen hart macht. Jeder Liebende wird freigiebig, mitteilsam und hochherzig, wenn er auch vorher karg war, denn die Kargheit und die

Geldliebe werden wie das Eisen durchs Feuer flüssig, sodass er dem Geliebten mit Lust schenkt, während er selbst von anderen nicht gerne etwas annimmt. Ihr erinnert euch doch wohl des Wortes von Anytos,[344] dem Sohn des Anthemion, dem Liebhaber des Alkibiades. Als dieser seine Gäste reich und glänzend bewirtete, stürmte Alkibiades schwärmend herein, nahm gegen die Hälfte der Becher vom Tisch und ging mit ihnen davon. Da sich nun die Gäste unwillig äußerten: »Das Bürschchen benimmt sich recht unverschämt und übermütig!«, erwiderte Anythos: »O nein, recht artig, denn er hätte ja alles mitnehmen können und hat mir dabei noch soviel gelassen.«

(18) Lustig rief Zeuxippos: »Beim Herakles, um ein wenig habt ihr mir den durch die Liebe zu Sokrates und der Philosophie geerbten Hass gegen Anythos genommen, wenn er in der Liebe so zartfühlend und edel gewesen ist.«

VATER: Sei's drum. Sie macht ja aus widerwärtigen, unfreundlichen Menschen, angenehme und freundliche Gesellschafter. Wie

prächtiger anzuschauen ist ein Haus im Glanze des Feuers,[345]

so wohl bekommt auch der Mensch ein freundlicheres Aussehen durch die von der Liebe bewirkte Wärme. Aber die Menge denkt nicht folgerichtig: Wenn die Leute bei Nacht in einem Hause einen Lichtglanz erblicken, so halten sie dies für etwas Göttliches und staunen ihn an. Und wenn sie eine kleine, niedrige, unedle Seele plötzlich von Geist, edlen und erhabenen Gedanken, von Anmut und Freigiebigkeit erfüllt sehen, wollen sie sich nicht dazu verstehen, mit Telemach zu sprechen:

Wahrlich, ein Gott wohnt drinnen.[346]

---

344 Ankläger des Sokrates.
345 Herodot, Leben Homers, 31.
346 Homer, Odyssee, 19,40.

Muss aber nicht, mein Daphnaios, die Erscheinung bei der Liebe eine göttliche Wirkung sein, dass ein Liebender, während er sonst gegen fast alles gleichgültig ist, nicht nur gegen Freunde und Verwandte, sondern auch gegen Gesetz, Obrigkeit und Könige nichts scheut, nichts anstaunt, für nichts sich bückt, ja sogar »des Blitzes Donnerkeil«[347] zu trotzen imstande ist – dass derselbe, sage ich, sobald er den Geliebten erblickt,

die feigen Flügel senkt, wie ein verdutzter Hahn,[348]

seine Kühnheit gebrochen, der Schwung seiner Seele gelähmt ist? Gerechterweise verdient hier bei den Musen Sappho Erwähnung. Wie die Römer von Kakos, dem Sohn de Hephaistos, erzählen, dass er seinem Mund Feuer und Flammen entströmen ließ,[349] so redet sie wahrhaft Feuer sprühende Worte und offenbart die Glut ihrer Seele in ihren Liedern, mit den tonreichen Musen ihre Liebe heilend, wie Philoxenos sagt.[350] Sag' uns doch, mein Daphnaios, wenn du nicht bei Lysandra deine alte Liebhaberei verlernt hast, die Verse auf, in welchen die schöne Sappho sagt, wie ihr bei der Erscheinung des Geliebten die Stimme versagt und ihr ganzer Körper von Glut verzehrt werde, wie Blässe, Irrewerden und Schwindel sie anwandeln.

Und nachdem Daphnaios die Verse hergesagt hatte, fuhr Vater fort: »Ist dass, beim Zeus, nicht offenbar ein Besessensein von einem Gott, ist das nicht etwa eine göttlich bewirkte Seelenerschütterung? Was empfindet Pythia vergleichbar Gewaltiges, wenn sie den Dreifuß berührt? Wen versetzen bei den Orgien die Flöte, die Loblieder der großen Mutter, die Pauke in solche Verzückung? Obgleich aber viele zumal dieselbe schöne Gestalt sehen, wird doch nur einer, der Liebende davon gepackt. Aus welchem Grunde? Von Menander

---

347 Pindar, Erste Pythische Ode.
348 Vgl. dazu Plutarch, Leben des Pelopidas, Kap. 29.
349 Ovid, Fasti, 1,550.
350 Vgl. Plutarch, Tischreden 1,5.

erfahren wir das nicht, und wir verstehen ihn nicht, wenn
er irgendwo sagt:

Gelegenheit, das ist der Feind
der Seele, schwer verwundet sinket, wen sie trifft.

Nein, der Gott ist die Ursache, die den einen ergreift, den
anderen in Ruhe lässt, und so glaube ich, was eher am Anfang am Platze gewesen wäre, jetzt nicht ungesagt lassen zu
dürfen, ›da es mir gerade jetzt in den Mund kommt‹, wie
Aischylos sagt,[351] denn es ist von großer Bedeutung. Alles,
was nicht durch die Sinne zu unserem Bewusstsein gelangt,
hat von Anfang an entweder durch die Dichtung oder durch
das Gesetz oder durch die Logik unseren Glauben gefangen
genommen, und so haben wir auch hinsichtlich des Götterglaubens erstens die Dichter, zweites die Gesetzgeber, drittens die Philosophen zu Wegweisern und Lehrern gehabt.
Alle drei behaupten nun einstimmig, dass es die Götter gebe,
aber über die Zahl und Ordnung, über das Wesen und die
Macht derselben weichen ihre Meinungen sehr voneinander
ab. Die Götter der Philosophen:

Sie leben von Krankheit und Alter frei,
verschont von Leiden, nicht vermag
Acherons Wogenlärm sie zu erreichen.[352]

Daher erkennen sie die Dichtergötter, den Streit wie das Fle-
hen nicht an, noch die Schrecken und die Furcht der Ares-
kinder. Auch mit den Gesetzgebern hadern sie wegen vieler
Gottheiten, wie z. B. Xenophanes,[353] der von den Ägyptern
verlangt, wenn sie den Osiris für sterblich halten, sollten
sie ihn nicht als Gott verehren; wenn sie ihn aber für einen
Gott halten, nicht seinen Tod beweinen. Die Dichter und

---

351 Aus den Fragmenten.
352 Fragment von Pindar.
353 Xenophanes von Kolophon, Philosoph des 6. Jhs. v. Chr., von dem leider
   nur Fragmente erhalten sind.

Gesetzgeber wiederum wollen davon nichts hören, und sie
mögen es nicht verstehen, wenn die Philosophen gewisse
Ideen, Zahlen, Monaden oder Seelenkräfte zu Göttern machen. Kurz: Ihre Ansichten sind durchaus abweichend und
verschieden. Als aber in Athen drei Parteien waren, Paralier,
Epakrier und Pediaier, die miteinander in Unfrieden und im
Streit lebten, aber doch alle einheitlich ihre Stimme Solon
gaben und diesen, der ohne Widerrede den ersten Preis der
Tugend verdiente, einstimmig zum Friedensstifter, Archon
und Gesetzgeber wählten, stimmten auch diese drei Parteien,
die sich wegen der Götter stritten, von denen sonst jede ihre
Stimme an einen anderen abgab und nicht leicht eine von
einer anderen erhielt, doch in einem entscheidenden Punkt
überein, und sowohl von den Dichtern, als auch von den
Gesetzgebern und den Philosophen setzten die ausgezeich-
netsten

vielstimmigen Rufes voll Lobeserhebung

(wie Alkaios sagt, dass die Mytilenaier den Pittakos zum
Tyrannen erwählt haben) den Eros miteinander unter die
Götter. Wie dort der Tyrann, so wird bei uns Eros als König,
Herr und Friedensstifter von Hesiod, Platon und Solon be-
kränzt, vom Helikon in die Akademie eingeführt und zieht
in vollem Schmuck ein mit einer Menge von Doppelgespan-
nen der Liebe und Freundschaft, welche aber nicht

in eisenlose Fessel eingejocht

ist – wie Euripides sagt, die Liebe in die kalten, den Genuss
beendenden Bande der Scham einschnürend –, sondern welche von den Flügelpferden zu dem Schönsten alles Seienden
und zu noch Göttlicherem fortgesetzt wird. Doch darüber
haben schon andere besser gesprochen.«

(19) Nachdem Vater damit zu Ende war, begann Soklaros:
»Siehe, jetzt lässt du dir schon zum zweiten Mal zu Schulden kommen, dass du dich, ich weiß nicht wie, mit Gewalt

aufhältst und abbrichst, indem du uns nicht mit Recht die
Rede, wie sie ins Heilige überspielt, betrügerisch vorent-
hältst (wenn man sagen darf, wie es aussieht). Vorhin hast
du Platon und die Ägypter, wie es scheint, nur gezwungen
berührt und dann gleich wieder verlassen, und jetzt machst
du es wieder so. Platons Worte nun, die weltbekannt sind,
oder hier die Worte unserer Göttinnen aus Platons Mund
brauchst du uns nicht zu sagen, selbst wenn wir es wünsch-
ten. Deine rätselhaften Andeutungen über den ägyptischen
Mythos aber, der mit den platonischen Ansichten über Eros
auf eines hinauskommen soll, darfst du nimmermehr dich
sträuben, uns zu enthüllen und zu erklären, und wir be-
gnügen uns auch, nur Kleines über den großen Gegenstand
zu hören.«

Als auch die anderen der Bitte beitraten, sprach Vater:

»Die Ägypter kennen wie die Griechen einen doppelten Liebesgott, den sinnlichen und den himmlischen.[354] Sie
haben aber noch einen dritten Eros, den sie für die Sonne
halten, wie Aphrodite für den Mond, eine ihnen hochheilige
Gottheit.[355] Wir sehen nun leicht, welch große Ähnlichkeit
Eros mit der Sonne [und Aphrodite mit dem Mond] hat.
Feuer ist zwar keins von beiden, wie einige glauben, aber
die von ihnen ausgehenden und befruchtenden Kräfte Licht
und Wärme geben – die von der Sonne dem Körper, die von
Eros der Seele – Nahrung, Licht und Wachstum. Wie ferner
die Sonne nach Wolken und Nebel wärmer scheint, so ist
die Liebe nach den Aufwallungen der Eifersucht, wenn der
Geliebte versöhnt ist, lieblicher und kräftiger. Wie manche
ferner von der Sonne glauben, dass sie angezündet und ausgelöscht werde,[356] so meint man dies auch von der Liebe, wenn

---

354 Vgl. dazu Plato, Gastmahl, Kap. 8 und 9.
355 Mondgöttin der Ägypter war Isis in ihrer späteren Ausbildung; diese ver-
    bindet mit Demeter die Zuständigkeit für staatliche und häusliche Ordnung
    und mit Aphrodite diejenige für die Liebe.
356 Z. B. Heraklit.

man sie als etwas Sterbliches, Veränderliches betrachtet. Ja noch weiter, wie ein ungeübter Körper die Sonne, so kann auch eine ungebildete Seele die Liebe nicht ohne Schmerz ertragen. Beide werden angegriffen und krank, woran sie der Wirkung des Gottes, nicht ihrer eigenen Schwäche die Schuld geben. Nur insofern scheinen beide verschieden, als die Sonne auf der Erde dem Auge das Unschöne wie das Schöne zeigt, Eros aber nur der Glanz des Schönen ist und die Liebenden nur zu diesem allein hinblicken und sich wenden und sonst alles übersehen heißt.

Auch wenn sie den Mond ohne rechten Grund Aphrodite nennen, haben sie eine gewisse Ähnlichkeit getroffen. Denn der Mond ist auch an sich ein heiliges, himmlisches Wesen, aus einer Mischung von Unsterblichem mit Sterblichem bestehend, aber an sich unvollkommen und finster, wenn nicht die Sonne ihn erhellt, - gerade wie Aphrodite, wenn sich nicht Eros mit ihr verbindet.

Es ist also wohl richtig, dass der Mond Aphrodite und die Sonne Eros ähnlich sind, und zwar in höherem Grad als dies von anderen Göttern gilt, aber sie sind nicht ganz dasselbe. Der Geist ist nicht ein und dasselbe mit dem Körper, sondern ein anderes. Die Sonne aber sieht man mit dem Auge des Körpers, den Eros mit dem Auge des Geistes. Ja wenn es nicht allzu spitzfindig klingt, könnte man behaupten, die Sonne wirke das Entgegengesetzte von Eros; sie lenkt nämlich die Aufmerksamkeit vom Übersinnlichen auf das Sinnliche, indem sie durch Lieblichkeit und Pracht ihres Anblicks die Menschen bezaubert und sie überredet, dass in ihr und bei ihr unter anderem auch die Wahrheit liege und außer ihr nichts bestehe, dass wir

ja gänzlich verliebt hinstarren zu ihr,
die den Erdkreis so strahlend erhellt,

wie Euripides sagt,

da wir nichts von dem höheren Leben erkannt haben,[357]

oder vielmehr weil wir das vergessen haben, woran die Erinnerung durch die Liebe wieder erwacht. Denn wie beim Erwachen an das volle und glänzende Tageslicht alle Vorstellungen der Seele während des Schlafes vergehen und entschwinden, so scheint uns, wenn wir in diese Welt gekommen und versetzt sind, die Sonne das Gedächtnis zu schwächen und unser Denkvermögen zu bezaubern, sodass wir aus Freude und Staunen über das Jetzt das Jenseits vergessen. Und doch ist die Wirklichkeit der Seele in Wahrheit im Jenseits und bei den Jenseitigen. Wenn sie aber hienieden ist, begrüßt und bestaunt sie ein Traumbild als das Schönste und Göttlichste,

und voll Trug umschweben sie herzerfreuende Bilder,

sodass sie meint, hier sei alles Schöne und Hohe, wenn sie nicht den göttlichen und vernünftigen Eros als Arzt und Retter bekommt, welcher, durch den Körper eintretend, der Seele ein Wegweiser wird aus der Unterwelt zur Wahrheit und zu dem Gefilde der Wahrheit, wo die volle, reine, unverfälschte Schönheit wohnt, diejenigen, welche sie zu schauen und mit ihr zeitlebens zusammen zu sein sich sehnen, emporführt und hinaufgeleitet und freundlich wie der Mystagoge bei der Weihe[358] ihnen zur Seite steht. Wenn sie aber wieder herabgeschickt werden auf die Welt, tritt er der Seele nicht unmittelbar nahe, sondern durch Vermittlung des Körpers. Und wie die Mathematiker die Knaben, welche noch nicht in der Lage sind, die übersinnlichen Begriffe des körperlosen, abstrakten Seins an sich zu verstehen, sichtbare und greifbare Abbildungen von Kugeln oder Dodekaedern vormachen und vorlegen, so zeigt uns die himmlische Liebe schöne Bilder

---

357 Hippolytos, 193 f.
358 Begriff aus den antiken Mysterienkulten.

vom Schönen an sich, sterbliche vom Ewigen, leidenschaftliche vom Leidenschaftslosen, sinnliche vom Übersinnlichen, indem sie dieses in der Gestalt, der Farbe und dem Aussehen von Jünglingen im Glanz der körperlichen Blüte darstellt, und weckt zuerst durch diese Vermittlung die allmählich aufflackernde Erinnerung. Daher haben manche wegen des Unverstands ihrer Freunde und Verwandten, welche unvernünftigerweise die Neigung ersticken wollten, nichts wahrhaft Gutes davon gehabt, sondern entweder haben sie sich inwendig mit Rauch und Verwirrung angefüllt, oder sind sie, sich in lichtscheue und gesetzeswidrige Lüste stürzend, in den Abgrund des Verderbens gerannt. Diejenigen aber, welche durch vernünftige Überlegung mit sittlicher Scheu der Glut die Wut ganz benommen und der Seele nur den Glanz und das Licht mit einer gewissen Wärme gelassen haben, die nicht, wie einer gesagt hat, eine Eruption verursacht, welche den Samen reizt und durch die Reizung ein Ausstoßen der feuchten Samenteilchen bewirkt, sondern eine wunderbare befruchtende Zerteilung der Säfte, wie in der sprossenden und wachsenden Pflanze, welche die Kanäle der Folgsamkeit und Liebesfreundlichkeit öffnet – da muss es in nicht allzu langer Zeit geschehen, dass solche an dem Körper des Geliebten vorbei ins Innere dringen und seinen Charakter ergreifen, dass sie verhüllten Gesichts nur die Reden und Handlungen betrachten und genießen, wenn die Umrisse und das Abbild des Schönen in der Seele des Geliebten sind. Ist das nicht der Fall, so lassen sie den Geliebten fahren und wenden sich anderen zu, wie die Bienen vieles Grüne und Blumige, das aber keinen Nektar hat, verlassen. Wo sie aber eine Spur des Göttlichen, eine Wirkung und eine herzgewinnende Ähnlichkeit mit dem Ideal finden, da reißen sie, hingerissen von Lust und Bewunderung die Seele an sich, ihre Erinnerung belebt sich erfreulich, sie erglühen und glänzen im Zug nach diesem wahrhaft Liebenswürdigen, Seligen, für alle Achtungs- und Wünschenswerten.

(20) Was die Dichter über die Liebe schreiben, scheint meist sehr in scherzhaftem Ton wie bei Tischgesprächen gehalten zu sein, und nur Weniges gibt es, was sie im Ernst sagen, sei es aus eigener Einsicht und philosophischer Erkenntnis oder weil sie durch den Gott der Wahrheit teilhaftig werden. Dahin gehört das Wort über seine Geburt:

Ihn, den gewaltigen Gott,
gebar dem goldgelockten Gatten
Zephyros Isis, die Leichtbeschwingte.[359]

Wenn nicht auch euch die Meinung der Gelehrten überzeugt hat, dass es ein Bild sei von dem buntfarbenen, blumenreichen Wesen der Leidenschaft her genommen.«

DAPHNAIOS: Woher sonst?

VATER: Hört, wie der Augenschein uns lehrt. Was das Auge bei der Iris empfindet, ist eine Lichtbrechung. Wenn es nämlich, auf eine ganz nasse, aber glatte und mäßig dicke Wolke fallend, die Sonne in der Brechung trifft und das der Sonne angehörende Licht sieht, so erzeugt es in uns die Vorstellung, dass das Licht in der Wolke selbst wäre. So waltet auch bei der Liebe in den schöngestalteten, schönheitsliebenden Seelen eine optische Täuschung, indem das äußerlich Schöne im gewöhnlichen Sinn ein Reflex der Erinnerung an jene göttliche, wahrhaft liebenswerte, selige und wunderbare Schönheit ist. Die meisten freilich, die in Knaben und Frauen wie im Spiegel ein Scheinbild jener Schönheit suchen und erhaschen, vermögen nichts Beständigeres zu erlangen als eine mit Schmerz gefüllte Luft. Das ist aber nur der Schwindel und Irrtum eines Ixion,[360] welcher einem Scheinbild seiner Sehnsucht in den Wolken wie einem Schatten nachjagte wie die Kinder, die, von dem schönen Schein angezogen, den Regenbogen mit den Händen fassen wollen. Anders aber der

---

359 Alkaios.
360 Ixion erfasste eine sträfliche Leidenschaft für Hera, er umarmte ein Wolkenbild, welches ihm Zeus statt der Göttin zugeführt hatte.

gebildete und vernünftige Liebhaber: In der übersinnlichen
Welt wird er zum Göttlichen, Übersinnlichen hingezogen.
Wenn er dann einen sinnlich sichtbaren schönen Körper
trifft, so begnügt und vergnügt er sich damit, ihn als ein
Organ seiner Erinnerung zu gebrauchen, und indem er mit
demselben Umgang und seine Lust an ihm hat, entbrennt
seine geistige Leidenschaft noch mehr. Ein solcher wird weder, solange er mit dem Körper hier lebt, dasitzen und das
sinnliche Licht begehren und bewundern, noch nach dem
Tod, wenn er im Jenseits ist, davonlaufen und sich wieder
hierher wenden und an den Türen und Kammern des Neuvermählten herumdrücken, wie ähnliche Spukgestalten von
Sinnenlust und Körper liebenden Männern und Frauen, die
zu Unrecht erotisch genannt werden. Denn wer im Jenseits
ein wahrhafter Erosjünger gewesen ist und mit dem Schönen
Umgang gehabt hat, der ist, wie billig, immer im Flug und in
der Verzückung und tanzt und hüpft immerfort den Reigen
um seinen Gott droben herum, bis er wieder auf die Auen
des Mondes und der Aphrodite kommt und nach einem See-
lenschlaf ein anderes Leben beginnt. Doch das sind höhere
Fragen als die, die uns jetzt beschäftigen.

Aber das ist noch zu sagen, dass Eros auch wie die anderen Götter, wie Euripides sagt,

es gerne hat, geehrt zu sein vom Menschenvolk,[361]

und umgekehrt. Denen, die ihn mit Fleiß annehmen, ist er
in höchstem Grade gnädig, denen, die ihn verschmähen, un-
gnädig. Weder Zeus Xenios ahndet die Misshandlung von
Gastfreunden und Schutzflehenden, noch Zeus Genethlios
verwirklicht die Flüche der Eltern so rasch, wie Eros den
verschmähten, beleidigten Liebhaber erhört und die Unemp-
findlichen und Spröden zur Strafe zieht. Was brauche ich von
Euxynthetos und Leukomantis zu erzählen, welche noch

---

361 Hippolytos, 8, hier aber auf alle Götter bezogen.

jetzt auf Kypros »die Schauende« heißt?[362] Aber die Strafe
der Kreterin Gorgo kennt ihr vielleicht nicht, der es ähnlich
ging wie der Schauenden: Jene wurde versteinert, als sie sich
bückte, um das Begräbnis des Liebhabers zu sehen. Gorgo
aber liebte ein gewisser Asandros, ein artiger und edelgebo-
rener Jüngling, der sich, obgleich aus glänzenden Umständen
in Niedrigkeit und Armut herabgesunken, doch seines Wer-
tes bewusst war und nichts als zu hoch für sich erachtete.
So begehrte er die wegen ihres Reichtums, wie es heißt, viel
umworbene Gorgo zur Ehefrau, mit welcher er verwandt
war. Obgleich er viele edle Männer zu Nebenbuhlern hatte,
so hoffte er doch. Er hatte alle Vormünder, Aufseher und
Hausgenossen der jungen Frau für sich genommen, […].[363]

(21) Was ferner die Ursache und Entstehung der Liebe
betrifft, so ist diese nicht eine besondere für das eine oder das
andere Geschlecht, sondern dieselbe bei beiden. Die wollüs-
tigen Bilder, welche sich bei den Liebenden einschleichen
und ihnen unterlaufen, um das Fleisch zu reizen und zu
kitzeln zum Samenerguss durch die Gestalten der Einbildung, kommen doch wohl nicht von Knaben allein und auch
nicht von Frauen. Was hindert nun, dass auch die schönen,
heiligen Erinnerungen an die göttliche, himmlische, wahrhafte Schönheit, deren Reflexe sie sind, von welcher die Seele
beflügelt wird, wie von Knaben und Jünglingen, so auch von
Frauen und Jungfrauen erregt werden, bei denen eine reine,
keusche Seele in der körperlichen Schönheit durchscheint
(wie ein glatter Schuh die Wohlgestalt des Fußes zeigt, wie
Ariston[364] sagt), wenn, wer die Anlage zu solchen Betrach-
tungen hat, in einer schönen Gestalt, einem tadellosen Körper die leuchtende Spur einer unverdorbenen Seele sieht. Es
ist also nicht so, dass der sinnliche Liebende auf die Frage,

---

362 Von diesen beiden Geschichten ist sonst nichts bekannt.
363 An dieser Stelle weist die Überlieferung leider eine Lücke auf.
364 Ariston von Kos, ein Peripatetiker um 220 v. Chr., Verfasser einiger eroti-
scher Schriften.

ob er mehr zur Frau oder zum Mann hin geneigt sei,

zur Antwort gab:

Wo immer die Schönheit ist, zu beiden gleich geneigt.

Seiner Begierde entsprechend die Antwort gegeben hätte dagegen der, welcher in höherem Sinne die Schönen liebt, nicht nach der Schönheit und Wohlgestalt, sondern nach dem Unterschied der Geschlechtsteile den Gegenstand seiner Liebe wählen würde. Einem Pferdeliebhaber gefällt der schöne Wuchs eines Podargos[365] ebenso gut wie Agamemnons Aithe. Ein Jagdliebhaber hat nicht nur an den Rüden seine Freude, sondern er hält auch kretische und lakonische Hündinnen. Und nur der Schönheits- und Menschenliebhaber sollte nicht ohne Unterschied gleichermaßen für beide Geschlechter sein und glauben, dass wie die Kleidung so auch die Liebe für Frauen und Männer eine andere sei? Nun aber nennt man Körperschönheit die Blüte der Tugend, und es ist ebenso absurd, dem weiblichen Geschlecht abzusprechen, dass es blüht, wie zu leugnen, dass Wohlgestalt bei ihm auf Tugend deute. Recht hat Aischylos, wenn er sagt:

Die Glut des Auges einer neuvermählten Frau
Entgeht mir nicht, die einmal hat ein Mann berührt.[366]

Sollen denn nur die Zeichen einer lüsternen, sittenlosen, verdorbenen Seele in der Gestalt einer Frau zu sehen sein, von Sittsamkeit und Reinheit kein Strahl der Gestalt innewohnen? Oder mögen solche Zeichen vielleicht zwar ihr innewohnen und an ihr zur Erscheinung kommen, aber ohne dass diese Liebe wecken und hervorrufen? Keines von beiden entspricht der Wahrheit, sondern alle diese Merkmale sind beiden Geschlechtern gemein. Wie für ein gemeinsames

---

365 Streithengst Achills.
366 Aus den Fragmenten.

Gut wollen wir also, mein Daphnaios, zusammenhalten und kämpfen gegen die eben von Zeuxippos ausgesproche Ansicht, welcher den Eros einer zügellosen, die Seele zur Sittenlosigkeit führenden Begierde gleichstellt.[367] Zwar ist das nicht seine eigene Überzeugung, sondern er hat sie eben oft von rohen, der Liebe unfähigen Männern aussprechen hören, Leuten, die entweder unglückliche Frauen durch Brautgeschenke mit Geld an sich gezogen haben, um sie in der Haushaltung und niederen Rechnungsführung zu bannen, und nun Tag für Tag mit ihnen in Streit leben; oder aber solchen, die es lieber mit Knaben als mit Frauen zu tun haben, den Samen wie die Zikaden in eine Zwiebel oder in irgendeine ähnliche Röhre entlassen, nur so in aller Eile den Zeugungsakt vollziehen und die Frucht pflücken, um entweder der Ehe ganz Lebwohl zu sagen, oder, wenn die bestehen bleibt, sich nicht darum zu kümmern und nicht das Verlangen haben, wahrhaft zu lieben und geliebt zu werden. Die Worte »lieben« und »geliebt werden« schließen aber, nach meiner Ansicht - da στέργειν (»lieben«) nur um einen Buchstaben von στέγειν (»umschließen«) verschieden ist - die durch längeres Zusammenwohnen und Aneinander-gewöhnt-Sein notwendig erzeugte gegenseitige innerliche Zuneigung ein. Auf wen sich aber Eros wirft und seine Wohnung in ihm nimmt, der wird erstens, wie der platonische Staat, kein Mein und Dein haben,[368] denn nicht nur bei Freunden, und nicht bei allen, gilt, dass sie alles gemeinsam haben, sondern nur von denen, welche, leiblich getrennt, die Seelen unlösbar vereinigen und zusammenschmelzen, die weder wollen noch glauben, dass sie zwei sind. Zweitens die gegenseitige Selbstbeherrschung betreffend, welche der Ehe besonders nottut – so ist die von außen her nur durch das Gesetz bewirkte mehr eine erzwungene als eine freiwillige, eine Tochter der Scham und Furcht,

---

367 Im vorhandenen Text findet sich eine solche Äußerung von Zeuxippos nicht; das spricht dafür, dass sie im ausgefallenen Teil vor Kap. 21 stand.
368 Plato, Politeia, Kap 5.

gebändigt von Zügeln und Rudern viel,[369]

in jeder Art von Zusammensein vorhanden. In der wahren Liebe aber ist so viel Enthaltsamkeit, Sittsamkeit und hingebende Treue, dass sie selbst eine noch ungereinigte Seele, die sie ergreift, von anderen Liebhabern abzieht, ihre Frechheit beschneidet, ihre Widerwärtigkeit und Ungefügigkeit bricht, ihr dafür Scham, Schweigsamkeit und züchtige Haltung einflößt und sie so einem einzigen untertan macht. Ihr wisst doch wohl vom Hörensagen von der vielbesungenen, vielgeliebten Lais,[370] wie sie ganz Hellas in Liebesflammen setzte, ja noch mehr, in beiden Meeren um sie gekämpft wurde. Als diese eine wahre Liebe zu dem Thessalier Hippolochos ergriff,

verließ sie die Stadt, von den grünlichen Wogen bespült,
das erhabene Korinth,[371]

entlief heimlich der großen Schar ihrer anderen Liebhaber und zog sich in aller Sittsamkeit zu ihrem Geliebten zurück. Dort aber wurde sie von den auf ihre Schönheit neidischen und eifersüchtigen Frauen in den Tempel der Aphrodite gelockt, gesteinigt und verstümmelt – eine Tat, von welcher her, wie es heißt, der Tempel noch jetzt der der Mörderin Aphrodite genannt wird. Wir wissen auch von Dienerinnen, welche die Berührung ihrer Herren flohen, und von Männern aus einfachem Stand, welche Königinnen verschmähten, wenn sie den Eros zum Herrn ihrer Liebe gemacht hatten. Wie man nämlich vom Diktator in Rom sagt, dass mit seiner Ernennung alle übrigen Beamten ihr Amt niederlegen, so sind diejenigen, in welchen Eros Herr geworden ist, fortan frei und ledig von allen anderen Herren und Gebietern, wie die

369 Ein Sophokles-Fragment.
370 Die jüngere Hetäre dieses Namens, Tochter der Timandra, gebürtig in Sizilien, von wo sie nach Korinth kam.
371 Ein Fragment des Euripides.

Tempelsklaven. Und eine edle Frau, die durch die wahre Liebe mit ihrem rechtmäßigen Mann verbunden ist, ließe sich eher die Umarmung eines Bären oder Drachen als die Berührung oder Beiwohnung eines fremden Mannes gefallen.

(22) Obgleich euch, den Reigen- und Festgenossen des Gottes, Beispiele in Menge zu Gebote stehen, so glaube ich doch eines nicht übergehen zu dürfen: die Geschichte der Galaterin Kamma. Diese, eine ausgezeichnete Schönheit und vermählt mit dem Vierfürsten Sinatos, liebte Sinorix, einer der angesehensten Galater, und da er, solange ihr Gemahl lebte, die Frau weder durch Gewalt noch durch Zureden gewinnen konnte, ermordete er Sinatos. Kamma hatte in ihrem Schmerz eine Zuflucht und einen Trost im Dienst der Artemis, die ihrem Geschlecht angehörte. Beständig hielt sie sich bei der Göttin auf und nahm keinen der vielen Fürsten und Großen an, die um sie warben. Als aber Sinorix wagte, um ihre Hand anzuhalten, entzog sie sich seinem Ansinnen nicht und tadelte ihn nicht wegen der Tat, denn Sinorix sei ja nur aus Liebe und Verlangen nach ihr, nicht durch eine schlechte Absicht dazu getrieben worden. Jener glaubte ihren Worten, erschien vor ihr und verlangte den Vollzug der Ehe. Da trat sie ihm entgegen, hieß ihn willkommen und führte ihn zum Altar der Göttin. Hier ergriff sie, wie es heißt, einen Becher mit einem Gifttrank und brachte zuert ein Trankopfer dar. Dann trank sie zuerst ungefähr die Hälfte aus und gab den Rest dem Galater. Als sie sah, dass er getrunken hatte, jubelte sie laut auf, rief den Namen ihres verstorbenen Gatten und sprach: »Ein kummervolles Leben habe ich seither ohne dich, mein teuerster Gatte, gelebt in Erwartung dieses Tages. Nun aber empfange mich freudig, denn ich habe dich an dem verruchtesten Menschen gerächt, und wie ich im Leben deine Gefährtin war, so bin ich im Tode die seinige mit Freuden.« Sinorix wurde in einer Sänfte weggetragen und starb bald darauf. Kamma lebte noch einen Tag und die Nacht über und soll sehr mutig gewesen sein.

(23) Wer wollte angesichts dieser Tat, dergleichen bei uns und den Barbaren viele aufzuweisen sind, die Aphrodite schmähen lassen, dass sie mit Eros verbunden und vereint ein Hindernis der wahren Liebe sei? Wenn man hingegen einen Mann mit einem Mann fleischlichen Umgang oder vielmehr Unzucht treiben sieht, dann muss man sagen:

Das ist fürwahr der Hybris, nicht der Kypris Werk.

Deswegen rechnen wir auch die Männer, die sich preisgeben, zu der gemeinsten Sorte von Schlechtigkeit und halten sie keines Glaubens, keiner Achtung, keiner Freundschaft wert, sondern ganz wie Sophokles sagt:

Fürwahr, wer solche Freunde misst, der ist beglückt,
und zu verlieren wünscht sie, wer sie hat.

Diejenigen aber, welche nicht aus Gemeinheit des Sinnes, sondern durch Täuschung und Gewalt dazu gebracht worden sind, sich hinzugeben und sich gebrauchen zu lassen, verachten und hassen ihr Leben lang niemanden mehr als ihren Verführer und nehmen, so sich Gelegenheit bietet, grausame Rache. So hat Krateas den Archelaos[372] ermordet, der mit ihm buhlte, Pitholaos den Alexandros von Pherai[373], Periandros, der Tyrann von Ambrakia, versetzte seinen Geliebten durch die Frage, ob er noch nicht schwanger sei, so sehr in Wut, dass dieser ihn tötete.

Bei verheirateten Frauen hingegen ist dieser Genuss der Anfang der inneren Zuneigung als einer Gemeinschaf hoher und heiliger Güter.[374] Und die Wollust ist von kurzer Dauer, aber die aus ihr erwachsende, von Tag zu Tag größer werdende gegenseitige Achtung, Gefälligkeit, Liebe und Vertraulichkeit lassen erkennen, dass weder der delphische

---

372 König von Makedonien 413–399.
373 Alexandros war Tyrann 370–357; Pitholaos war der Bruder seiner Frau Thebe.
374 An dieser Stelle ist die Überlieferung nicht vollständig.

Ausspruch, Aphrodite bedeute »Band«, noch Homer, der
den Geschlechtsgenuss Liebe nennt, Unrecht haben; und
das ist ein Beweis, dass Solon, ein in Sachen der ehelichen
Liebe sehr einsichtiger Gesetzgeber war, wenn er befahl,
der Mann solle nicht weniger als dreimal des Monats seiner
Gattin beiwohnen – nicht der Wollust wegen. Warum dann?
Weil er wollte, dass so, wie Staaten ihre Verträge von Zeit zu
Zeit miteinander erneuern, die Ehe durch dieses Liebeswerk
sich nach den in der Zwischenzeit jedes Mal angesammelten
Misshelligkeiten wieder verjüngen soll.

Aber, mag man einwenden, es gibt doch viel Schlechtigkeit und Tollheit in der Frauenliebe. Wohl, aber noch viel
ärger in der Knabenliebe:

Im Anschauen des geliebten Freundes verirrte ich mich:
der jugendliche Knabe, wie so zart und schön!
O träfen mich in seinen Armen Tod und Grab!

Das heißt verrückt, nicht verliebt sein in Knaben, und das
ist weder gegenüber Frauen noch gegenüber Knaben wahre Liebe. Wie es nun unsinnig ist, den Frauen überhaupt
Tugend abzusprechen, so sind es besonders Besonnenheit
und Einsicht, Treue und Rechtschaffenheit, die ihnen zukommen, ja auch Mut, Kühnheit und Hochherzigkeit treten
bei vielen glänzend zutage. Aber nun zu sagen, zu allem
anderen sei ihre Natur befähigt, nur zur Liebe sei sie nicht
gemacht, das ist in der Tat völlig vernunftwidrig. Denn sie
sind voll Liebe zu ihren Kindern und zu ihren Männern,
und ihr ganzes zartes Wesen ist wie ein guter Boden auch
der Liebe empfänglich und der gewinnenden Anmut teilhaftig. Wie aber die Dichtkunst dadurch, dass sie der Rede die
Würze des Tonfalls, des Versmaßes und des Taktes beifügt,
sowohl deren belehrende Kraft erhöht als auch ihre schädliche Wirkung befördert, so hat die Natur, indem sie der
Frau die Lieblichkeit des Gesichts, die Zartheit der Stimme
und die Anmut der Gestalt verlieh, der unsittlichen zur Be-

friedigung ihrer Lust und zur Verführung, der sittlichen zur Gewinnung der Zuneigung und Liebe des Mannes großen Vorschub gegeben. Wie nun Plato den Xenokrates, der bei sonst großer und edler Gesinnung einen sehr mürrischen Charakter hatte, den Chariten opfern ließ, so muss man einer tugendhaften und sittsamen Frau anraten, beim Eros zu opfern, damit der Mann gerne bei seiner Gattin zu Hause bleibe [...] und nicht genötigt sei, anderen nachzulaufen und mit den Worten der Komödie auszurufen:

Welch eine Frau muss ich Armer beleidigen![375]

Denn Lieben ist ein größeres Gut in der Ehe als Geliebtsein, es behütet vor vielen Fehlern, ja vor allen, welche die Ehe stören und zerrütten.

(24) Die anfangs zu leidenden Schmerzen und Qualen, mein lieber Zeuxippos, darfst du nicht fürchten wie eine stechende Wunde. Und selbst mit einer beigebrachten Wunde – wie es bei den Bäumen der Fall ist – mit einer tugendsamen Frau zusammenzuwachsen wäre wohl kein Unglück. Eine Verwundung ist ja auch der Anfang der Schwangerschaft, denn es gibt keine Vermischung, ohne dass eines durch das andere leidet. Auch das Lernen und die Wissenschaft bereiten anfangs den Knaben und den Jünglingen Leid. Wie aber der Schmerz bei diesen nicht bleibend ist, so auch nicht bei den Liebenden. Nur anfangs scheint Eros, wie wenn Feuchtigkeiten zusammenkommen, ein Sieden und Wallen zu bewirken. Danach aber, wenn er durch die Zeit beruhigt und besänftigt ist, schafft er einen Zustand der ruhigsten Beständigkeit. Die Vermischung der Liebenden in der Ehe, das ist in Wahrheit die vollständigste Vermischung. Vermischung unter einer anderen Form des Zusammenlebens gleicht Berührungen und Umarmungen der Atome bei Epikur, wo es Zusammenstoß und Abspringen gibt, aber keine solche

---

375 Vielleicht aus Menanders Komödie Perikeiromete.

Vereinigung, wie sie Eros durch die eheliche Gemeinschaft bewirkt. Denn weder größeres Vergnügen noch dauerhafteres Bedürfen fließen aus anderen Quellen und Verhältnissen, noch gibt es eine andere Liebe von so herrlicher und bewundernswerter Schönheit,

als wenn Mann und Frau mit gleichgesinnten Herzen wohnen im Haus.[376]

Das Gesetz ist ihr Beistand, und Gemeinschaft der Zeugung in Liebe ist, wie die Natur lehrt, selbst ein Bedürfnis der Götter. So liebt nach den Worten der Dichter die Erde den Regen und der Himmel die Erde, und nach den Naturforschern begatten und befruchten sich die Sonne und der Mond. Aber die Erde, die Mutter aller Menschen und Erzeugerin aller Geschöpfe und Gewächse – muss sie nicht notwendig einst vergehen und ganz schwinden, wenn die gewaltige Liebe oder das Verlangen eines Gottes die Materie verlässt und diese aufhört, die Anregung und Bewegung von jenem zu verlangen und zu suchen?

Doch genug hiervon, damit wir nicht in den Verdacht geraten abzuschweifen und zu faseln. Du weißt, wie viel man von der Unbeständigkeit der Knabenliebe spricht und wie man sie verspottet, dass ihre Freundschaft wie ein Ei durch ein Haar vernichtet werde.[377] Dass solche Liebhaber wie die Nomaden während des Frühlings bei den grünenden, blühenden Schönen verweilen, dann aber sogleich aufbrechen wie aus Feindesland. Ja noch gemeiner nannte der Sophist Bias die Haare der schönen »Harmodiosse« und »Aristogeitone« [d. h. Tyrannentöter], weil durch sie die Liebhaber zugleich der schönen Tyrannis beraubt werden. Das sind nun freilich ungerechte Vorwürfe gegen die echten Liebhaber. Zierlich aber ist der Ausspruch des Euripides, der, indem er

---

376 Homer, Odyssee, 6,183.
377 Nur vor dem Sprossen der ersten Barthaare war der Jüngling Gegenstand der Knabenliebe.

den schönen Agathon, der bereits einen Bart hatte, umarmte und abküsste, sagte, an den Schönen sei auch der Nach-
sommer schön. Die wahre Liebe hört selbst im Greisenalter
nicht auf, sie blüht sozusagen noch auf grauen Haaren und
Runzeln, ja sie dauert bis zu Grab und Leichenstein. Und
man kann von Knabenliebe wenige, von Frauenliebe aber
unzählige Liebespaare anführen, welche treulich und gern
jegliche Probe der Treue miteinander bestanden haben. Ich
will eine Geschichte erzählen, die sich zu unserer Zeit unter
Kaiser Vespasianus zugetragen hat:

(25) Julius,[378] der den Aufstand in Gallien erregt hatte, hatte
unter vielen anderen auch den Sabinus, einen jungen, vornehmen, durch Reichtum und Ansehen vor aller Welt ausgezeichneten Mann zum Genossen. Ihre großartigen Pläne
missglückten aber, und da sie Strafen zu erwarten hatten,
brachten die einen sich selbst um, andere wurden auf der
Flucht gefangen. Dem Sabinus nun waren sonst die Umstände
durchaus günstig, zu entkommen und sich zu den Barbaren
zu flüchten. Nur eines war ein Übelstand: Er hatte nämlich
die trefflichste aller Frauen heimgeführt, die unter den Ihri-
gen Empone[379] hieß, griechisch würde man sie etwa Heroine
nennen. Diese vermochte er weder zu verlassen, noch konnte
er sie mit sich nehmen. Nun hatte er auf einem Acker ein
unterirdisches Gewölbe als Schatzkammer, von dem nur zwei
seiner Freigelassenen wussten. Mit diesen Getreuen ging er,
nachdem er alle anderen Diener entlassen hatte, als wäre er
entschlossen, sich mit Gift umzubringen, in das Gewölbe.
Zu seiner Frau aber schickte er einen Freigelassenen namens
Martalios mit der Botschaft, dass sein Herr an Gift gestorben

---

378 Julius oder Claudius Civilis, Anführer des Bataveraufstandes 69/70; es kann
   auch Julius Tutor, ein Treverer, gemeint sein, der als Anstifter bei Tacitus
   genannt wird. Tacitus, Historiae, 1,59; 4,13.55.57.67. Letzterer wird als ein
   eitler, kecker und unbesonnener Mann geschildert, der bei einem Einfall in
   das Gebiet der Sequaner sogleich die Flucht ergriff.
379 Bei Tacitus heißt sie Epponina, bei Dio Cassius Peponila.

und das Gehöft mit seinem Leichnam verbrannt sei. Er wollte
nämlich durch [den Schmerz und die Trauer] seiner Frau der
Kunde von seinem Tod Glaubhaftigkeit verleihen. Dies geschah auch. Sie warf sich, wie sie war, unter […] Jammer auf
den Boden und blieb drei Tage und drei Nächte ohne Speise.
Als Sabinus das erfuhr, fürchtete er, sie könnte sich gar das Leben nehmen, und ließ ihr durch Martalios heimlich sagen, dass
er lebe und versteckt sei, sie aber bitte, kurze Zeit in Trauer
zu bleiben und nicht nachzulassen, sondern ihre Verstellung
so natürlich wie möglich aussehen zu lassen. Und wirklich
spielte auch die Frau in allem die Rolle dem Leid, dem sie galt,
ganz entsprechend und preiswürdig, nur ließ ihr die Sehnsucht, ihren Gatten zu sehen, keine Ruhe. Einmal ging sie des
Nachts fort und kam wieder zurück. Von da an lebte sie, ohne
dass jemand etwas davon wusste, mehr als sieben Monate
lang mit ihrem Mann fast wie in der Unterwelt zusammen.
Während dieser Zeit machte sie den Sabinus durch Kleider,
Bartschur und Kopfbund unkenntlich und führte ihn, da sie
einige Hoffnung gefasst hatte, mit sich nach Rom. Sie richtete aber nichts aus und kehrte wieder zurück, wo sie nun
die meiste Zeit bei ihm unter der Erde lebte. Mitunter aber
ging sie auch in die Stadt und ließ sich bei befreundeten und
verwandten Frauen sehen. Am unglaublichsten ist aber, dass
sie sogar ihre Schwangerschaft im Bade vor den Frauen verbarg. Die Salbe nämlich, mit welcher die Frauen ihre Haare
goldähnlich rot färben, enthält ein Fleisch erzeugendes oder
auftreibendes Fett, sodass sie eine Art von Wassersucht oder
Aufschwemmung bewirkt. Dieses Mittel wandte sie nun auf
die übrigen Glieder reichlich an und verbarg so das Wachstum
ihres Leibes. Die Wehen aber machte sie ganz alleine durch
wie eine Löwin in der Höhle, indem sie zu ihrem Mann hi-
nabstieg, und säugte auch die Zwillingsknaben, die sie gebar.
Von diesen Söhnen starb der eine in Ägypten an den Folgen
seines Sturzes, der andere ist erst noch vor Kurzem bei uns
in Delphi gewesen. Er heißt Sabinus.

Der Kaiser nun ließ sie töten, musste aber für diesen Mord büßen, indem in kurzer Zeit sein Geschlecht ganz ausstarb.[380] Nichts Tyrannischeres hat diese Regierung verübt, kein Anblick musste mehr als dieser die Götter und Dämonen mit Abscheu erfüllen. Doch nahm sie den Zuschauern bei ihrer Hinrichtung das Mitleid durch ihren Heldenmut und ihre freimütige Sprache, durch welche sie Vespasianus ganz besonders erzürnte, indem sie keine Gnade von ihm wollte, sondern rief, man solle sie fortführen, denn sie habe im Dunkeln und unter der Erde ein schöneres Leben genossen als er auf dem Thron.

(26) Hier, so schloss Vater, habe die Unterredung über Eros ein Ende gehabt, als sie nahe vor Thespiai waren. Da haben sie mit ungewöhnlich schnellen Schritten einen der Freunde des Peisias namens Diogenes auf sich zukommen sehen. Schon von ferne habe Soklaros ihm zugerufen: »Du bist mein Unglücksbote, Diogenes!«, worauf jener erwiderte: »Gut, denn es ist Hochzeit, beeilt euch das Opfer erwartet euch!«

Da seien alle voll Freude gewesen, Zeuxippos aber habe gefragt, ob Peisias noch erzürnt sei. Darauf Diogenes: Er war der erste, der, wie er vorher dagegen war, sich jetzt der Ismenodora fügte. Und jetzt hat er aus freien Stücken den Kranz aufgesetzt und das weiße Kleid angezogen und ist im Begriff über den Markt zu dem Gott zu gehen.

VATER: So lasst uns denn gehen, beim Zeus, dass wie den Mann auslachen und den Gott anbeten, der offenbar an dem Geschehenen seine Freude und seine helfende Hand im Spiel gehabt hat.

---

380 Domitian war der Letzte der Flavier.

Liebesgeschichten

(1) In der Stadt Haliartos in Boiotien lebte ein Mädchen von ausgezeichneter Schönheit namens Aristokleia, Tochter des Theophanes. Um sie warben Straton von Orchomenos und Kalisthenes aus Haliartos. Straton war der Reichere von beiden und auch eigentlich mehr in das Mädchen verliebt, denn er hatte sie gesehen, wie sie in Lebadea[381] in der Quelle Herkyne badete, da sie beim Fest des Königs Zeus' Korbträgerin werden sollte. Doch war Kallisthenes der Bevorzugte, er war nämlich auch mit dem Mädchen verwandt. Theophanes beunruhigte die Sache sehr, denn er fürchtete Straton, der durch Reichtum und vornehme Geburt fast über alle Boiotier hervorragte. Daher wollte er die Entscheidung dem Orakel des Trophonios überlassen. Straton dagegen, von den Dienern des Mädchens beschwatzt, dass sich ihr Herz mehr ihm zuneige, verlangte, die Wahl solle der jungen Frau selbst anheimgestellt werden. Als nun Theophanes vor aller Augen seine Tochter befragte und diese den Kallisthenes vorzog, so zeigte im Augenblick zwar Straton seinen Unmut über den Korb, den er bekommen hatte, nach Verlauf von zwei Tagen aber kam er zu Theophanes und Kallisthenes und bat sie, wenn auch ein Gott ihm die Heirat versagt habe, doch in freundschaftlichem Verhältnis mit ihnen bleiben zu dürfen. Jene waren zufrieden und luden ihn sogar zum Hochzeitsschmaus ein. Auf diesen Tag aber hatte jener eine Anzahl Freunde und eine ziemliche Menge Diener bestellt, welche

---

381 Bei Lebadea war das berühmte Orakel des Trophonios in einer Felsengrotte. Mit seinem Kult waren noch andere verbunden, z. B. der des Zeus Basileus. Die Quelle Herkyna hatte der Sage nach ihren Namen von einer Nymphe, welche auch die erste Priesterin des Trophonios gewesen sein soll. Korbträgerinnen waren die Jungfrauen, die bei der Festprozession die zum Opfer nötigen Dinge in goldenen Gefäßen auf dem Kopf trugen.

er bei jenen herumverteilte und verborgen hielt, bis die Braut
nach väterlicher Sitte an die Quelle Kissusa hinabging, den
Nymphen das Ehestandsopfer darzubringen – da brachen
alle, die er im Versteck gehalten hatte, zusammen hervor
und ergriffen die Jungfrau. Straton fasste sie, aber natürlich
hielten sie seinerseits auch Kallisthenes und die Seinigen, bis
das Mädchen beim Hin- und Herziehen unter den Händen
der Streitenden auf einmal den Geist aufgab. Kallisthenes
wurde auf dieses Ereignis hin sogleich unsichtbar, sei es, dass
er sich selbst das Leben nahm oder aus Boiotien flüchtete.
Niemand wusste, was aus ihm geworden war. Straton aber
tötete sich selbst offen neben der entseelten Geliebten.

(2) Ein gewisser Pheidon,[382] welcher nach der Herrschaft
über die gesamte Peloponnes strebte und seine Vaterstadt
Argos zum Vorort aller Staaten machen wollte, versuchte
zuerst, sich Korinths zu versichern. Er schickte dorthin und
erbat sich 1000 Jünglinge, lauter in der vollsten Blüte und
Manneskraft stehende Leute. Die Korinther schickten ihm
die 1000 und gaben jenen den Dexandros zum Anführer.
Nun hatte Pheidon einen Anschlag gegen jene im Sinn, nämlich Korinth durch deren Verlust zu schwächen und so die
Stadt in seine Hand zu bekommen, die ihm das geschickte
Vorwerk seiner ganzen Peloponnes zu sein schien. Diesen
Plan teilte er einigen seiner Freunde mit. Unter diesen war
auch Abron, der, ein Gastfreund des Dexandros, diesem
den Anschlag verriet. So entkamen die 1000 noch vor dem
Anschlag glücklich nach Korinth. Pheidon aber stellte eifri-
ge Nachforschungen an, um den Verräter in Erfahrung zu
bringen. Dies fürchtete Abron und floh mit seiner Frau und
seinen Diener nach Korinth. In Melissos, einem Dorf im
Korinthischen, ließ er sich nieder, zeugte auch einen Sohn
dort, dem er nach dem Ort den Namen Melissos gab. Ein
Sohn dieses Melissos war Aktaion, der schönste und wohlan-

---

382 Pheidon, Tyrann von Argos im 7. Jh. v. Chr.

ständigste seiner Altersgenossen, der eine Menge von seinen Liebhabern bekam, unter denen aber besonders Archaias, aus dem Geschlecht der Herakliden hervorragte, welcher durch Reichtum und sonstigen Einfluss alle Korinther überstrahlte. Dieser beschloss, da er den Knaben nicht gutwillig gewinnen konnte, Gewalt anzuwenden und ihn zu rauben. Er zog also mit einem zahlreichen Gefolge von Freunden und Dienern schwärmend in das Haus des Melissos und versuchte, den Knaben fortzunehmen. Aber sein Vater und seine Freunde widersetzten sich, und da auch die Nachbarn dazukamen und ziehen halfen, so kam Aktaion beim Zerren und Ziehen ums Leben. Darauf zogen die Räuber ab. Melissos aber brachte den Leichnam seines Sohnes nach Korinth, zeigte ihn öffentlich auf dem Markt und verlangte Buße von den Tätern. Aber es ward ihm nichts zuteil als Mitleid, und so ging er unverrichteter Dinge heim. Nun wartete er auf die Festversammlung der Isthmischen Spiele. Da stieg er auf den Tempel des Poseidon, schrie laut seine Anklagen gegen die Bakchiaden (= Herakliden) und erzählte das Verdienst seines Vaters Abron. Dann stürzte er sich, die Götter anrufend, über die Felsen hinab. Nicht lange darauf wurde die Stadt von Dürre und Seuchen heimgesucht, und die Korinther erhielten von dem Orakel, das sie wegen der Sühne befragten, die Antwort: Es sei der Zorn des Poseidon, der nicht nachlasse, bis sie den Tod des Aktaion gerächt hätten. Als Archias, der bei der Gesandtschaft war, dies hörte, entschloss er sich freiwillig, Korinth zu meiden, fuhr nach Sizilien und gründete Syrakus. Nachdem er dort Vater von zwei Töchtern geworden war, Ortygia und Syrakusa, wurde er von Telephos, der sein Geliebter gewesen und als Befehlshaber seines Schiffes mit nach Sizilien gefahren war, meuchlings ermordet.

(3) In Leuktra, einem Dörflein im Thespischen, wohnte ein armer Mann namens Skedasos, der zwei Töchter hatte, Hippo und Miletia oder, nach anderen, Theano und Euxippe. Er war ein rechtschaffener Mann und gegen Fremde gefällig, so

gering seine Mittel auch waren. Nun kamen einmal zwei junge Spartaner in sein Haus, wo sie freundlich aufgenommen wurden, sich aber sogleich in die Mädchen verliebten, und nur die Güte des Vaters hinderte sie, sich eine Kühnheit zu erlauben. Am anderen Tag gingen sie nach Pytho weiter, was das Ziel ihrer Reise war. Und nachdem sie das Orakel befragt hatten über Dinge, die sie auf dem Herzen hatten, machten sie sich wieder auf den Heimweg. Und da sie dieser durch Boiotien führte, kehrten sie wieder im Hause des Skedasos ein. Der Vater war nicht im Dorf, aber die Töchter empfingen nach der Gewohnheit, in der sie erzogen waren, die Fremden. Diese mit den Mädchen allein, taten ihnen Gewalt an, und da sie dieselben über die Misshandlung über die Maßen erzürnt sahen, ermordeten sie sie, warfen sie in einen Brunnen und gingen davon. Als nun Skedasos bei seiner Rückkehr die Mädchen nicht antraf, sonst aber alles unversehrt geblieben sah, war er beunruhigt und wusste nicht, was er anfangen sollte, bis er durch das Knurren und Anschmeicheln seines Hundes, der wiederholt auf ihn zu und dann zu dem Brunnen lief, auf die Vermutung kam, was geschehen sei und so die Leichen seiner Töchter heraufzog. Auf sein Nachfragen erfuhr er von den Nachbarn, sie hätten tags zuvor die beiden bei ihm früher schon einmal bei ihm eingekehrten Lakedaimonier wieder ins Haus gehen sehen. Und nun erriet er die Täter, weil sie schon beim ersten Mal immerwährend die Mädchen gelobt und deren einstige Männer glücklich gepriesen hatten. Sofort begab er sich auf den Weg nach Sparta, um sich an die Ephoren zu wenden.[383] Im Argolischen aber wurde er von der Nacht überrascht und kehrte in einer Herberge ein, wo sich auch ein anderer Alter, von Oreos in Hestiaiotis[384] gebürtig, einfand. Der seufzte und fluchte über

---

383 Die fünf Ephoren hatten die Vertretung des spartanischen Staates nach außen; Kriminalgerichtsbarkeit stand ihnen ursprünglich nicht zu, später aber sehr wohl.
384 An der Nordküste von Euboia.

die Spartaner, und Skedasos fragte ihn, was ihm von diesem
Volk an Leid widerfahren sei, worauf dieser erzählte: Ich bin
ein spartanischer Untertan, und an mir hat der von Sparta
nach Oreos gesandte Harmost[385] Aristodemos ein grausames
Verbrechen begangen. Er war in einen Sohn von mir verliebt,
und da ihm dieser nicht zu Willen war, versuchte er es mit
Gewalt und wollte ihn aus der Ringerschule entführen, aber
der Aufseher widersetzte sich, und viele Jünglinge kamen ihm
zu Hilfe. Daher zog sich Aristodemos für den Augenblick
zurück. Am folgenden Tag aber ließ er einen Dreiruderer
bemannen, raubte den Knaben und fuhr mit ihm von Oreos
ans Festland hinüber. Dort wollte er ihn missbrauchen, da er
sich aber nicht ergab, brachte er ihn um. Dann fuhr er nach
Oreos zurück und ließ sich's wohl sein. Ich aber hatte die
Sache nicht so schnell erfahren und den Toten bestattet, wie
ich mich nach Sparta begab und mich an die Ephoren wandte.
Aber diese wollten nichts von der Sache wissen.

Als Skedasos das hörte, sank ihm der Mut, denn er dachte,
die Spartaner würden auch ihm kein Gehör schenken. Er
erzählte darauf dem Fremden auch sein Missgeschick, und
dieser gab ihm den Rat, gar nicht zu den Ephoren zu gehen,
sondern heimzukehren und seinen Töchtern ein Grab zu
bereiten. Doch folgte ihm Skedasos nicht, sondern ging nach
Sparta und begab sich zu den Ephoren, und als diese nichts
von der Sache wissen wollten, ging er zu den Königen und
von diesen von einem Bürger zum anderen und trug allen
seinen Jammer vor. Da er auch so nichts ausrichtete, lief er
mitten durch ihre Stadt, die Arme gen Himmel erhoben,
dann wieder auf den Boden stampfend, wobei er die Rache-
göttinnen anrief, schließlich nahm er sich das Leben.

Aber in der Folge mussten die Lakedaimonier dafür büßen. Als sie nämlich Herren von ganz Griechenland waren
und einzelne Städte mit ihrer Besatzung knechteten, ermor-

---

385 Statthalter einer von Sparta unterworfenen Stadt.

dete Epameinondas von Thebai zuerst die Besatzung in seiner
Vaterstadt, darauf, als die Lakedaimonier deswegen Krieg
anfingen, rückten ihnen die Thebaner entgegen nach Leuktra,
einen Ort, an welchen sie einen guten Glauben hatten, weil sie
schon einmal dort ihr Freiheit erkämpft hatten, als Amphi-
thryon, welcher von Sthenelos vertrieben worden und nach
Thebai gekommen war, die Stadt, welche damals den Chalkidiern zinspflichtig war, durch die Erlegung des euboiischen
Königs Chalkodon von dem Tribut befreit hatte. Es fügte sich
nun, dass gerade bei dem Grabmal von Skedasos' Töchtern
die Lakedaimonier eine vollständige Niederlage erlitten. Man
sagt auch, dass Pelopidas, einem thebaischen Heerführer, da
er vor der Schlacht wegen ungünstig scheinender Vorzeichen
in Sorge war, Skedasos im Traum erschienen sei und, ihm Mut
zusprechend, gesagt habe: Die Lakedaimonier würden nach
Leuktra kommen, um ihm und seinen Töchtern Buße zu zol-
len. Pelopidas solle am Tage vor dem Angriff auf die Feinde
ein am Grabe seiner Töchter bereit stehendes weißes Füllen
schlachten. Darauf habe Pelopidas, als das lakedaimonische
Heer noch in Tegea stand, nach Leuktra geschickt, um sich
wegen dieses Grabes zu erkundigen, und nachdem er von
den Einwohnern die Geschichte erfahren habe, habe er voller
Zuversicht sein Heer in die Schlacht geführt und gesiegt.

(4) Phokos, von Geburt ein Boiotier, nämlich aus Glisas,
war der Vater der Kallirrhoe, einer durch Schönheit und Sittsamkeit gleichermaßen ausgezeichneten jungen Frau. Um
diese warben dreißig der angesehensten jungen Männer von
Boiotien. Phokos suchte einen Grund nach dem anderen,
um die Hochzeit aufzuschieben, weil er fürchtete, irgendwie
gezwungen zu werden; und endlich, da ihm die Freier immer mehr zusetzten, verlangte er, dass die Entscheidung dem
pythischen Orakel überlassen werden solle. Über diese Antwort wurden diese so erbittert, dass sie ihm zu Leibe rückten
und ihn umbrachten. Während des Getümmels entfloh das
Mädchen und zog im Land herum, von den Jünglingen ver-

folgt. Da kam sie zu Bauern, welche Frucht in die Scheune einbrachten, und wurde von diesen gerettet, indem sie sie in der Frucht versteckten. Die Verfolger stürmten so an ihr vorbei. Die Gerettete wartete das Fest der Panboiotien[386] ab, begab sich auf dieses nach Koronea, wo sie sich als Schutzflehende auf den Altar der Athena setzte, das Verbrechen der Freier erzählte und Namen und Heimat eines jeden derselben angab. Die Boiotier hatten Mitleid mit dem Mädchen und waren zornerfüllt gegen die Jünglinge, worauf diese nach Orchomenos flohen. Von den Einwohnern der Stadt aber nicht aufgenommen, mussten sie weiter und begaben sich nach Hippotai, einem Dorf am Helikon zwischen Thebai und Koronea, wo sie Aufnahme fanden. Nun schickten die Thebaner dorthin und verlangten die Auslieferung der Mörder des Phokos. Als diese verweigert wurde, unternahmen sie mit anderen Boiotiern unter Anführung des damaligen Stadtvorstehers von Thebai namens Phoidos einen Kriegszug, belagerten das feste Dorf und bezwangen die Einwohner durch Durst. Nach der Einnahme wurden die Mörder, derer man habhaft wurde, gesteinigt, die Bürger des Dorfes aber als Sklaven verkauft, die Mauern und Häuser eingerissen und die Gemarkung unter Thebai und Koronea aufgeteilt. Man erzählt nun, in der Nacht vor der Einnahme von Hippotai habe man wiederholt vom Helikon eine Stimme gehört, welche rief: »Ich komme!« Und die dreißig Freier haben diese Stimme als die des Phokos erkannt. Ferner soll am Tag ihrer Hinrichtung das Grabmal des Alten in Glisas Krokos ausgeschwitzt haben. Phoidos aber, der Vorsteher und Heerführer der Thebaner, habe auf dem Heimweg aus der Schlacht die Nachricht erhalten, dass ihm eine Tochter geboren worden sei, und sie, da er eine glückliche Vorbedeutung in dem Zusammentreffen sah, Nikostrate (Heersiegerin) genannt.

---

386 Bundesfest des Boiotischen Staatenbundes mit Kampfspielen in Koronea, der Athene gewidmet.

(5) Alkippos war ein Lakedaimonier, der von seiner Frau Damokrita zwei Töchter hatte. Da dieser mit Rat und Tat auf das Beste seiner Vaterstadt bedacht war, wurde er von seiner Gegenpartei angefeindet, welche ihn bei den Ephoren mit lügenhaften Reden verleumdete, als gehe er damit um, die Verfassung zu stürzen. Dies veranlasste seine Verbannung. So verließ er Sparta, seine Gemahlin Damokrita aber, welche ihm mit ihren Töchtern folgen wollte, ließ man nicht fort. Sein Vermögen zog man ein, damit seine Töchter keine reiche Mitgift bekommen würden. Als diese aber wegen der Verdienste ihres Vaters dennoch Freier bekamen, verboten die Feinde durch einen Volksbeschluss, dass jemand die Mädchen heirate, unter der Vorgabe, die Mutter habe oft gebetet, ihre Töchter möchten bald Kinder gebären, die als ihres Vaters Rächer auftreten könnten. Auf diese Weise von jeder Hoffnung abgeschnitten, wartete Damokrita ein Volksfest ab, wo die Frauen mit den Jungfrauen, Dienern und Kinder die allgemeine Feier mitmachten, die Frauen der Beamten aber für sich in einem großen Saal die Nacht hindurch ihre Feier hielten. Dann umgürtete sie sich mit einem Schwert und ging mit ihren Töchtern bei Nacht in einen Tempel – gerade zu der Stunde, da alle Frauen im Saal bei geschlossenen Türen die geheime Weihe feierten –, häufte vor der Türe eine Menge Holz auf, das die Feiernden zum Festopfer bereitgelegt hatten, und zündete es an. Als nun die Männer der Eingeschlossenen zu Hilfe eilten, ermordete Damokrita ihre Töchter und dann sich selbst. Die Lakedaimonier, die nicht wussten, an wem sie ihre Wut auslassen sollten, warfen die Leichen der Damokrita und ihrer Töchter außerhalb der Gemarkung hin. Dies soll, wie erzählt wird, den Zorn des Gottes hervorgerufen haben, und in der Folge davon habe Sparta das große Erdebeben getroffen.[387]

---

387 464 v. Chr., es folgte darauf ein Aufstand der Heloten und der Dritte Messenische Krieg.

LITERATUR

TEXTAUSGABEN

Bernardakis, Gregor N. (Hg.): Plutarchi Chaeronensis Moralia. 7 Bde. Leipzig 1888-1896

Hubert, C. / Paton, W. R. / Pohlenz, M. / Sandbach, F. H. / Sieveking, W. / Wegehaupt, I. / Ziegler, F. u. a. (Hg.): Plutarchi Moralia. 7 Bde. Leipzig – Stuttgart 1925 ff.

Babbitt, Cole u. a. (Hg.): Plutarch's Moralia. 15 in 16 Bdn. Cambridge (Mass.) – London 1927-76 (mit engl. Übers.)

Flacelière, Robert u. a. (Hg.): Plutarque: Œuvres morales. Paris 1972 ff. (mit frz. Übers.)

Pisani, Giuliano: Moralia. Pordenone 1989 ff. (mit ital. Übers.)

ÜBERSETZUNGEN UND TEILÜBERSETZUNGEN

Kaltwasser, Johann Friedrich Sal.: Plutarchs moralisch-philosophische Werke. 7 Bde. Wien – Prag 1796 f.

Bähr, Johann Christian Felix: Plutarch's Werke. Moralische Schriften. Stuttgart 1827-31

Feichtinger, Barbara / Graf, Fritz / Jeanrond, Werner G. / Opsomer, Jan (Hg.): Plutarch: Dialog über die Liebe. [Scripta Antiquitatis Posterioris ad Ethicam Religionemque pertinentia X] Tübingen 2006

Klauck, Hans J. (Hg.): Plutarch: Moralphilosophische Schriften. Stuttgart 1997

Lukinovich, Alessandra: Plutarch: Wie man den Freund vom Schmeichler unterscheidet. Hg. von Madeleine Rousset. Zürich 1988

Snell, Bruno: Plutarch: Von der Ruhe des Gemütes und andere philosophische Schriften, Zürich – Stuttgart 1948

Ziegler, Konrat: Plutarch: Über Gott und Vorsehung, Dämonen und Weissagung. Zürich – Stuttgart 1952

SEKUNDÄRLITERATUR

Almquist, Helge: Plutarch und das Neue Testament. Uppsala 1946

Berner, Ulrich u. a. (Hg.): Plutarch. Ist »Lebe im Verborgenen« eine gute Lebensregel? Darmstadt 2000

Dihle, Albrecht: Die Evangelien und die biographische Tradition der Antike. In: ZThK 80 (1983), S. 33-49

Hirsch-Luitpols, Rainer (Hg.): Gott und die Götter bei Plutarch. Götterbilder – Gottesbilder – Weltbilder. Berlin 2005

Korus, Kazimierz: Plutarchs Stellung in der Tradition der griechischen Allgemeinbildung. In: Eos 65 (1979), S. 53-76

Sallmann, Klaus: Plutarch – Erzieher Europas. In: Klassische Autoren der Antike. Hg. von Bernhard Kytzler, Frankfurt – Leipzig 1992, S. 453-461

Schottländer, Rudolf: Plutarch als praktischer Philosoph. In: Allgemeine Zeitschrift für Philosophie 4 (1979), S. 40-55

Ders. (Hg.): Plutarch. Lebensklugheit und Charakter. Aus den Moralia. Wiesbaden 1979

Sieveking, W: Plutarch über Liebe und Ehe. München 1941

Treu. M.: Der sogenannte Lampriascatalog der Plutarchschriften. Waldenburg 1873